值此中国人民抗日战争暨世界反法西斯战争胜利七十年周年之际,出版《曾山这一生》,是颇有意义的。曾山同志曾在党、政、军担任过许多要职,是新四军和华中抗日根据地重要领导人。他对新四军的组建和发展、对东南地区党的建设和华中抗日根据地的的经济建设、政权建设、干部队伍建设作出了重大贡献,为在华中地区打败日本侵略者立下了不可磨灭的功劳。谨以此书

　　献给新四军的将士和华中抗日根据地的建设者及他们的家人后代!

　　告慰在抗日战争中英勇牺牲的革命烈士及老一辈革命家曾山同志!

曾山这一生

刘勉钰　著

江西人民出版社
Jiangxi People's Publishing House
［全　国　百　佳　出　版　社］

目　录

曾山这一生

第一章 革命家庭

曾山的家庭是一个满门英烈的革命家庭。

一、锦原曾家村

曾山的家乡,在江西省吉安县永和镇锦原曾家村。

吉安,古称庐陵,地处赣江中游。赣江是由章水、贡水在赣州汇聚而成,由南向北,经过赣县、万安、泰和、吉安、吉水、峡江、樟树、南昌、永修等县,流向鄱阳湖,再经湖口注入万里长江。

吉安,是一个山清水秀、物华天宝、人杰地灵的好地方,素称"文章节义之邦",历史上出了八百进士,其中有许多显赫的历史文化名人。"唐宋八大家"之欧阳修、曾巩,宋朝左丞相周必大,民族英雄文天祥,《永乐大典》主修解缙,江右文学开山邹守益,思想家罗钦等都出自这里。共和国开国名将余秋里、王恩茂、郭林祥、梁兴初、梁必业、张国华、钟汉华、袁升平、刘西元、肖望东、蔡顺礼、彭林、彭嘉庆、吴富善、周彪、周贯五、王道邦、旷伏兆、王辉球、匡裕民、甘祖昌等,巾帼英雄贺子珍、康克清等都是吉安人。毛泽东、刘少奇、邓小平以及习仲勋的祖籍也属吉安。

吉安有着光荣的爱国主义优良传统。南宋末年,民族英雄文天祥起兵抗元,不幸兵败入狱。他在狱中写下了千古绝句:"人生自古谁无死,留取丹心照汗青。"在吉安人民中世代相传,已经成为中华民族宝贵的精神财富。

吉安县永和镇位于城东南 15 公里处,是一个有名的大圩镇。历史上经济文化发达,有丰厚的历史文化遗产。唐朝木觉寺塔、清都观,宋代吉州窑、东昌井、莲池街、东坡井等,都是奇特的人文景观。"吉州窑"在宋代时就名声远扬,人们传说"先有永和镇,后有景德镇"。永和镇被誉为"天下三镇"之一。《景德镇录》载道:"江西瓷窑,唐在洪州,宋时出吉州。""先有吉州,后有饶州(景德镇)。"当年的"景德镇陶工多为永和人"。直至今日,永和镇仍有当年七十二条花街,舟车辐辏,商贾如云,瓷砖窑火兴盛的历史痕迹。相传诸多文化名人如苏东坡、黄庭坚都曾来过永和。

曾山故里位于永和镇东南角赣江边的锦源村,距镇圩街上约两公里。锦原村是个大村庄,全姓曾,故又名曾家村。它东临赣江水,西靠枫岭,南傍荷叶湖,北倚花溪山,整个村庄掩映在虬干曲枝的古柏中,洋

曾山老家旧居,位于江西省吉安县永和镇锦原村

溢着庐陵文化的神韵和革命文化的气息。

锦原村曾氏家族历史悠久,源远流长,世代聚居在这个大村落。曾氏远祖大禹,系炎黄子孙。曾氏源于山东,以国为姓。据有关史料查证,主要出自姒姓,为夏禹的后裔。相传帝舜时,鲧的妻子因梦食薏苡而生禹,故帝舜便赐予禹姒姓。据《世本》《元和姓纂》及《姓氏考略》所载,相传夏禹的第 5 世孙少康中兴了夏室后,曾把自己最小的儿子曲烈封于一个叫"鄫"的地方,在今山东省苍山县西北(一说在山东峰县)。少康的这一房子孙所建的鄫国历经夏、商、周三代,大约相袭了近两千年,一直到春秋时代,即公元前 567 年才被莒国所灭。这时候,鄫国太子巫出奔到邻近的鲁国,并在鲁国做了官。但他不忘故国,"去邑当曾",以曾作为自己的姓氏,世代传承下来。曾氏有鲁国、庐陵两望。鲁国,即山东。庐陵,即江西吉安。两千年前,王莽篡夺汉室政权时,曾据率宗族千余人南迁至江西庐陵之吉阳,以此为基地,向四面八方迁徙和繁衍。曾氏为名门大姓,其后裔尊曾参为一世祖。历代名人辈出,如"唐宋八大家"之一的曾巩,北宋主编《武经总要》的曾公亮,天文学家曾民瞻等。对于曾姓排辈,清康熙皇帝所赐:"弘、闻、贞、尚、衍、兴、毓、传、继、广、昭、宪、庆、繁、祥"15 字,因为圣裔排行命名,故谓之名派。昭字辈为曾氏第 73 代,宪字辈为曾氏第 74 代,庆字辈为曾氏第 75 代。

庐陵文化,曾氏家世渊源,对曾山的成长有着潜移默化的影响。

曾家村有八大房,曾山家里属二房。笔者曾 4 次到这里寻访,得知这个村庄有 200 多户,1000 多人,出了很多人才。既有共产党的高级干部和开国将军,一二百名县处级以上干部和高级知识分子。也有国民党的将军和官员。国民党逃离大陆时,这个村有几十个人被抓丁去了台湾,后来有的人当上了国民党的将军。曾家村的八大房中,后来出现阶级分化,富的富,贫的穷,阶级对立严重,有的走向革命,有的成了反革命。曾家村因为临近赣江,年年受到水患灾害的威胁。遇到洪水泛滥,村里人就纷纷外逃,所以穷人还是居多。

中国共产党成立以后,吉安出现了一批信仰马克思主义的知识分子,袁玉冰、曾天宇、罗石斌、曾延生等就是代表人物。在大革命时期,他们在吉安成立了共产党和青年团的组织,成立了工会、农民协会、学生联合会,开展了轰轰烈烈的群众运动,有力地支援了北伐军在江西战场的作战,把吉安的国民革命推向了高潮。曾山就在这时投身于革命洪流,成了职业革命者。

二、曾家四烈士

曾山的父亲曾采芹烈士画像

曾山的家庭是一个光荣的革命家庭。他的父亲、哥哥、嫂嫂、弟弟都先后为革命牺牲了,是满门英烈。

曾山的父亲曾昭藻(1878—1930),字采芹,是清末秀才。1904 年参加县试,获第二名,1905 年科举考试,取特等。他为人忠厚正直,在本村设馆教书,精心培养人才,曾任锦原小学第一任校董。他对军阀混战和地方上的土豪劣绅不满,在大革命时就同情共产党,积极支持儿子们的革命活动。在两个儿子延生、炳生牺牲以后,毅然于 1929 年正式参加革命工作。他以教书为掩护,担任中共吉安县地下交通站的秘密联络工作。他不顾个人和家庭的安危,为党传递情报,出色地完成了党交给他的任务。他先后三次被国民党反动派逮捕,在敌人的酷刑面前,严守党的机密,宁死不屈。1930 年 6 月 15 日,曾昭藻被敌人活活打死在吉安监牢里,为人民献出了宝贵的生命。

曾山的哥哥曾延生(1897—1928),名宪瑞,字麟书,少时入吉安学堂,聪明好学,成绩优秀。但因家庭生活贫困,没有钱继续上学。后来得到同族曾天祥的资助,考入江西省赣省中学读了一个学期。这时,他受

曾延生

五四运动影响,思想激进,积极投身新文化运动。后考入南京体育师范学院。1921年肄业,回到吉安,任吉安白鹭洲中学体育教师,并兼任吉安县立小学国文教员。他与罗石冰一起,组织进步师生开展反对贪官污吏的斗争。1923年进入上海大学社会学系学习。他在瞿秋白、蔡和森、恽代英、张太雷等著名共产党人教导下,积极探索革命真理,进而信仰马克思主义,并加入了中国共产党。1924年暑期返乡,向革命青年传播进步思想,宣传马克思主义。他和罗石冰成为吉安早期马克思主义宣传家和党团组织创建人。1925年参与领导上海日商纱厂的"二月罢工",坚持了一个多月。在"五卅运动"中,他组织上海杨树浦地区的3000名工会会员罢工。"五卅"惨案后,由党组织派回江西开展革命活动。他以上海工商学界代表的身份,在南昌向各界人士揭露帝国主义在上海屠杀中国人民、制造"五卅"惨案的事实真相,号召南昌人民积极行动起来,支援上海工人阶级的斗争。他回到吉安后,即被吉安学联聘为"驻会沪案干事部"特别干事。他组织学联宣传队,分赴城区和郊外广泛宣传;组织青年团员宣传组,深入到各行各业的工人中去;成立"募捐委员会"和"仇货检查队",声援"五卅"运动。他和罗石冰一起,在吉安建立行业工会和农民协会,成立吉安社会主义青年团和中共吉安小组。在家乡组织觉群社,首先吸收28名进步青年学生加入,后来又发展工农分子参加,共90多人。在此基础上,建立了中共永和支部。江西解放后的第一任省委书记陈正人就是由曾延生介绍入团的。《正人自传》写道:"我于1925年五卅运动参加吉安学生、工人工作中,加入社会主义青年团,介绍人有两个,一个是曾延生同志,他是曾山同志的胞兄。"不久,曾延生返回上海大学,并接受党组织安排,继续做工人运动,任中共引翔港部委会宣传委员,后又兼管组织工作。

北伐战争开始以后,江西成为北伐战争的第二战场。盘踞东南五省的北洋军阀孙传芳,以江西为中心负隅顽抗。1926 年 8 月,为了迎接北伐军进军江西,中共中央派遣曾延生和蒋竞英到九江工作,曾延生任九江特别支部书记。蒋竞英是上海人,在五卅运动中,与曾延生认识和熟悉。在共同的革命事业中,他们凝结了爱情。

曾延生到九江后,积极筹建工会、农会、学生会和秘密的中国国民党九江执行委员会(后改称市党部),创办《国民新闻》和九江书店,组织海员、码头工人等,积极配合北伐军攻打九江。九江特支还在德安、永修、修水等县组织了农军、爆破队、侦察队、向导队、运输队为北伐军提供情报,运送弹药,筹措粮草,支援北伐军。曾延生亲自带领工人剪断电线,破坏敌军的交通联络。北洋军阀孙传芳将一艘大军舰"江永轮"调至九江,舰上载有 1500 名士兵和大量军火,企图与北伐军决一死战,却被九江海员工人一举炸毁;孙传芳站在另一艘军舰"江新轮"上目睹一切,哀叹"不可收拾"。11 月 5 日,九江光复。7 日,曾延生主持召开九江军民庆祝北伐胜利联欢大会,到会群众达 4 万人之多。他为组织九江工人、农民配合和支援北伐军攻占九江,日夜奔忙,做出了重大贡献。

北伐军攻占九江后,九江特别支部改称中共九江地委,受中共中央和江西地委双重领导。曾延生任九江地委书记,蒋竞英任九江地委妇女部长。1927 年 1 月,中共江西地委升格为江西区委,曾延生任江西区委委员,仍任九江地委书记。

北伐军进驻九江后,曾延生进一步把工人阶级组织和武装起来,迅速建立起铁路、纱厂、码头等各个行业的工会,并建立了九江市总工会,由地委委员彭江任委员长,下辖 30 个基层工会。还组建了九江工人纠察大队,队员有 2000 人之多。曾延生向当时进驻九江的国民革命军第六军党代表林伯渠要求,给工人纠察大队发放部分枪支,并派员帮助进行军事训练,得到了林伯渠的全力支持。尔后,曾延生又在郊区建立了农会,在学校建立了学生会,并发展党、团组织。

1927年1月上旬,刘少奇、李立三等领导了汉口工人收回英租界的斗争,曾延生和中共九江地委领导了九江工人收回英租界的斗争。起因是,九江码头工人为增加工资、改善待遇而举行罢工,遭到英国水兵的镇压,打死工人1人,打伤数人,造成"一六"惨案。中共九江地委决定采取行动,坚决收回英租界,并召集工农商学妇各界代表开会,商讨行动方案。曾延生在会上说:"过去我们的口号是打倒列强除军阀,现在的口号是要打倒帝国主义!收回英租界!我们大家立即行动,勇往直前!"会后,愤怒的九江工人、市民,勇敢地冲进英租界,查封洋行,驱逐了英国帝国主义分子。经过武汉国民政府与英国政府代表谈判,1927年2月19日,英国被迫将霸占了六十多年之久的汉口、九江英租界交还中国。九江工人收回英租界的壮举,在中国革命史上写下了光辉的一页。

北伐战争的胜利进军,工人运动的迅猛发展,为蒋介石所不容。1927年3月6日,蒋介石在江西赣州杀害了著名工人领袖陈赞贤,接着在南昌、九江、安庆挑起事端,成为"四一二"反革命政变的前奏。3月29日,郭沫若从安庆潜至九江,曾延生派人送郭沫若安抵南昌。郭沫若于4月4日撰写了《请看今日之蒋介石》的讨蒋檄文,指出蒋介石已经成为反革命,号召民众起来打倒他。曾延生将这篇讨蒋檄文在《九江民国日报》全文发表。此文后在南昌印成单行本,广为流传。1927年5月,曾延生调至南昌,任中共江西省委委员,工委书记,并任江西省总工会组织部部长,代理委员长。九江地委书记由袁玉冰接任。

大革命失败后,曾延生参加了南昌起义,任革命委员会粮秣管理委员会委员,为起义军筹办粮草,直至进军广东。起义军在潮汕失利后,奉命返回江西,与曾天宇、张世熙、陈正人等领导万安暴动,建立了万安县工农兵政府。这是江西省第一个苏维埃政权。在莫斯科召开的中共第六次代表大会上,张世熙专门作了万安暴动的报告。1927 年 11 月,曾延生调任中共临川县委书记。1928 年 2 月,与妻子蒋竞英同调到赣州,重建中共赣南特委,曾延生任特委书记,蒋竞英任妇女部长。在白色恐怖的环境下,他不顾个人安危,积极贯彻八七会议精神,组织发动赣南地区于都、南康、赣县、信丰、寻乌等多处农民武装暴动,给反动势力以沉重打击,国民党独立第七师师长刘士毅感到"疲于应付"。1928 年 3 月 23 日,曾延生与妻子蒋竞英及特委委员宛希俨一起,在赣州古城巷二号被捕,在狱中坚贞不屈。4 月 4 日,刘士毅专门向南京国民党政府呈报:《破获共党机关拿获共党首要》。4 月 16 日,经南京国民党政府批准,曾延生、蒋竞英夫妻双双被杀害于赣州城。

曾山的嫂子蒋竞英(1901—1928),浙江宁波人,工人出身。1925 年在上海参加"二月罢工"和"五卅"运动,与曾延生相识。在曾延生的帮助下,觉悟提高很快,在斗争中表现积极勇敢,参加了中国共产党。在共同的革命斗争中,共同的革命理想,使他们产生了忠贞的爱情,并结了婚。1926 年 8 月,与曾延生一起,调到九江工作。11 月,成立中共九江地委,曾延生任九江地委书记,蒋竞英任地委妇委书记(妇女部长)。1928 年 2 月,复调赣州,为中共赣南特委妇女部长。1928 年 3 月 23 日不幸被捕,在狱中坚强不屈,与丈夫曾延生一起,在赣州英勇就义。

曾山的弟弟曾炳生烈士画像

曾山的弟弟曾炳生(1904—1927),早年跟随哥哥曾延生投身革命,1926 年在家乡参加中国共产党。曾延生调任九江地委书记后,曾炳生被派往九江,在九江大中路开设"九江书店",以书店为掩护,协助长兄曾延生开展秘密工作。那时是第一次国共合作,曾炳生还在国民党九江市党部有一份工作。他在"九江书店"经销马列主义书刊,设立党的秘密联络点,并帮助曾延生在南浔铁路、码头工人、第六师范和马回岭等地开展革命活动,建立工会、农会、学生会,成立马克思主义研究会,发展党团组织,开办训练班,为党培养干部,成绩卓著。江西工农运动的蓬勃开展和革命形势的高涨,为准备叛变革命的蒋介石所不容。1927年3月6日,蒋介石下令杀害了赣州市总工会委员长、著名工人领袖陈赞贤,放出了反共反人民的第一枪。3月17日,蒋介石路过九江时,就指使流氓打手捣毁由共产党员和国民党左派掌握的国民党九江市党部和工会、农会等群众团体,4月12日,在上海发动反革命政变,公开叛变革命。6月5日,国民党江西省政府主席、国民革命军第五方面军总指挥朱培德,追随蒋介石,"礼送共产党人出境"。被驱逐出江西省境的共产党人和一些国民党左派人士,大多经九江转赴武汉,九江的形势变得更加紧张、动荡。由于陈独秀右倾错误的影响,九江的党组织对国共分裂的危险估计不足,没有将已经暴露身份的共产党员和群众组织骨干转移出去或转入地下。7月15日,汪精卫在武汉实行分共,公然叫嚣对共产党人"宁可错杀三千,不可使一人漏网"。九江卫戍司令金汉鼎也随之叛变革命。从7月25日起,金汉鼎即在九江全市实行大搜捕。这时,"东进讨蒋"的贺龙、叶挺部队陆续开至九江附近,并于8月1日举行了具有重大历史意义的南昌起义。国民党政府甚为恐慌不安,在调集大军追剿起义部队的同时,令各地严厉镇压共产党。因叛徒告密,曾炳生被国民党反动派逮捕。8月9日,曾炳生和九江总工会主席彭江以及熊振球、熊好生等26名共产党员,在九江小校场刑场一起被惨杀,年仅23岁。8月25日,北京《晨报》以"血染浔阳江口"为题,对"八九惨案"作了公开报道。国民党反动派杀害曾炳生的原因,笔者曾到九江市档案馆查阅档案资料,没有查到审判记录和文字材料,也许根本就没有进行审判。但从《晨报》的报道中,我们可以得出结论:曾炳生等人要响应八一起义军,推翻国民党反动政府。《晨报》称:"九江市县党部各人民团体,向由共产分子所把持","此次叶贺叛变,熊振球等竟集合同类,公然散发传单,粘贴标语,诋毁中央,破坏铁路,撞损车头,意图乘机扰乱","九江书店国民新闻等报社,均为共产党机关,专门宣传共产主义,并公开组织马克思主义研究会,综上事实,实意图颠覆政府(指国民党政府——笔者),响应叛军(指叶挺、贺龙领导的八一起义部队——笔者)"。《晨报》还在同日公布了被惨杀的26名共产党人的名单。据老同志回忆,这些共产党人牺牲得都很英勇壮烈,千古流芳。这里稍带指出的是,曾炳生等牺牲的地点不是误传的九江沙河,而是九江城内小校场。

三、三位烈属老太太

曾山的母亲康春玉画像

曾山的父亲、兄嫂、弟弟牺牲以后,家里留下三位烈属老太太。她们困守家园,相依为命,坚持革命活动。

曾山的母亲康春玉(1878—1967),又名康玉秀,是一位勤劳贤惠的农村小脚妇女,擅长纺纱织布,生育过五男二女,即延生、洛生(后改名曾山)、炳生、玉生、伏生和金风、秋风,但最后只留下独子洛生(曾山)一人。其中,曾山的弟弟玉生、伏生因贫病交加死于麻疹,妹妹金风、秋风幼年夭折,只有延生、洛生、炳生三兄弟长大成人,并参加了革命。大革命失败后,延生、炳生被国民党反动派杀害,只有独子洛生(曾山)经过万难而留了下来。康春玉思想觉悟很高,积极配合丈夫做地下交通站的工作,全力支持儿子们干革命。她为此五次被捕,但从不屈服。在丈夫和两个儿子牺牲、独子曾山又外出革命的艰难条件下,她带领儿媳妇耕田砍柴,克勤克俭,保持信念,坚持斗争,终于熬到了吉安的解放。革命胜利以后,她又带领乡亲们积极参加集体生产劳动,关心集体公益事业,勤俭持家,被当地群众誉为"革命的母亲,勤俭的榜样",当选为江西省社会主义建设积极分子,多次出席省里、县里的表彰大会。1967年2月24日病逝,终年89岁。

萧淑贤(1892—1980)是曾延生的原配。1908年在家乡与曾延生结婚,是结发夫妻。在革命家庭的影响下,她很快走上革命道路。丈夫牺牲后,她毅然继承夫志,于1931年加入中国共产党,担任赣西南苏维埃政府妇女主任,发动和带领苏区妇女,积极支援红军进行反"围剿"战争。第五次反"围剿"战争失败后,中央主力红军长征,萧淑贤不幸被捕,被关押在九江感化院。敌人对她软硬兼施,她仍坚强不屈。吉安解放后,她先后任村妇女会主任、横江区光荣敬老院院长等职,多次被选为吉安县人大代表,党代会代表、政协委员。曾山对嫂子萧淑贤非常敬佩。1980年3月26日,萧淑贤因病医治无效逝世,享年88岁。

刘桂香是曾山的弟媳,18岁与曾山的弟弟曾炳生结婚。结婚后不久,曾炳生即与长兄曾延生派赴九江,从事党的地下工作。1927年8

1964年,曾山的母亲康春玉(中)、嫂子萧淑贤(左)和弟媳刘桂香(右)

014

月,曾炳生在九江被捕,旋遭杀害。国民党反动派放火烧了她家的房子,还叫嚣要斩草除根。为了保住炳生烈士的两根红苗庆经、庆纶,刘桂香历尽艰险,受尽磨难。天有不测风云,年幼的庆经、庆纶经不起颠沛流离之苦,两年中先后病夭。当时,刘桂香年纪仅 20 岁出头,也被关进监狱。在接踵而来的摧残面前,她没有屈服,而是擦干眼泪,坚持斗争。她从牢房里出来后,一直困守家园,开荒种地,侍候婆婆康春玉,待如亲娘。

1961 年冬,曾山偕夫人邓六金在江西、福建进行调研工作结束后,顺便回乡看望年逾八旬的老母亲。12 月 10 日,曾山一行回到锦原村。他一进村,就直奔自家老屋,快步上前,拜见老母,问寒问暖。嫂子萧淑贤、弟媳刘桂香闻声,也很快到场见面。曾山在亲人们面前,抚今追昔,感慨万千,掏出在北京写好了的两副对联,亲手高高地挂在自家的一间小厅堂里。

第一副对联是颂扬父母兄弟:"家慈五男二女留独子,先父三难一死为人民。"

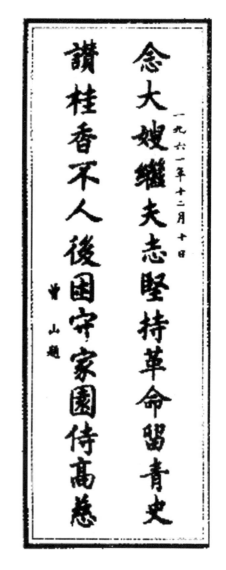

1961 年 12 月 10 日,曾山回老家探亲时题写的两副楹联之一。

第二副对联是赞扬大嫂、弟媳:"念大嫂继夫志坚持革命留青史,赞桂香不人后困守家园侍高慈。"

这两副对联,是曾山革命家庭的真实写照。它精当地概括了曾山一家前仆后继、牺牲了四位亲人,为革命做出的重大贡献。

曾山对母亲十分孝敬,对嫂子和弟媳也很尊重和感激。新中国成立后,曾山担任上海市副市长、华东军政委员会副主席,曾把饱经风霜的母亲、嫂子和弟媳接到上海小住,想让她们过一过新社会的好日子。但没有几天,她们就提出要回老家,说过不惯城市生活,还是回家种田、养猪、种菜好,靠自己的劳动为生。曾山无奈,只好满足她们回乡的意愿。行前,告知了老战友陈毅市长。陈毅为之感动,并批准为她们买几尺布,给她们每人做了一套新衣裳,让她们回老家。

毛泽东对曾山这个满门英烈的革命家庭,非常熟悉,深为敬仰。1930 年 11 月 19 日,即红军第一次反"围剿"前夕,毛泽东在曾山的陪同下,从吉安城走路到了永和镇锦原曾家村,亲自慰问曾山的妈妈康春玉,热情地赞扬这个"光荣的家庭,革命的家庭",对中国革命做出了巨大贡献。

四、长征女英雄邓六金(1911—2003)

在曾山的革命家庭中,还有一位女中豪杰,就是曾山的夫人邓六金。她是一位德高望重的革命老前辈,是忠诚的共产主义战士,著名的30 位长征女红军之一,新四军和新中国杰出的妇女儿童工作者,被誉为革命后代的妈妈,伟大的母亲。

邓六金是福建上杭人,贫农出身。很小就被送去当童养媳,实际上是"望郎媳"。五六岁时,就开始烧饭、洗衣、砍柴、跟随理发的养父背箱子、做帮手。13 岁时,就到造纸作坊打短工;15 岁就在租来的田里干农活,学会了种田。1929 年,村里来了红军,她听了红军的宣传,参加了村里、乡里的活动,走上了革命道路。1930 年加入共青团,被选为乡里的妇女会主席。1932 年转为中国共产党党员。1933 年任上杭中心县委妇女部长、福建省委妇女部长。1934 年 1 月，邓六金被派到瑞金中央党校学习。学习期间，她响应中央扩大红军号召，回到福建动员青年参加红军。不到半个月，她就提前完成扩大红军 100 名的任务，受到中央表扬。在上杭扩红时，她动员两个姐姐凤金、来金相继参加革命。福建省苏维埃政府主席张鼎丞赞扬邓六金三姐妹，是闽西的"土窝窝里飞出了三只金凤凰"。

1934 年 10 月，中央红军开始长征。邓六金经过严格政审和体格检查，被批准为参加长征的 30 名女红军之一，参加闻名世界的二万五千里长征。参加长征的另 29 名女红军是：蔡畅、邓颖超、康克清、贺子珍、刘英、刘群先、李坚真、李伯钊、钱希均、陈慧清、廖似光、谢飞、周越华、金维映、危拱之、王泉媛、李桂英、甘棠、危秀英、谢小梅、钟月林、吴富莲、杨厚珍、萧月华、李建华、曾玉、刘彩香、丘一涵、吴仲廉。她们最初编在董必武领导的中央工作团，后来整编为总卫生部干部休养连。董必武任党总支书记，邓六金和危秀英、吴富莲、王泉媛、刘彩香等一批人是"政治战士"。"政治战士"的主要任务是照顾伤病员，分派担架，做伤病员和民工的政治思想工作。在二万五千里长征中，邓六金表现得非常出色。她英勇顽强，克服了许多人们想象不到的困难；她出生入死，在敌人的围追堵截和飞机炸弹下冲了出来；她在长征路上吃够了苦头，累得多次吐血；她战胜病魔，坚持不懈，越过千山万水，克服了许多比男同志更大的困难，终于到达了陕北。到陕北不久，在蔡畅的动员、帮助下，任中央组织部妇女部部长。曾庆洋在《回忆父亲曾山与母亲邓六金》一文中写道："一年的艰苦转战，30 名女红军没有一个掉队，其中 3 人中途留下参加地方工作，其余 27 名全部到达陕北。这是母亲一生引为自豪的不凡经历。"

1937 年 11 月 29 日，曾山从苏联回到延安。长征女战士、被邓六金称救过命的危秀英，拉着邓六金去看望曾山。邓六金说："哪个是曾

1937年，毛泽东到机场欢迎康生、陈云、曾山（左五）、王明等从苏联回到延安。

山?"危秀英说："啊呀！他就是我的老领导，江西省苏维埃政府主席！一个很好的人，刚从苏联回来，我们去看看他。"危秀英曾任江西省苏维埃政府妇女部长，与曾山很熟悉，因为都是经历过生死考验的战友，时隔3年能在延安见面，都很激动。谈话间，危秀英向曾山介绍了邓六金。这是曾山与邓六金的第一次见面。邓六金对曾山留下了很好的印象：稳重、实在、平易近人，心中产生几分敬重。

邓六金在妇女部工作了两年之后，1938年再次进入中央党校学习。同年9月，时任中共中央东南分局副书记的曾山到延安参加中共中央六届六中全会，并向中央组织部要干部。9月下旬，贾拓夫同志约邓六金到他的办公室谈话，又一次见到了曾山。曾山向邓六金介绍了南方红军游击队组建新四军、新四军在华中前线的情况。邓六金感到这是贾拓夫有意安排他们见面，心中生出朦胧的情感。10月间，时任中央组织部副部长的李富春，把邓六金叫到办公室，曾山已经在座。李富春对邓六金说:"现在华北、华中前线抗日,需要妇女干部,你愿意去华北、还是去华中?"邓六金说:"去华北。"李富春说:"还是去华中吧!组织上决定你去华中,听听你的意见"。邓六金毫不犹豫地表示:"服从组织分配!我愿意去华中。"

　　1938年12月,受中共中央组织部委派,她与涂振农、陈光、饶守坤等20多位军政干部一起,随曾山赴华中抗日根据地工作。他们步行几天,到达了西安。由于国民党不发护照,致使他们在西安滞留了一个多月。期间,曾山与邓六金更有多次深谈,彼此更加了解、信任和爱慕,在同志们的催促之下,他们向中共中央组织部打了申请结婚的电报。很快,陈云同志代表中共中央组织部回电:"同意曾山、邓六金同志结婚。"曾山和邓六金的结婚仪式在西安"八办"举行,双方没有任何纪念品,就是请同行的同志们吃了一餐饭,加了几个菜,办得简单而朴实。他们从相识、相知到相爱、结合,时间并不长,可是他们日后数十年间相敬如宾,体贴入微,却是有口皆碑。

　　新婚没有几天,曾山即奉中央指示,由西安乘飞机至重庆,再由重庆经贵阳转赴南昌,传达中共六届六中全会精神。邓六金和其他派往东南分局的同志继续在西安等候护照。待手续办妥之后,他们即由西

华东保育院旧址碑记,位于山东青州大官营村(现大关营村)

安乘卡车经武汉、沙市到长沙，再乘火车到南昌，与曾山会合。曾山安排他们在南昌稍事休息之后，即带领他们向皖南进发，于1939年1月16日到达皖南云岭东南分局和新四军军部。邓六金分配到东南分局妇女部任巡视员，部长是李坚贞，副部长是章蕴。从此，曾山与邓六金共同战斗在大江南北十多年之久。邓六金在华中抗日根据地发动妇女参加抗战工作，支援新四军，成绩卓著，成为一个杰出的妇女工作干部，颇受当地干部群众喜爱。她与李坚贞、章蕴一起，被人们誉为做妇女工作的"三姐"。李坚贞被称为"大姐"、章蕴被称为"二姐"，邓六金被称为"三姐"。"三姐"的名字就这样传开了。

　　在解放战争的决战关头，中共中央华东局决定创办华东保育院，将华东野战军指挥员们和华东局干部的孩子们集中起来，以解除他们在前线指挥作战的后顾之忧，尽快消灭国民党反动派，解放全中国。华东局将这一任务交给邓六金。在没有房子、没有教师、没有阿姨，经费困难的条件下，邓六金将数百名离开父母的华东的军政干部子女集中

华东保育院成立初期工作人员合影。前排左起：高敏、邓六金、李静一；后排左起：亓一轩（一）、周之和（四）、毛巧（六）、卢秀云（七）、沈爱萍（八）。

华东保育院旧址,位于青州城内的天主教学。

起来,开始时跟着部队走,随后慢慢安顿下来,办起了保育院。先从农村,后到城市,从青州到济南。随着解放战争的节节胜利,邓六金奉命率领华东保育院从山东搬往上海。她率领几百名孩子和几十个阿姨进行了为时一个月的大搬迁,行程1000多公里,它犹如一支"特别部队"完成了一次特别的战役,受到华东局的奖励,发了"功"字奖章,开了庆功大会。她先后担任华东保育院副院长、院长多年,认认真真地担负起了抚育、培养革命接班人的重任。华东保育院总共培育了革命后代近千人,现在多已成为革命事业接班人,不乏国家栋梁之材。他们感激邓六金的培育之恩,亲切地称呼她为"邓妈妈"。

1952年邓六金随曾山调北京,先后担任国务院机关事务管理局人事处副处长、总务处副处长、办公室副主任、中共中央监委驻国务院机关事务管理局副组长、国务院机关事务管理局顾问、全国妇联第四届执行委员、全国政协第五届和第六届委员等职。在国务院机关事务管理局时,她管三个幼儿园,一个在西郊,一个在东郊,一个在南郊,共300多孩子。她三个幼儿园都要跑,工作非常辛苦,但她心里乐滋滋。邓六金晚年回忆起她办保育院的工作:"自从在山东办了保育院,孩子们和我的工作联系了起来,我就再也离不开孩子们。"她爱孩子们,但又对孩子们严格要求。她说:"我对幼儿园的老师和孩子们讲得最多的,是艰苦奋斗。'奋斗',对所有的人都很重要,对孩子们的教育更重要,就是要有理想,有高尚的追求,我们共产党人就是要为共产主义而奋斗。'艰苦',就是不贪图,不慕虚荣,勇敢地心甘情愿地在艰苦环境下工作,身心都能接受各种严峻甚至是生与死的考验,没有艰苦就没有奋斗。只有艰苦奋斗,才能成就我们伟大的理想。我们这一代人就是这样走过来的。""我们幼儿园的孩子,不管家长的官有多大,都不允许家

1999年10月2日,全家祝妈妈、祝奶奶生日快乐、健康长寿。

长的汽车接送,都不能讲吃讲穿,都要艰苦朴素。这样,孩子们从小就受到了好的思想品德的影响和教育。"

邓六金1983年离休以后,依然在全国妇联为儿童福利事业尽心尽力,倾力关心国家建设和青少年一代的健康成长。她是全国妇联关心下一代工作委员会委员和中国少年儿童基金会理事。她以八十高龄东奔西走,为老区摆脱贫困和发展老区生产积极贡献力量。

1999年12月12日,是曾山百年诞辰。邓六金不顾年高多病,不远千里,亲率庆绣、庆绘、庆红、庆淮、庆洋、海生、庆源等来到南昌参加"纪念曾山同志诞辰100周年座谈会"。会后,她又率领全家人,专程赴曾山老家吉安县永和白沙锦原村,为革命先烈扫墓,表达她对曾山及曾延生、曾炳生的深切怀念。她要求儿孙们切记毛泽东主席的教导:"发扬革命传统,争取更大光荣。"邓六金2003年7月16日因病医治无效,在北京逝世,享年92岁。

邓六金与曾山一生恩爱,生有四男一女:大儿子曾庆红、二子曾庆淮、三子曾庆洋、小儿子曾庆源,女儿曾海生。由于曾山和邓六金对子女向来要求严格,教育有方,这些儿女为国家和军队做出了重要贡献。

庆红1963年毕业于北京工业学院,长期在部队基层单位任技术

1999年12月12日,在南昌参加纪念曾山同志100周年诞辰活动时曾家人合影

员,20 世纪 80 年代开始从政,90 年代在中央机关工作,系中共十五届中央委员、政治局候补委员、书记处书记;十六届中央政治局常委、书记处书记、中共中央党校校长。在十届全国人大上,当选为国家副主席。2008 年退休。

庆洋 1968 年毕业于空军工程学院,一直在部队从事技术工作,后调军事科学院从事军事理论、军事历史研究工作。曾任军史部副部长,军制部部长,科研指导部部长,1996 年晋升少将,2005 年退休。

海生 1976 年毕业于北京工业大学,在铁道兵驻新疆库尔勒某部任技术员多年。调回北京后,从助理员做起,逐步升到总参办公厅政治部主任,总参管理保障部政治委员。2001 年晋升少将。系五届、十届全国人大代表,十一届全国政协委员。

庆源一直在部队服役,在国防大学学习后,曾任空军后勤部副部长、部长、政治委员,空军党委委员,1999 年晋升少将,2010 年退役。

庆淮是著名文艺活动家,中华民族文化促进会副主席,曾多次担任国家大型文艺晚会和艺术活动的总策划。

曾山这一生

第二章　青少年时代

一、苦难少年

曾山,乳名洛生,学名宪璞,字玉成,号如柏,在苏联学习时化名唐古。1899年12月12日(清光绪己亥年十一月初十)生于江西吉安县永和白沙锦原曾家村。

关于他的出生日期,曾有多种说法。由于他从来不做生日,他的家人也不清楚。他历年填写的干部履历表,也只写"生于1899年"。1998年10月12日,我接受了省里交代的编写《曾山传》的任务,并要求必须在曾山100周年前夕出书。时间紧迫,任务艰巨,首先必须把曾山出生的确切日期搞准,才好安排工作进程。于是,我和万建强、周声柱前往曾山老家锦原村,查阅几代(清朝、民国、新中国)编写的《曾氏族谱》。经过分析考证,确认他的出生日期应为12月12日,即阴历十一月初十。前几年,中国社会科学院李研究员赴俄罗斯考察时,从前苏联的档案中,发现了曾山1935年在莫斯科写的详细《自传》,证明我们考证的日期是正确的。

曾山在《自传》中写道："我生于光绪二十五年己亥,十一月初十辰时生。""江西省吉安县儒林乡十一都上土新圩曾家。"儒林乡,即现在的永和镇。曾山原名曾洛生,后因地下工作的需要,多次改名,甚至换姓。他在《自传》中,对于他的名字的来历变化,作了详尽的说明："我的真名是曾洛生。在 1924 年(笔误,应为 1925 年——笔者)做秘密农运时,取名曾如柏。"大革命失败后,"国民党反动政府通缉我,取假名叶德贵,此名只有我知道,旁人不晓"。在泰和与吉安交界地,做秘密工作时,取假名为老王。1928 年(笔误,应为 1929 年——笔者)选为赣西特委常委时,取名为曾山。后选为"赣西南苏维埃政府主席,直到任江西省苏维埃政府主席,都是曾山"。游击队被打散后,取假名老叶,又取假名刘德照。到上海时取假名刘德。1935 年 9 月到苏联后,仍然隐名埋姓,取名唐古。

曾山幼时,家庭经济状况尚可,虽然家里吃饭人多,但有祖传的 40 多亩半田半地,自己耕种,可以解决全家 8 个月的粮食;在村子里开了一个叫"合顺店"的小杂货铺,可以赚点小钱,家中妇女又会纺纱织布,因而能够解决另 4 个月的温饱。曾山 10 岁以前,跟随父亲读过三年"蒙馆",后来上过一年小学。他受到过忠孝节义的传统教育,特别是受文天祥爱国主义思想影响很深,懂得"国家兴亡,匹夫有责",立志忠于国家,孝敬父母,富有正义感,同情劳动人民。那时的学生都是用毛笔写字,曾山学习认真,练就了一手漂亮的毛笔字。直至晚年,他的书信来往,甚至批阅公文,都是使用毛笔。1912 年,清王朝覆灭,"中华民国"建立。但在江西地区,南北军阀混战不断,曾山家乡连年遭受水灾,加上祖父去世,土豪、地主的重利剥削,曾山家里完全破产了,并且欠下了一大笔债务,无法偿还。曾山写道："我家共欠债务连年本息累计起来欠人家 2000 多元(系指银圆——笔者)。"这样,曾山就只好失学在家,大部分时间帮助母亲在家种田,上山打柴,做家务劳动。

二、学徒生活

曾山快成年时,就去当学徒和帮工,是地道的工人出身。

1915 年,曾山 16 岁。吉安地区连日暴雨,赣江水势猛涨。地处赣江河边的锦原村发大水灾,村民们各自逃命谋生。曾山被迫离乡背井,出走 400 里,来到赣州城找工作。赣州是江西的第二大城市,赣南政治、经济、文化中心。他在赣州无亲无故,找工作谈何容易。他在街头流落多时,最后终于在赣州东门外天竺山,找到对面一家名为"裕丰泰"的小作坊。曾山在这里干了五年,工作很累,生活很苦。1957 年,《中国青年》杂志的记者盛禹锡、张继尧访问曾山,请他谈谈自己的革命经历。曾山专门谈了自己当学徒的情况,勉励青年们要热爱劳动,为新社会做贡献。两位记者将谈话记录,以"革命长辈谈劳动"为题,在《中国青年》1957 年第 11 期发表。曾山说:那时,"我名义上是学徒,实际上不是学手艺,而是帮老板干杂活"。他每天天刚蒙蒙亮,就起来煮饭、买菜、炒菜,饭后洗碗筷、又去挑全家人吃用的水。每到冬天,水井枯了,他就要到赣江去挑水,有 1 里多路远,赣江码头上下 50 多级阶梯,小小年纪要挑上一担水上来,实在很艰难。挑完水以后,还要干杂活,整天忙个不停,很难得落场学解丝。他当学徒没有工钱,老板只给饭吃,每餐只有一样粗菜,后经同行业的职工争取,才添了一样豆腐。一年半后,店里来了新学徒,老板才开始教他学手艺。由于他勤奋好学,很快就掌握了解丝和打线的手艺。这门手艺很细致,用力要很均匀,手还要快,比挑水煮饭难得多,粗心大意就学不会,老板还不乐意教。老板怕徒弟掌握了技术,自己的饭碗就受到威胁。曾山眼明手快,又吃苦耐劳,在师傅干活、自己做帮工时,就仔细地观察师傅怎么做。当师傅休息时,他就去学打线。经过一年半的实践,老板见曾山能独自操作,就把师傅辞退,让曾山接替师傅工作。曾山劳动特别卖力,一个人能干两个人的活,有时还同老板一起挑着五六十斤的丝线担子,翻山越岭走几百里路,由赣州到三南(龙南、全南、定南)、安远、寻乌等地的小市场去卖。老板对他很满意,但还是没有教他染线的手艺。曾山三年学徒期满后,又为老板做了两年帮工。曾山在小作坊辛辛苦苦连续干了五年,没有挣到钱,觉得没有什么前途,便回吉安老家种田。做学徒虽苦,但曾山不忘旧情。新中国成立后,曾山在赣州视察工作时,还打听"裕丰泰"小作坊及其老板的去向。在他困难的时候,毕竟是老板收留了他做学徒。

三、回乡务农

曾山当完工人,又回去当农民。

1921年,曾山回到家乡吉安锦原村,依然过着贫穷的生活。为了维持生活,一面下田种地,耕作自己家祖传的几亩地,以粮食收成作为家里主要生活来源;一面拿起屠刀学会杀猪,在父亲开的"合顺店"设案卖肉,以补家里吃用之不足。但当地的地痞流氓经常来敲诈勒索,使他的小本生意不好做。为此,他拜师学习拳术,精习武艺,练得身体矫健,力大过人。但卖肉的生意好景不长,同村的土豪劣绅曾和苟在乡横行霸道,垄断屠宰业。他对曾山设案卖肉极为妒忌,觉得损害了他的利益,屡次对曾山进行威胁挤压,最后竟买通官府,以曾山未缴牌照税为由,罚了曾山24块银圆,把曾山苦心经营的小肉铺压垮了。身高力强的曾山,哪能甘心忍受这般重重欺压。他思索着寻找新的出路,彻底摆脱家庭的贫困境地。

四、走上革命道路

曾山参加革命活动的起点,是加入革命团体觉群社。

曾山在革命家庭成长,受到革命思想熏陶;自身的坎坷遭遇,不得不寻找新的出路。正在苦闷不堪之时,曾山胞兄曾延生从上海回来,开展革命活动。在曾延生的带领下,他走上了职业革命道路。

1925 年"五卅"运动后，曾延生受党的委派，从上海回到吉安发展党团组织，开展工人运动、学生运动，宣传上海工人英勇斗争的事迹，呼吁吉安各界支援上海工人。他在工人中组织"募捐委员会"、"仇货检查队"，吉安很快就掀起了声援"五卅"运动的高潮。7 月间，学生都放假回家。曾延生便回到家乡永和白沙，在青年学生中开展活动，在家乡建立革命组织觉群社。他以办国音补习班为名，吸收了 28 位进步青年，在白沙钟家村成立觉群社，曾延生自任社长，郭景淳、钟赤心等 4 人为委员。觉群社成立时，曾延生写了一副对联："说一般人想说而不敢说的话，做大家都想做而不敢做的事。"阐明了该社的宗旨。觉群社位于钟家村村子中间，是一栋民国时期的砖木结构建筑，坐东朝西，青砖绵瓦，长 23 米，宽 10 米。现在依然在保存完好，成为当地的旅游景点之一。

觉群社成立时，都是青年学生。不久，便向工农分子开门。一些和曾山年岁相仿的热血青年，就鼓励曾山说："洛生，你也参加进来吧！"曾山一听便来了劲，转身便向哥哥要求加入觉群社。曾延生最了解弟弟的处境和心情，便点头说："好！我们欢迎你！但事先要告诉你，加入觉群社，就一定要维护本社的宗旨，遵守本社的纪律，要很好地接受考验！"就这样，曾山在明心寺宣誓加入了觉群社，成为最早参加觉群社的工农分子社员。

觉群社成立后，曾延生又马不停蹄地在白沙组织了吉安第一个农民协会，提出"打倒土豪劣绅"的口号，发动农民抗租、抗债、抗捐、抗税，对土豪劣绅进行斗争，得到了农民热烈的拥护。

曾山在哥哥的带领下，积极参加觉群社的活动。他后来回忆说："在旧社会里，我找不到生活的出路，看到周围一带的农民们受到豪绅地主的剥削和压迫，由于相同的遭遇，我就特别同情农民的痛苦。五卅运动时我哥哥曾延生（他已是共产党员，但我当时并不知道）由上海返回南昌、吉安组织学生运动，也返家中教我们秘密组织农民起来斗争。"从此,曾山走上了革命的道路。

曾延生和他率领的觉群社的举动,捅了地主豪绅的"马蜂窝"。当地豪绅对他恨之入骨,巴不得除之而后快。豪绅们诬陷觉群社员"强奸民妇",致使郭景淳等两名社员被捕。紧接着,又无中生有地污蔑曾延生"挑动农民私斗",企图鼓动不明真相的农民将他捕杀。曾延生闻讯,迅速深夜回吉安,一面设法营救觉群社社员出狱,一面设法排解白沙村民的纠纷,直到10月份,他才重返上海大学。

觉群社为吉安党和团组织的建立奠定了一定的思想基础和组织基础。觉群社的社员后来大多数都加入了共产党和青年团的组织。

1926年秋,北伐军打到了吉安,推进了吉安工农运动的高涨。曾山家乡的贫苦农民,在共产党的领导下,由秘密革命活动转向了公开组织农民协会,曾山积极地参加农民协会的各种活动,率领贫苦农民,斗争罪大恶极的地主土豪。曾山出身贫寒,苦大仇深,勇于反抗,积极追求真理,成为党组织的发展对象。1926年10月,在北伐战争的高潮中,经过党的教育和斗争的考验,曾山在白沙由曾迎祥介绍加入了中国共产党。曾迎祥是吉安第七师范学校的进步学生,看过很多马列主义书籍,是吉安一个早期知识分子党员,后来为革命牺牲了。他向曾山讲解阶级和阶级斗争的道理,宣传共产党的纲领、宗旨和基本知识,启发和帮助他提高共产主义觉悟。曾山经过党的教育,知道贫苦农民要求得解放,必须依靠共产党的组织,从而坚定了共产主义信仰,决心为共产主义事业奋斗终生。他在《自传》中写道:"我当时入党,自己的感想是中国革命定要有坚强的无产阶级领导才能成功,穷人才能得到解放,因为中国共产党是无产阶级中思想行动都能表现很先进分子。"他在《党员登记表》的入党动机栏内,没有填写马列主义的大道理,而是写的发自内心的朴素语言:"受土豪压迫,反土豪斗争,感觉要有政党来领导,所以要求入共产党。"

五、从事农民运动

曾山干革命,从农民运动做起。

曾山入党后,受党的派遣,秘密组织中共儒林区(三区)委员会,对外代号叫"王有胜"。儒林区委建立后,立即组织党员和革命群众,张贴标语,散发传单,发动广大群众,欢迎北伐军进驻吉安城。这年底,吉安三区农民协会成立。曾山积极领导农民开展清算公堂账目,焚烧契约,抗缴地租和解放私婢公娼,实行婚姻自由,开办夜校,禁烟禁赌等斗争。

1927 年 1 月,吉安县农民协会成立,曾山被选为吉安县农协执行委员(另说曾山任农会委员长,负吉安农运的总责)。从此,"完全脱离生产,参加革命工作"。据李生奇回忆:在官田召开农民大会,参加大会的农民有七八万人。农民多数带有土枪、斧头、红缨枪等武器,并在臂上缚有红带,声势浩大,学生参加的也多。当时正值北伐胜利,情绪热烈紧张,"打倒列强"的歌声嘹亮,直冲云霄。会场上喊的口号是"拥护人民革命军"、"庆祝北伐胜利"、"打倒土豪劣绅"、"实行二五减租"等。由于曾山敢于为穷苦人说话,同情贫苦人民,反对土豪劣绅,主持公道,伸张正义,把农民协会办成农民当家做主的权力机关,形成了"一切权力归农会"的局面,使昔日作威作福的不法地主闻风丧胆,惶惶不可终日。同时,使革命的新思想、新文化和新风尚开始深入人心,觉群社的宗旨开始得到贯彻落实,从而有力地支援了北伐战争,推动了吉安地区反帝反封建斗争的发展。3 月,吉安县农民协会在吉安郊区召开了一次审判土豪劣绅的群众大会。曾山发动三区农民,把一贯横行乡里、无恶不作、反对和破坏农民协会组织的土豪劣绅曾和苟捆押送县,经公开审判后处以死刑。这就大长了广大农民的斗争勇气,大灭了土豪劣绅和不法地主的威风,促进了革命运动的发展。在领导农民的斗争的经历中,曾山看到人民和组织力量的伟大,又亲身体会到国家民族的苦难,进一步确立了打倒土豪劣绅,拯救苦难民众的革命志向,坚定了共产主义理想信念,确立了全心全意为人民服务的宗旨。

曾山等领导的农民运动的发展,使土豪劣绅坐立不安。当地土豪劣绅刘立纲等向南京的国民党中央政府呈文,告发曾山等人,要求"按名捕惩":

"公民等(即土豪劣绅——引者)世居乡里、叠被共产党劫杀之害,惨不忍言,家产没收,妻子流离。本年三月十二日枪毙曾和苟,抢劫衣物钱谷数千元,店住房里没收,又劫杀过路广东军官四人。……查吉安之共党,以民等十一、十二都为最多,其发源在于十四年曾延生所组织之'觉群社',曾延生之村有曾如柏(曾山——引者)、曾如梅、曾炳生、曾采芹(曾山父亲——引者)……为之党徒,都是共匪。……曾如柏(曾山)等,统率匪在吉水水南之土匪于十月二十日夜驻宿新墟之,曾延生村杀鸡为黍,招待周至……"这封控告包括曾山及其胞兄曾延生、胞弟曾炳生、父亲曾采芹在内的"控告状",至今陈列在南京国民党"总统府"的橱窗里。

六、参加广州起义

曾山以一名下士的身份,参加了广州起义。

1927年大革命失败后,为了挽救革命,中国共产党接连领导了南昌起义、秋收起义和广州起义。从此,中国革命进入到土地革命时期。曾山参加了广州起义。有些党史书籍介绍曾山的经历时,说他参加了南昌起义,这是不确的。曾山的哥哥曾延生参加了南昌起义,可能有的作者把曾延生当成了曾山。当时,曾延生任中共江西省委的工委书记、江西省总工会代理委员长,在南昌领导工人运动。八一起义时,任粮秣委员会委员,为八一南昌起义作了许多后勤保障工作。八一起义军撤出南昌以后,他随起义军南下,到了广东,后来又转回赣南,参加领导万安暴动。可能有的人认为曾延生参加了南昌暴动,曾山是跟随哥哥参加革命的，就误以为曾山也参加了南昌暴动。其实，南昌起义时，曾山远在离南昌市400多里路的吉安农村，消息闭塞，根本不知道发生了南昌起义。就连在吉安地区从事农民运动的方志敏，也不知道南昌有共产党领导的武装起义。方志敏是在得到吉安反动派屠杀当地工农领袖的消息后，于9月间返回弋阳老家，尔后发起赣东北农民暴动。曾山是在10月间受到反动派的通缉，又得知哥哥曾延生参加南昌起义部队去了广东以后，他就只身奔赴广州寻找哥哥，但没有找到。随后进了叶剑英的教导团，任第四军教导团通讯军需班的一名下士，参加了广州起义。

1936年，他在苏联列宁学院学习时，曾以一个士兵的亲身经历，从基层连队的角度回忆了广州起义的前前后后。许多领导同志的回忆录，多从上层机关和决策的角度记述，像曾山同志这样从一个连队和士兵的角度来回忆，却极为鲜见，颇有一定的史料价值和研究价值。

1927年8月，随着蒋介石、汪精卫和江西朱培德的叛变，吉安的反动势力嚣张起来，杀害了吉安县工会委员长梁一清。曾山是吉安县农民协会执行委员，负责农运工作，自然遭到通缉。一伙反动土豪劣绅联合向南京的国民党中央政府告状，要求"捕惩"曾山一家，包括曾山的父亲曾采芹、哥哥曾延生、弟弟曾炳生。于是，曾山出走广州。他回忆说："我不得不暂时告别我的乡亲们——工人和农民。""想到党当年号召自己的党员们参军，我决定也这么做。虽然那时我与党组织失去了联系，但遵循党的意愿，我决定成为一名战士。"曾山途经赣州和广东南雄到了广州，去寻找哥哥曾延生，打算投奔叶挺和贺龙的革命军。他在广州到处寻找哥哥，都没有找到，但侥幸遇到了一位同乡。这位"同乡和教导团工兵连连长的关系很好，于是，我请他给我介绍。一切都很顺利，我便成了教导团通讯班的一名军需员，军衔为下士，从此时起，我开始了军人的生活。"

广州起义是根据中共中央决定、由中共广东省委书记张太雷和叶挺、叶剑英等领导的。参加起义的有国民革命军第四军教导团和警卫团一部,广东工人赤卫队、广州市郊农民武装。1927 年 11 月中旬,粤桂军阀因争夺地盘的矛盾,发展成为公开的武装冲突,广东军阀张发奎发动事变,从桂系军阀手里夺取了全部广州政权。张发奎的主要兵力调往肇庆、梧州一带,用于对付桂系军阀,广州城内兵力空虚。于是,中共中央常委通过《广东工作计划决议案》,命令广东省委急速发动全省总暴动。张太雷随即召开省委常委会议,决定"立即暴动","准备夺取广州政权"。会后,成立了军事委员会作为起义的领导机关,召开了广州工农兵代表会议,选举了执行委员会作为广州苏维埃政府的最高权力机关。通过了《广州苏维埃政府告民众书》《广州苏维埃宣言》。接着,开展了一系列的起义准备工作。

叶剑英领导的第四军教导团,是广州起义的主力。其前身是原武汉中央政治学校的学生,革命基础很好。全团 1500 多人,其中有 200 多名共产党员。广东省委特别重视在教导团进行起义的组织发动。但曾山只是教导团的普通一兵,从江西过来不久,与教导团的党组织没有联系上。因此,曾山对广州起义的全盘计划、部署以及高层意图不可能了解。他只能从最基层的方面,描述所见所闻。

曾山回忆说:"11 月 17 日,张发奎和汪精卫在广东发动了政变。装备不良的革命的教导团利用这一时机夺取了武器。这是我们高兴的日子:学员和军官们唱着《国际歌》,纷纷表示要推翻帝国主义和新军阀的政权,等等。然而,局势极其紧张,我们不分日夜地开会,每个学员都准备好了刺刀,就像是在战斗的前夜。此时,我筹划着与党组织取得联系,常常跑遍军营和连队去寻找自己的熟人。"有一天,曾山做完早操,突然碰到一位过去一同工作过的江西万安人,是共产党员。曾山托他把自己的情况报告教导团党委会。这样,曾山才与党组织接上了关系,并看到了广东省委关于武装起义的文件,命他为连队的五人委员会委员之一。

为实行广州起义,教导团在基层作了很多的准备工作,曾山记得:"起义的前夕,革命教导团里进行了大量的工作。文书、学员、士官、伙夫、马夫和勤务兵都编在一个连里,选出了一个五人委员会(我是其中之一)。决定每天早晨6—9点,除了做饭的士兵之外,所有人都应该进行作战训练。我们这个委员会的五个成员中的每一个人都有这样的权利:到任何一个连的营地去,要求任何人执行这个命令。"

　　由于时间紧迫,当时的训练比较仓促:"第一天我们操练了'立正'、'稍息'、喊口号、看齐的命令;第二天——横队变队形和向左转、向右转;第三天——学习步枪子弹上膛和退膛、瞄准;第四天练习散开队形和进攻。过了不到一个星期,我们就参加了广州起义。坦白地说,像我这样出身贫困家庭、知识有限的人,以前从来没有拿过枪,训练不到20个小时就上火线,是有些困难的。……我记得有一次在进攻李济深的住房时,我把子弹放进了枪膛,忘记上栓就开枪了。至于在射击之后要把弹壳退出来,我是在作战的时候才知道的。好在身旁有一个懂行的战士,他给我讲解了这一切,这样我就学会了打枪。"

　　广东省委的文件没有写起义的时间。"到12月9日夜里,还不知道什么时候开始起义。"这时,一个同志轻轻地告诉曾山一个令人不安的消息:"张发奎要干掉教导团。"曾山想起前两天叶剑英在全团大会上说:在广东东江的海陆丰地区已经建立了苏维埃,并高呼"中国革命胜利万岁!""世界革命胜利万岁"两个口号。他预感暴风雨就要到了。时钟敲过两点,"突然我听到了脚步声,好像在捆绑什么人。我跳了起来。穿上鞋,系了腰带。这里营房里跑进一个同志。他递给我一个红带子。我知道起义开始了。起义特别行动队逮捕了反革命分子,把张发奎派来的团长捆起来了。这时,出现一个戴眼镜、身穿普通毛衣的人。他登上凳子,简短地对团里的官兵们讲了话,号召我们参加工人的革命行动。原来这就是张太雷。他命令教导团参加起义。全团各个营和我们这个混合连都准备好要行动了。我们连长挑选了8个人,并嘱咐我在营房里等待特别的命令。"

连长率队走了以后,曾山他们 8 个人在等待命令。大家充满信心地说:这次我们一定能胜利。不久,一位军官来了,命令我们立即行动。军官交代:"我们 8 个人的任务是:坐车到指定的地点,拿起枪和子弹,并把这些枪和子弹送到原来的警察局去,起义的指挥部就设在那里。"于是,曾山他们立即向第三师的兵营进发。"我们把汽车停在外面,走到房子里。那里保存了很多武器弹药。我们只拿了步枪、卡宾枪和子弹,装满了两车,就奔向了广州。"当他们到达警察局时,曾山看到在原来警察局的门口有一个宽阔的红色长幅,很惹人注目。上面写着:"广州苏维埃政府"。左面挂着牌子:"红军总司令部",右边:"广州工人赤卫队总司令部"。在半殖民地的中国,在广州,第一次建立起了苏维埃政权,门上贴了苏维埃政府的公告和它的政治纲领,规定要解放所有劳动人民。曾山的心情非常激动。尽管他们当时非常繁忙,但曾山还是坚持看完了这两个文件,明白了广州起义的伟大意义,心里豁然开朗。接着,曾山高高兴兴跑去向司令部报告:"武器已经运到了"。司令部派了几个同志给曾山帮忙,把武器搬到仓库里去。曾山往仓库看了一眼,见到了一堆又一堆的枪支和子弹。机关枪和火炮部署在惠爱路沿街。武器入库后,已经是早晨 5 点钟左右。红军和工人的队伍一个接一个地来到赤卫队司令部,拿了枪就投入了战斗。到早上八九点的时候,几乎所有的枪支都分发完了。可是工人们还是不断走来,可见武器还是不够。

于是,曾山他们 8 人不断地往返运送武器。曾山记得,在最后一次运武器来的时候,汽车还没有开到司令部,就遇上了一队没有武装的赤卫队战士。他们每个人都戴着红袖章,前面飘着红旗,把汽车围住了。他们派了一个同志来和曾山谈判,要求给他们枪。曾山向他解释说,没有命令我不能这样做。但是工人们已经开始从车里拿枪和子弹了。曾山没有办法,只好让那个同志写个字条,以便能在指挥部面前交差。到了司令部以后,曾山向领导上详细地报告了事情的经过。

转运武器的任务顺利完成后,曾山奉命回到自己的队伍。曾山所在的通讯连正在进攻李济深的住所。曾山回忆说:"但是我还没有来得及打几枪,指挥员谢定就命令我立即离开火线,回到团指挥部去取食品。从夜里3点开始,战士们一点东西都没有吃,而时间已经接近半夜了。我飞跑到了教导团。在路上我看见一群人——精疲力竭的,脸黑黑的,就像是刚从矿井里出来的矿工。他们的脚上带着铁链。我明白了,这些人是最勇敢的革命战士,是被国民党军阀作为政治犯投入监狱的。工人和士兵们把他们从监禁中解放出来了。"

曾山继续向前面走去,看到一群人围着一些学生。这是一些散发呼吁书和传单的宣传鼓动员。有几个女工和女学生在发饼干,他也得到了两大盒。人力车夫对他说:"同志,我们决定,凡是带有标志的革命教导团的官兵和后勤人员都免费拉。"车夫很快就把他送到团里。团里接到了司令部的通报:经过3小时的流血战斗,革命队伍占领了城里几乎所有的机关和一个重要的战略点——观音山。

饭后,曾山随队伍继续向敌人进攻。战斗继续到了夜里12点,进攻的时候刮起了风,中央银行着火了。必须赶快把各处的残余敌人清除掉,准备在江南地区展开进攻。

这时,队长发出了关于进攻的信号。敌人在固守,我们开火了。但是火力的射程没有准备好,队长派了通信兵到司令部去报告。得到的通知说,昨天(也就是12月11日)下午军阀李福林在帝国主义分子的支持下,从沙面派了两个团来,现在他们正在沿着铁路线向广州开来。

曾山所在的通讯队仍在继续进攻李济深住所。12月12日清晨来临了。整个城市到处都在射击,沿河大街上的炮火没有停止。指挥部命令我们这个队除留下一个小组观察敌人外,马上到司令部去。有大批武装的农民队伍从广州各个郊区赶来,大约有3000人。这一消息鼓舞了通讯队的官兵。通讯队正在为保卫司令部而战。12月12日下午两点,司令部派了赤卫队和参加了广州起义的警备队的一个排来和我们调防。通讯队回到了教导团的营房休息,因为战斗不间断地进行了两天两夜。

大约在4点的时候,几个士兵回到团里。他们说,敌人从北江和西江调拨了部队到广州来进行反击,而且看来他们将在5点左右到达广州。局势恶化了。晚上8点,红军总指挥部来了命令,把所有的部队都投到司令部去。谢指挥员让队伍集合,向指示的方向出发。过了一个小时,遇到了起义者的队伍。指挥员问道,现在司令部在什么地方。回答是,队伍是从前线来的,得到命令是向沙河口撤退。原来司令部已经撤离了原地。曾山等人立即改变了方向,向沙河口走去。

12月12日下午,敌人发动了总反攻。敌人的力量超过我们6倍以上。因为寡不敌众,广州起义最后失败了。张太雷和许多革命战士英勇牺牲。曾山作为参加广州起义的一个基层士兵,认为赤卫队基本上是不大懂武器的工人组成的,准备工作组织得不好,撤退进行得匆忙,也是一个失败的原因。但工人阶级的力量是伟大的,因为这些工人非常清楚什么是军阀、地主的压迫,什么是失业和饥饿。他们坚决要斗个你死我活,要为解放而牺牲自己。这就是为什么广州工人勇敢地在这场势均力敌的战斗中会迎着敌人而上,并取得了一系列的胜利。虽然广州苏维埃存在的时间不长,不到3天就失败了,但广州起义的历史意义是非常伟大的。中国共产党研究了广州起义的珍贵经验,深信只有苏维埃才能拯救我们的祖国。

曾山这一生

第三章　创建江西苏区

毛泽东多次说过:"在江西革命根据地的斗争中,曾山同志是有功的。"这是他对曾山的褒奖和确切评价。

一、领导官田暴动

曾山是江西苏维埃运动的创始人和主要领导人。在江西苏区只要说到曾山的名字,几乎无人不知,无人不晓。江西省人大常委会原副主任、长征老红军谢象晃就对我说过:"我是 1929 年参加革命的,我从参加革命的第一天起,就知道曾山的名字。"

广州起义失败后,曾山从广州回到家乡吉安,很快就找到了党的组织,接上了组织关系。党组织遂派他到芳井、赤坡一带进行秘密工作,在芳井建立了党小组。

1928 年初,曾山奉命担任泰和边区区委书记,在泰和万合朱家村,发展新党员,建立党支部。同年 3 月,调往吉安西区,将敖城、芳井党小组与官田举洲党支部合并为淦江支部,在吉安县官田、泰和县八都等16 个处相继发展党组织、秘密成立了中共永福(西区)区委会,曾山任

1964年,曾山(左二)在江西赣州等地视察工作期间,与谢象晃(左一)等人合影。

区委书记。为了深入发动群众,扩大革命队伍,曾山多次在山头、庙里召开暴动骨干会议,研究如何进行抗租抗债、向地主豪绅借款、串联发展革命组织等问题。他以毛泽东领导贫苦农民在井冈山闹革命的榜样,教育鼓舞大家。为了配合井冈山的斗争,使山上山下互相呼应,曾山遵照吉安县委的指示,领导发动了官田暴动。

官田属于吉安西区,位于吉安、永新、泰和、安福交界处,距吉安县城50公里,是井冈山革命根据地的边缘。这里群山环绕,中间有一小块平原,散布着大大小小的村落,官田村是其中较大的一个山村。它山高路陡,地形险要,交通不便,是个四县不管的三角地带。

官田一带革命基础较好。早在大革命时期,一些在吉安读书的本地青年刘揆一、周冕等人,回到家乡领导农民运动,成立了"四都觉社"等进步组织,建立了农民协会。还有官田淡江人肖仕梅、肖志铎,是黄埔军校毕业的共产党员。他们以办淡江中学为名,开展秘密革命活动。中共吉安县委又派了王庭、梁忠林等来到官田,发展了刘生和等人入党,建立了官田第一个党支部即群力党支部。青年团员肖望东担负党的秘密交通工作,往返于县城与官田之间,传送情报,并为肖仕梅传递了一支用来起义的驳壳枪。周冕经过广州农民运动讲习所学习,对毛泽东、彭湃的农民运动理论体会很深。他随陈奇涵到赣南搞了一段时期农民运动,取得了一定的经验。1928 年春,他被任命为中共吉安南区区委书记,配合曾山做领导暴动的准备工作。周冕在官田石溪小学召开贫苦农民会议,教农民唱革命歌曲,教育农民,提高农民觉悟。一些老人至今还记得有一首控诉反动靖卫团的歌,歌词为:

靖卫,靖卫,靖卫团,　　与我何相干?
我们都是好国民,　　　　怕你什么土匪帮?
你要办团保狗命,　　　　任你自打主意,
若要抽捐和抓丁,　　　　万万不能行。

1928 年 3 月中旬,曾山专门来到官田村。他和当地党组织及肖仕梅、肖志铎取得联系后,向他们传达了县委关于举行暴动的指示,积极恢复和发展党组织,在这一带先后建立了 16 个党支部,又恢复了农民协会,开展抗租、抗债、抗税、抗粮、抗息的"五抗"斗争。为了准备暴动,他们以学拳术为名,培训骨干力量,探听各种消息,积极筹备武器,要求每个党员准备一件武器。为了更广泛地发动群众,曾山用通俗的话语,向农民们分析农村各个阶级的经济政治状况,指出谁是革命,谁是反革命,然后鼓动大家一起来打倒土豪劣绅,不要怕。5 月 26 日(农历四月初八),曾山偕同周冕佯装师徒,走村串户行医。他们和肖仕梅等冒雨来到官田山前村的一个密林深处,秘密召开党员和暴动骨干会议,研究发展党员和夺取枪支等问题,部署暴动事宜。正当会议紧张进行时,在谢村一带指导工作的王庭来报告,说下罗的天平山隐藏有一股国民党匪军,是被毛泽东所领导的工农红军在反"会剿"中击溃的,经常在这附近持枪抢劫,闹得鸡飞狗跳。他们有 10 多个人,6 支步枪、1 支短枪。于是,会议决定:当晚立即组织暴动力量,先夺枪支,后打土豪。会后,分头到各村通知农协会员和革命群众携带武器和白毛巾(或白布条),到官田村长岭的五里亭集中,去下罗村捉拿匪兵,缴获枪支。

暴动队伍共集合了 700 多人,每人都手持梭镖、大刀、长矛、短剑、铁尺、铜锏、鸟铳等。曾山作暴动总动员,通告了暴动的时间、地点和路线,宣布了暴动纪律,规定夜间的联络口号为"灭敌",以白毛巾扎在手臂上作为起义军的标识,以打倒土豪劣绅,解放穷苦农民作为起义目标。他把 700 多人的起义队伍编为三个纵队,即一个冲锋队,两个包抄队,分别由曾山、肖仕梅、周冕率领和指挥,向下罗村进发。曾山又派彭嘉庆去官田周围的永阳、敖城送信,传达起义命令。27 日凌晨,暴动正式打响。曾山对大家说:"我们要活,就要打倒土豪劣绅!我们有井冈山红军,有那么多受苦的农民兄弟,还怕那几家土豪吗?人多为王啊!"参加过暴动的老同志回忆说:"曾山的讲话,给大家开了窍,壮了胆。"曾山立即率领农协会员和革命群众 700 多人赶到下罗村,围攻这股敌人。敌人弄不清是什么队伍从天而降,吓得慌忙冲出村庄,狼狈逃散。肖仕梅、肖志铎、彭毅和曾山率领队伍紧紧追击。这时太阳已经露头,暴动队伍在河沟旁的芦苇丛里,像抓水鸭子似的抓了不少俘虏。并缴获了炸弹七八个,银圆 100 多块,汉阳造七九步枪 4 支,子弹和刺刀俱全。肖志铎、肖仕梅、彭毅和曾山四人满怀胜利的喜悦,各举一支步枪朝天鸣放,庆祝初战胜利。曾山让老百姓认领了被抢财物,并率队回东陂头村。

正当曾山、周冕、肖仕梅等商议下一步行动时,枫树村的一位妇女哭着前来报告,说村里的土豪劣绅正在清查昨晚外出的人,并吊打一个同志的父母,扬言要把他扔到河里淹死。大家听了非常生气。有人突口而出:"我们都有年迈的父母,我们决不散伙,我们要求公开革命队伍!"众人立即响应:"干!干!干!"于是,曾山看到群情激愤,便因势利导,带领大家公开行动起来,随即抄了两家土豪的家产。东陂头村的大土豪劣绅刘玉山大骂暴动农民是"土匪"。群众听了更加气愤,在"打倒土豪劣绅"的口号声中,暴动农民杀死了作恶多端的大土豪刘玉山,抄了他的家,张贴了许多革命标语,并就地召开了1000多人参加的庆祝大会,会上宣布了武装暴动,提出了"打倒土豪劣绅,武装夺取政权"的口号。这就是曾山领导的官田暴动的全过程。因为在4月9日,故又称"四九"暴动。

但是,敌人不甘心失败。土豪劣绅刘玉山的弟弟刘仁山为报杀兄之仇,邀集吉安的反动军队1个营的兵力驻扎官田,捕杀共产党员和革命群众,吉安西区笼罩着白色恐怖。

为了保存革命力量,防止敌人更大报复,曾山指示暴动骨干力量疏散隐蔽起来,肖仕梅、肖志铎、王庭等人在梅庄、水源一带坚持斗争;同时建立了一条设有9个交通站的秘密交通线,以保持与上级党组织的联系。曾山则率领部分暴动骨干,带着缴获的四支步枪向赣东转移。他们先到儒林,再到纯化,路过横江渡,趁夜深人静时,放火烧了横江渡过警察局的房子。几天后,他们渡过赣江到达陂头,然后转到东固,继续进行革命活动。

同年7月1日,毛泽覃、伍中豪率红四军一个营从永新过来,与肖仕梅联系上了,并送了4支枪,帮助建立了100余人的赤卫大队,继续进行打土豪劣绅的斗争。

曾山在《自传》中写道:我"任吉安西区区委书记,做了4个月,领导农民暴动。毛泽东同志在井冈山时,打到永新县向吉安迫近时,敌人进行围剿井冈山,在敌人后方我们举行暴动。"官田暴动,是赣西南地区10多处有影响的暴动之一,揭开了吉安西区农民土地革命、武装夺取政权的序幕,有力地配合了井冈山革命根据地的斗争,促进了赣西南革命根据地的形成。周冕后来担任江西省苏维埃政府财政部部长。肖望东在新中国成立后先后任南京军区政治委员、济南军区政治委员;彭嘉庆在新中国成立后先后任总后勤部副政治委员、广州军区副政治委员。他们都是新中国的开国中将。

二、改名曾山

根据隐蔽工作需要,赣西特委书记冯任替他改名为曾山。

1928 年 7 月,中共赣西特委为了加强吉水县委的领导,调曾山任中共吉水县委书记。经过官田暴动的实践,曾山不仅懂得了武装斗争的必要性,而且懂得了秘密工作与公开工作相结合的必要性。他首先到醪桥村找到同登区区委委员周作仁,了解情况后,便在路下村的小街上,开了一家杂货店,名为"赵隆茂",是取谐音"招拢谋",即把群众招拢在一起合谋革命工作之意。曾山当老板,另有一名伙计。曾山以打货为名,经常外出,秘密地和分散在各区乡的党员取得了联系。他又派党员在醪桥村、三曲滩等地,开设理发店、缝纫店、木器店,建立联络点。曾山自己白天开店,晚上开展秘密活动。他除秘密发展党的组织外,还利用各种灰色形式,发展各种各样的群众组织。政治上动员群众抗捐税,不交租,不还债。军事上秘密准备武装打游击。9 月,他在三格塘出席了吉水县值夏区党代表大会,并对地方党如何发展组织、开展暴动等问题,做了周密细致的部署。这时,吉水县已经建立了 4 个区委、2 个特别支部和 2 个支部,即纯化区委、仁寿区委、同水区委、金滩区委;折桂特别支部、中鹄特别支部;同登支部、县城支部。党员由 20 多人发展到 200 多人。曾山在吉水工作了 7 个月,成绩卓著。

1929 年 2 月,曾山奉调中共赣西特委工作,适逢朱毛红军从井冈山下来,辗转到达李文林等领导的东固根据地,与红二、四团会师。李文林向毛泽东、朱德、陈毅介绍了曾山的情况和经历,并作了很高的评价："曾山同志对党的政治主张很明了,并很积极坚决地去干,在实际斗争中得到很多经验,能够独当一面指挥工作,并且接受党的指示非常迅速。"毛泽东听了很高兴,他很喜欢从实际斗争中锻炼出来的工农干部。曾山接到李文林的通知,便赶到红四军前委,与毛泽东、朱德、陈毅见面,然后随军行动。3月20日,毛泽东于福建长汀主持召开前委扩大会议,提出:"以赣南闽西二十余县为范围,用游击战术,从发动群众以至于公开苏维埃政权割据,以此割据区域与湘赣边界割据区域相连接。"此后,红四军活动于赣闽粤间,开创根据地;曾山则返回赣西,开展革命活动。红四军离开东固时,有一批伤员留在东固养伤,包括毛泽东之弟毛泽覃。毛泽东与贺子珍便要曾山通知贺怡来东固照顾毛泽覃,后来毛泽覃与贺怡结为夫妻。

1929年5月,中共赣西特委召开第一次党代表大会,冯任当选为赣西特委书记,曾山被选为赣西特委委员。冯任是江西早期党团组织的重要领导人之一,曾任江西省委常委、宣传部长。根据当时形势和江西省委制定的任务,冯任主动要求到基层工作。于是,省委决定派冯任来赣西特委。选举时,曾山仍用原名曾如柏。为了不暴露身份,冯任替他改名为曾山。曾山高兴地说:"我原名曾如柏,和一棵树比,现名曾山,和一座山比,担子更重!"此后,他一直用名曾山,直到去世。随着赣西各县党组织和基层苏维埃政权的建立,1929年10月,成立了赣西革命委员会,曾山任主席。11月,赣西召开苏维埃代表大会,成立赣西临时苏维埃政府,曾山被选为主席。赣西苏维埃政府下辖吉安、吉水、泰和、峡江、永丰、兴国、宁都、乐安等13个县的广大地区。

1929年11月8日,赣西团的特委组织遭到严重破坏。有80多名党团员被捕,随后中共赣西特委和吉安县委也受到严重破坏。为了营救被捕同志,中共赣西特委提出"攻取吉安"的口号,并指派曾山担任中共延福区委书记,负责组织指挥东固、延福的农民群众配合红军攻打吉安城。曾山参与了指挥第一次攻打吉安的行动,但是没有成功。

三、争取罗炳辉起义

罗炳辉

罗炳辉将军常对家人说："曾山是我革命的引路人。"

曾山在赣西特委工作期间，为争取罗炳辉率部180人起义，做出了重大贡献。

罗炳辉（1897—1946），无产阶级革命家、军事家，红军、新四军杰出将领。电影《从奴隶到将军》的原型。他是云南省彝良县人，家庭贫寒。滇军出身，曾参加护国讨袁之役和北伐战争，英勇善战，屡立奇功。后在吉安率部起义，投奔红军。曾任红九军团军团长、新四军第二副军长等职。

1929年6月，江西省吉安县的富田、新安、新城、陂头、值夏、白沙、永和、水东八市（市相当于乡）联防队改编为靖卫大队，滇军故旧、时任江西省"剿匪"副总指挥兼陆军第十二师师长的金汉鼎电召罗炳辉来吉安相助，担任吉安县靖卫大队大队长。罗炳辉当时在江西高安闲住。他在高安看到许多红军标语，又听到朱毛红军转战闽粤赣的消息，产生了拉起队伍投奔红军的念头。接到金汉鼎电报后，罗炳辉将计就计，即来吉安上任。

罗炳辉就职后，首先将各区乡枪支收缴，接着进行队伍整编。一方面，遣散地主豪绅的爪牙、打手，另一方面，将一些滇军旧部充填进去，编为三个中队，九个分队。此举引起地主豪绅的不满。

靖卫大队整编后，奉命到东固"剿匪"。罗炳辉也正要利用这个机会打听红军情况。靖卫队所到之处，人民逃避一空，所看到的就是写在墙壁上的红军标语，罗炳辉感慨万端。有一次，靖卫队抓到十几个"共匪"，罗炳辉亲自审问，知道他们原来都是穷苦老百姓。他们说："当顺民就要饿死,当红军才有饭吃。"罗炳辉向来同情劳动人民,下令给他们饭吃,每人发一块银圆释放。地主豪绅控告罗炳辉私放"共匪",被罗炳辉一句话顶了过去:"没有饭吃的人是杀不完的。"

吉安县县长冷照升兼财政局长,这是一个贪官污吏。上任9个月,就搜刮民财五六万元。他极力拉拢罗炳辉,向他炫耀为官之道:"要学会当公婆、做阎王、当小媳妇";"对地方绅士财主是公公婆婆,对无知百姓是阎王老虎,对上司和军队是小媳妇"。罗炳辉气得大骂:"像你这样的贪官污吏,应该打倒!"

罗炳辉的这些举动,引起了中共赣西特委的高度注意。曾山此时正在吉安城内进行秘密工作,与工人接触多,掌握了各方面的动向。赣西特委向江西省委作的第七号报告中,写道:"在一周前我们已派曾山同志去(吉安)巡视,他曾在该地工作很久","同时给了他一个指示,即是在白色恐怖中,在县委残三缺四下,努力艰苦的抓住中心工作,脚踏实地的一步一步去做"。赣西特委分析了罗炳辉的历史和现实表现,决定设法争取罗炳辉起义。

中共江西省委同意赣西特委的意见,立即指派罗炳辉的同乡好友、老共产党员赵醒吾做罗炳辉的工作。1929年夏,赵醒吾在上海和南昌给罗炳辉写了几封信,说办民团要从国家民族利益出发,才能得到人民的拥护,不要像曾国藩练湘军、李鸿章练淮军那样,成为清政府的走狗,民族的罪人。这几封信,对罗炳辉的思想很有震动。7月,赵醒吾以省委特派员的身份来吉安,要面见罗炳辉。罗炳辉得悉,从乡下赶回吉安县城,安排赵醒吾住进了吉安县靖卫大队队部所在地肖家祠,会见了罗炳辉。赵醒吾利用同乡旧谊的关系,对罗炳辉晓以大义,启发他觉悟,跟共产党走。他们畅谈三日,极有成效。罗炳辉在黑暗中找到了光明,表示愿意跟共产党干革命,并要求加入中国共产党。过了几天,赣西特委组织部长刘士奇、江西省委军事部长蔡申熙来吉安,找罗炳辉谈话,进行考查。后经江西省委批准,刘士奇、蔡申熙与赵醒吾一起,作为罗炳辉的入党介绍人,在吉安主持罗炳辉的入党仪式。罗炳辉当时在党内使用化名"罗南煌"。

罗炳辉入党后,遵照党的指示:"保持灰色,发展武装,待机而动。"他一方面率靖卫大队离开吉安县城,移至40里外的、距东固革命根据地不远的值夏镇,悄悄进行起义准备。另一方面派人打进永丰、永新、泰和、吉水、万安、峡江等县的靖卫队,力图控制其武装,营救被捕的革命同志,配合起义。据老战士曹鸿胜回忆:当时罗炳辉到附近几县的民团和红枪会中,有不少河南人,便派他(曹是河南籍)去做工作,以同乡关系动员他们响应起义。曹鸿胜首先到离吉安县只有几十里的吉水县,这里有一个靖卫大队驻扎在城里,400多人。城里还有靖卫一队、加上丁岗、吾江的靖卫二队、五队,又有300多人。在三曲滩,还有国民党的游击大队。曹鸿胜分别找到了这些队伍的领头,说明罗炳辉的意图。他们有的表示支持,有的表示不干涉,持中立态度。这在一定程度减少了敌对势力,增强了同盟力量。

9月间,国民党江西省政府改组,湖南军阀鲁涤平代替朱培德任省主席。滇系金汉鼎部被调离吉安,湘系戚光耀率148旅进了吉安城。戚光耀一方面加紧了对红军游击队的进攻,另一方面又加紧了对吉安地下党的搜捕。

中共江西省委根据中共中央指示,认为在全国形势中,有先取一两省政权,推动全国总暴动的可能,遂决定:"加强东北和西南两地主要工作,特别是立即发动和扩大吉安和湖口两处的暴动。"中共赣西特委坚决执行省委的决定,并同意罗炳辉提出的建议,即在11月7日"十月革命节"举行赣西几县总暴动。并计划以江西红军独立第二、四团为攻吉主力,罗炳辉的靖卫大队做内应,攻取吉安城。

当时,罗炳辉的靖卫大队驻在吉安值夏。罗炳辉在接到中共赣西特委的指示信后,即于11月1日进城,找吉安县长彭学游,以"防御力薄"为由,要求将所部撤回城里休整。彭学游不敢做主,向戚光耀旅长报告。戚光耀从搜查阳明中学得到的材料中,觉察到罗炳辉有"通匪"嫌疑,惧怕罗炳辉乘城内兵力空虚发动兵变,要彭学游传令罗炳辉部"仍守原防"。

正当争取罗炳辉起义的工作紧锣密鼓地进行时,一件意外的事情发生了。11月8日吉安城内地下党、团机关遭到敌人的严重破坏,赣西团特委书记曾道懿被敌人逮捕后叛变,供出吉安城全部组织和文件,致使省委特派员赵醒吾、赣西特委常委黄义、申中三位领导人和40多名党员、70多名团员被捕,惨遭杀害。敌人在缴获江西省委的文件中,发现罗炳辉与共产党有联系,掌握了罗炳辉等部准备起义的确凿证据,便以补发欠饷为诱饵,命令罗炳辉率部回城,予以缴械。在这紧要关头,赣西特委书记冯任已经他调,特委常委曾山一面组织赣西特委机关转移到南路的陂头,调整攻吉计划;一面亲自送信给罗炳辉,告知"赣西、赣南有许多重要机关被破获,已从北部撤退,党命令罗炳辉提前率部起义"。曾山后来回忆说:第一次打吉安,打到吉安附近时,"不巧,五市联防内有人叛变告密,情况非常紧急,我们便马上通知罗炳辉举行暴动。罗炳辉得通知后,带领一百七八十人,一百三四十条枪,在吉安值夏起义。"

罗炳辉接到曾山送来的信后,当机立断,决定提前举行起义。他将计就计,借吉安县政府命令靖卫大队开回吉安城之机,以"部队要发饷才能开回吉安县城"为名,领到一批款子。接着,一面掌握敌情,加强警戒,以防不测;一面集中部队,筹集弹药,配备可靠干部,进行政治动员,为起义作好物资上和思想上的准备。

14日晨4时许,罗炳辉接到二中队一士兵报告,中队长带着两个人于深夜1点钟逃跑。他又从截获的邮件中,得知吉安的豪绅地主勾结二中队叛变。情况突变,不容迟疑,罗炳辉连夜在吉安县值夏驻地集合部队,缴了反动力量较强的第三中队的枪械,宣布全大队180余人举行起义,全部开往苏区,士兵们一片欢腾。15日,罗炳辉全副武装,骑着大马,率领起义队伍由值夏开往东固革命根据地的新圩,省委、特委领导蔡申熙、江汉波、刘士奇、曾山等人在街口迎接,人民群众敲锣打鼓,热烈欢迎起义军。罗炳辉面对群众,激动地说:"从现在起,我们就是共产党领导的红军了!"他带头摘下军帽,撕下青天白日帽徽,踩在脚下,激动得哭了起来。16 日,起义部队开进富田。所经各村,受到苏区军民及群众团体的隆重欢迎和亲切慰劳。起义部队在富田经过短期整训,改编为江西工农红军独立第五团,罗炳辉任团长,匡一心任政委,金万邦任政治部主任。不久,红五团和红四团合并为红四团,罗炳辉任团长。12 月,罗炳辉与彭德怀、黄公略在遂川会师。1930 年 1 月,红六军(后改红三军)成立,黄公略任军长,罗炳辉任第二旅旅长。2 月,罗炳辉出席了在陂头召开的党史上具有重大意义的二七会议。

曾山对争取罗炳辉成功起义一事,直到晚年仍记忆犹新。但他对自己做出的特殊贡献,却只字不提。他在回忆录中说:"罗炳辉的五县联防部队,和我们打过许多次,最后把罗炳辉争取过来,吸收为党员,率领所部起义,改编为红军第五团,后改编为红三军一纵队的一个部分"。

罗炳辉率部起义投奔红军,是在中国革命处于低潮时期,貌似强大的国民党营垒分裂的表现,也是国民党军队较早举行起义的一个典范。它不仅壮大了红军的力量,尤其是对以后国民党军队的起义、哗变产生了重大影响。史载:"自吉安八乡联防游击大队罗炳辉全部投诚后,常常成排成班的士兵,杀了长官,拖着枪来投红军。"尼姆·韦尔斯在《续西行漫记》中说:"在共产党的历史中,罗的这次功劳只有陕北的刘志丹可以和他相比。"

四、参与主持二七会议

经查二七会议文件,二七会议主席团由毛泽东、刘士奇、曾山三人组成,曾山参与了筹备和主持会议的全过程。

1930年2月,在吉安陂头(今吉安市青原区文陂乡渼陂村)召开了红四军前委,赣西特委,红五、六军军委联席会议,即"二七"会议,毛泽东、刘士奇、曾山组成联席会议主席团,主持和领导了这次会议,确定了扩大苏维埃区域、深入土地革命和扩大工农武装三项任务。图为"二七"会议旧址。

1930年2月初,毛泽东率领红四军由闽西来到赣西。彭德怀领导的红五军也来到赣西游击。毛泽东根据赣西特委的汇报,得知土地分配进展缓慢。为了深入开展土地革命,决定2月7日在吉安陂头村召开红四军前委、红五军、六军军委和赣西特委召开联席会议,史称二七会议。为了开好这次会议,曾山提前几天到达陂头村,做会议的筹备工作,特别是安排好会议代表的食宿。因为50多位代表都已到达,会议提前于2月6日举行,至9日结束。会议由毛泽东、刘士奇和曾山三人组成的主席团主持。曾山此时能参与主持如此重要的会议,表明他已经进入到苏区党的高层领导的行列。

会议讨论了政治、土改、红军、党的组织和苏维埃政权建设等重大问题。毛泽东在会上作了关于目前政治形势和今后任务的报告。会议分析了赣西南革命形势,一致认为"江西有首先胜利夺取全省政权之可能",明确指出赣西南党的主要任务是"扩大苏维埃区域,深入土地革命和扩大工农武装"。

但是,会议在讨论土地分配问题时,产生了严重的意见分歧,争论很激烈。以江西省委巡视员江汉波等为代表,极力主张按耕作能力大小来分配土地,即按劳动力分配土地;面以曾山和赣西特委书记刘士奇为代表,则主张按人口分配土地,认为这样对贫雇农有利,可以争取群众。曾山出身农村,最了解农民的疾苦与愿望。他把土地问题与扩大根据地、发展工农武装问题联系起来,认为要巩固根据地,发展工农武装,就必须坚决开展土地革命,满足贫雇农的土地要求。他在发言中强调:"如不平分则没有办法,而且开展工作困难,同时在赣西没收一切已不成问题。"毛泽东仔细听取了双方的发言,并在总结中肯定了曾山的意见。他指出,按人口分配土地的意见符合广大贫雇农群众利益,因而是正确的;按耕作能力大小分配,则对富农有利,因而是不正确的。赣西土地迟迟不分是极端严重的机会主义,当务之急是"一要分,二要快!"联席会议最后认定:"放弃争取广大群众的任务,把没收地主土地以劳动力为标准分配是代表富农主张,是机会主义的路线。"会议将按人口平均分配土地的原则,写进了赣西南《土地法》。

赣西南《土地法》又称二七《土地法》,共四章三十三条,是对井冈山《土地法》和兴国《土地法》的继承和修正。一是确定按人口平分土地,"分田以抽多补少为原则","男女老幼平均分配"。这就从政策和法律上否定了按劳动力分配土地的富农路线。二是对没收的对象和范围作了正确的规定:不是没收一切土地,而是"没收一切豪绅地主阶级及祠堂庙宇的田地、山林、池塘、房屋,归苏维埃所有,由苏维埃分配与贫苦农民及其他须要土地等项的人民。"这就更有利于满足贫苦农民的土地要求。三是在分配的对象上,除分配给无地少地的农民外,还规定:"豪绅地主及反动派的家属,经苏维埃审查,准其在乡居住,又无他种方法维持生活,得酌量分与田地。"对乡村中工商学各业,"生活不够的,得酌量分与土地,以补足其生活为限。"这就对社会稳定更为有利。四是在废除债务上,规定:"工农穷人欠豪绅地主之债,一律不还,债券债约缴苏维埃或农会焚毁""豪绅地主及商人欠公家或工农贫民或小资产阶级之债,不论新旧,都要清还。""工农贫民欠商家交易之账,而非商业高利贷的,仍旧要还。""工农穷人自己来往之账,革命以前借的,应全还、减还或免还,由乡区苏维埃按照情形,适当规定。革命以后借的,全然要还。"这体现了明确的阶级界限和革命前后的区别。此外,二七《土地法》还规定按分田数量缴纳土地税:"每人分田收谷五担以下的,免收土地税","每人分田收谷六担的,收税百分之一",每加收谷一担,加收土地税百分之一点五。所收土地税,"百分之五十归乡苏维埃,百分之二十归区苏维埃,百分之二十归县苏维埃,百分之十归省苏维埃。"这就充分体现了取之于民、用之于民。

二七会议后,赣西南掀起了土地革命高潮。

毛泽东后来多次高兴地说起二七会议上,正确路线的胜利。他在延安时说:"会上详细地讨论了土地政策问题,由反对分配土地的人所发动的反对'机会主义'的斗争被打败了。会议决定分配土地,加速建设苏维埃。在这以前,红军只是组织地方的和乡的苏维埃,在这次会议上,决定了建立江西省苏维埃政府。对于这个新的纲领,农民报以热烈的拥护,这有助于在后来的几个月中,打败国民党军队的'围剿'"。新中国成立后曾任国务院副总理的邓子恢,对曾山评价说:"曾山对毛泽东土地革命路线的形成做出了重要贡献。"

为了统一指挥,联席会议还决定,将红四军前委扩大为共同前委。总前委是红四军、红五军、红六军、赣西南(当时决定赣西赣南特委合并为赣西南特委)、闽西、东江等苏区的指导机关。共同前委由 17 人组成。毛泽东、朱德、曾山、刘士奇、潘心源为常委,彭德怀、黄公略为候补常委,毛泽东任前委书记。从二七会议开始,曾山在红军中有了重要的领导职务,成为总前委的五大常委之一。

联席会议在讨论攻打吉安问题时,江汉波认为,攻打吉安是"左"倾盲动,是以卵击石,反对攻打吉安;曾山则认为,攻打吉安是广大群众的要求,过去已经发动了广大群众,动摇了敌人的基础,攻打吉安的口号是对的。会议经过激烈争论,最后肯定了攻打吉安是正确的。会议指出:要夺取江西全省,第一步是打吉安,打吉安的第一步是占领与吉安为犄角的吉水、安福、泰和等县。根据这一指导思想,会议对主力红军和地方武装作了具体部署。

二七会议所在地的吉安县(现为青原区)陂头村,是个历史文化悠久、古色古香的美丽山村。村上有很多人参加革命,出了三个将军。二七会议会址、毛泽东旧居、朱德旧居、红四军军部旧址、江西省苏维埃政府旧址,至今保存完好。毛泽东对村里的一副对联"万里风云三尺剑,一庭花草半床书",饶有兴趣。

二七会议后不久,国民党唐云山独立十五旅进犯苏区,曾山率领地方武装,配合红军主力,在水南、值夏一带,一举歼灭了来犯之敌。

1930年3月22日,根据陂头联席会议的决定,在吉安富田召开中共赣西南第一次代表大会,选举产生了赣西南特委,刘士奇当选为特委书记,曾山当选为特委委员;同时召开了赣西县区苏维埃联席会议,成立了相当于省级政权的赣西南苏维埃政府,曾山任主席。这就标志着赣西南革命根据地的正式形成。

曾山作为总前委常委,随红四军行动。4月,红四军趁军阀混战、广东空虚之际,向广东南雄进发,打通闽粤赣边境,跨过梅岭关,击败广东军阀两个营,俘虏数百人。总前委在广东南雄时,接到中共中央4月24日发出的通知,定于5月底在上海召开全国苏维埃区域代表大会,要毛泽东、朱德、曾山等同志出席。于是,曾山从广东去上海参加会议。

5月20日至23日，曾山在上海出席了第一次全国苏维埃区域代表会议。会议是由中共中央和中华全国总工会中央执行委员会主持召开的。会上讨论了红军的组织和苏区的建设问题，通过了《目前革命形势与苏维埃区域的政治任务》《苏维埃组织法》《全国第一次苏维埃区域代表大会宣传纲要》《土地暂行法》和《劳动保护法》等文件。会议提出："苏维埃区域的最主要任务是建立红军，向外发展，争取全国革命的胜利。"会议还宣传土地国有，组织大规模集体农场，实行集体生产等政策，并批评"苏区的主要危险是右倾保守观念和富农路线"。显然，这是"左"的指导思想在会上占了上风。在此几天，中共中央在上海召开了全国红军代表会议，讨论了红军内党的组织、政治委员制度、政治工作、战略战术、编制等问题。会议要求红军"无条件扩大，在6月以前扩大到50万"，要红军集中进攻交通要道，中心城市，消灭敌人主力。6月11日，李立三主持召开中共中央政治局会议，通过了由他起草的《新的革命高潮与一省或几省的首先胜利》的决议，使"左"倾错误统治了党中央。接着，中共红四军前委和闽西特委在汀州召开会议，中共中央代表涂振农向会议传达了中华苏维埃区域第一次代表大会和全国红军代表会议精神以及整编红军的指示，决定成立中国革命军事委员会，委员有：毛泽东、朱德、曾山、李文林、刘士奇、邓子恢、黄公略、彭德怀、王怀、彭清泉、伍中豪、谭震林、陈毅、段月泉、方志敏、邵式平等16人，主席毛泽东。中国革命军事委员会是全国各革命根据地红军统一的领导机关。曾山的名字，显赫地列入了最高军事领导机构，表明曾山在苏区和红军中的地位，不比一般。

五、指挥十万工农下吉安

从1929年10月至1930年10月，赣西南数十万工农群众，配合工农红军，先后九次攻打吉安城。毛泽东称之为"十万工农下吉安"。曾山参加了第一次、第二次攻打吉安的战斗，并担任了第六次至第九次攻打吉安总指挥。

第一次攻打吉安(1929 年 11 月—1930 年 1 月)。

吉安是江西赣江中游的重要城市。攻打吉安,是二七会议前中共赣西特委决定的,在二七会议上又得到了肯定的。1929 年秋,赣西的革命形势发展很快。中共赣西特委领导的地方武装有:江西红军独立第二团、第四团、第三团和赣西游击第一、第二大队。东固、延福建立了区苏维埃政府,开始分配土地。吉安城内党的组织得到恢复,工运、兵运都开展起来了。根据中共中央第 49 号通告精神,中共赣西特委提出了“攻取吉安”的口号,计划在 1929 年 11 月下旬采取里应外合的方式,攻下吉安城。不料,11 月 8 日城内中共地下机关遭破坏。12 月初,赣西特委改变策略,决定动员吉安四周的群众配合少量红军包围吉安,发动各红色区域的群众围攻各县城,调红二团开赴北路会同红三团攻取峡江,截断敌军后援;调红四团攻取吉水,隔河威逼吉安。曾山时任赣西特委委员兼延福区委书记,根据特委制定的攻打吉安的行动计划,发动东固、延福一带的农民群众配合红军、游击队肃清吉安外围之敌,对吉安城形成包围之势。

在第一次攻打吉安中,红二、三、四团和罗炳辉率起义后组建的红五团,在群众武装配合下,分兵南北两路作战,歼敌 400 余人,缴枪 380 余支。次年 1 月,红五军军委和赣西特委、湘赣边特委在遂川雩田召开联系会议,决定将红二、三、四、五团合编为红六军(后改称红三军),黄公略任军长。红五军与红六军分别沿赣江东西两侧,向吉安逼近,形成对吉安城的包围态势。第一次攻打吉安,攻克了兴国、万安两个县城,扩大了红色区域,建立了 13 个县和 50 多个区的苏维埃政府。在此基础上,召开了赣西临时工农代表会议,成立了赣西临时苏维埃政府,曾山任主席。

第二次攻打吉安(1930 年 2 月下旬)。

二七会议肯定了赣西特委的“攻打吉安”的决策,决定集中红四、

五、六军的力量，第二次攻打吉安。曾山积极参与了第二次攻打吉安的准备工作。联席会议主席团于2月14日发布"关于占领吉安，建立江西苏维埃政府"的第一号通告，对第二次攻打吉安作了作战部署：红四军和红六军第二纵队在赣江东岸展开，会同中鹄群众攻打吉水，消灭水东之敌，并以一部分永丰赤卫队和宁南游击队在永丰、广昌一线牵制金汉鼎；红五军及西区群众武装，以永阳为中心，向吉安附近逼近，控制泰和之敌；红六军一纵队会同北路地方武装进扰三曲滩、峡江之敌，截断赣江交通。仍是先打吉安外围之敌，使吉安城内人心惶惶，生活用品困难，变成一座孤城，然后相机夺取吉安城。

基于这种情况，吉安守敌成光耀和国民党江西省主席鲁涤平打电报给南京国民党政府，请求救援。蒋介石为解吉安之危，急忙抽调唐云山独立第十五旅和邓英独立第十六旅紧急援赣。鲁涤平得到援兵后，即发动对赣西红军"进剿"。以唐、邓两部为先锋，先取永丰、乐安，后进攻东固。敌军7个旅的兵力，气势汹汹，一起扑向赣西。

根据敌情变化，主力红军撤回根据地中心隐蔽，待机歼敌。红四军、红六军折回富田，红五军移至永新，诱敌深入。赣西特委领导群众武装，开展大规模的袭敌、扰敌，使国民党军陷入红色包围之中。由于敌军指挥不统一，兵无斗志，缓慢行进，只有唐云山旅孤军深入，向富田冒犯。

1930年2月23日，敌唐云山旅前锋到达距富田40里之水南。次日凌晨，毛泽东、朱德指挥红军和当地赤卫队直取水南，首战告捷，歼敌两营。25日，乘胜追击，在施家边、值夏一带歼敌唐旅余部三分之二，两仗共缴步枪1300余支，机枪24挺，迫击炮12门，俘敌官兵900余人。3月11日，红五军攻克安福县城，歼敌600多人。这就打破了鲁涤平的"进剿"计划，大大地改善了红军的装备，对巩固和发展江西苏区有很大意义。3月中旬，在吉安富田召开了中共赣西南第一次代表大会，传达贯彻二七会议精神，选举产生了中共赣西南特委，刘士奇任书记;会议还决定将赣西苏维埃政府扩大为赣西南苏维埃政府,仍以曾山任主席。

曾山回忆说:"1930年3月,红四军在水南打了唐云山以后,向赣南地区行动,这时我参加总前委,随红四军行动。"4月底5月初,曾山随红四军主力经会昌等地,进入广东南雄。

第三、四、五次攻打吉安(1930年4月底至5月下旬)。

主力红军离开赣西后,敌人疯狂进行反扑。中共赣西南特委组织地方武装,发动广大群众连续第三、四、五次打吉安。此时,曾山正随总前委在赣东、赣南、广东等地辗转游击,后又去上海开会,因而没有参加这三次攻吉行动。

第六次攻打吉安(1930年6月)。

1930年5月,蒋介石、冯玉祥、阎锡山在中原大地爆发了大规模的军阀混战,革命形势走向复兴。全国已经建立了10多块革命根据地,党员人数也由大革命失败时的1万人发展到10万人。红军发展到13个军,先后成立了红一军团和红三军团。当时实际主持中共中央工作的是李立三。他认为革命危机已在全国范围内成熟,便于6月11日召集中共中央政治局会议,通过了《新的革命高潮与一省数省的首先胜利》的决议案,标志着李立三为代表的"左"倾冒险主义错误在党内占了统治地位。他要各路红军攻打中心城市,提出"饮马长江,会师武汉"的口号。

曾山从上海开会回到赣西南苏区后,抵制了李立三的"左"倾冒险主义错误,坚决支持毛泽东不打南昌、夺取吉安的正确主张。

中原大战打起来以后,蒋介石将吉安守敌成光耀旅和朱耀华旅调出吉安,由新编第十三师邓英部接防。邓英部尚未到达吉安之前,吉安城内敌人兵力比较空虚。这时,曾山已从上海开会回来。6月16日,赣西南特委召开常委扩大会议,决定乘敌军换防之机,第六次攻打吉安,并决定由曾山为攻打吉安总指挥,陈奇涵任参谋长,做出具体部署。

6月28日上午，10万群众武装，配合新组建的地方红军将吉安城包围，分左、中、右三路，在曾山、陈奇涵的指挥下发起总攻。右路队伍攻占了真君山、螺子山；中路赤卫军强渡赣江，打到神岗山下；左路队伍攻占天华山之后，冲进城西赵公塘。这次激战，歼敌百余人。但因敌人工事坚固，我军武器低劣，攻不破城，加之后援不及，遭敌军反击，特委决定撤出战斗，整理队伍再战。

第七次攻打吉安（1930年7月）。

曾山、陈奇涵率领队伍转移途中，恰遇黄公略率红六军一、三纵队从湘东赶来。经黄公略与曾山、陈奇涵商议，决定各路队伍立即配合红六军，第七次攻打吉安。7月1日拂晓，黄公略、曾山发出总攻令。红六军先发起进攻，各路地方武装和群众积极配合投入战斗，围攻吉安5天。此时，邓英部已从樟树到达吉安，进一步加固了城防工事，设置了七道通电的铁丝网，挖了又深又宽的壕沟，凭着优势火力和牢固工事进行顽抗。工农群众手持梭镖、大刀，配合红六军一次又一次地勇猛冲锋，直至推进到壕沟边。但因我军没有重武器，攻不下来。敌我双方都伤亡了400多人。为了避免更大的牺牲，部队于7月5日停止进攻，进行休整。红六军正式改称红三军，归红一军团建制。赣西地方武装第四、十一、二十、三十纵队改编为红军第二十军，曾炳春任军长，刘士奇任政治委员。

第八次攻打吉安（1930年8月至9月）。

在第八次攻打吉安的战斗中，曾山积极发动和领导群众武装，取得了在吉安天华山歼敌邓英部一个主力团的胜利。

1930年7、8月，红一军团取得浏阳大捷，红三军团攻克长沙，红一方面军成立，朱德任总指挥，毛泽东任总政委，兵力达3万多人。在这有利的形势下，赣西南特委部署第八次攻打吉安。7月29日，曾山在吉安陂头发布了《纪念"八·一"实行武装大暴动》的通令。《通令》决定了八月大暴动工作纲领，"组织赣西南暴动委员会及各路暴动委员会，指挥暴动工作。"8月5日,中共赣西南特委在横江渡召开"二全会议",由李文林、曾山传达在上海召开的全国苏维埃区域代表会议精神,并改选了特委常委,选举曾山、王怀、郭承录、肖道德、李文林五人为常委,曾山任书记。8月10日,赣西南特委召开常委会议,研究部署第八次攻打吉安,由党团共组前敌委员会,并成立赣西南军事委员会和总指挥部,仍由曾山任总指挥,陈奇涵任参谋长。

8月20日,曾山在吉安横江渡发布《动员广大群众坚决打下吉安并举行庆祝攻克长沙胜利》的紧急通令,对第八次攻吉作了周密的布置:红二十军必须在8月27日前赶到攻吉前线,北路须调精勇的工农两万人,配合二十军二团向真君山猛攻,逼近吉安,西路调精勇的工农两万人向曲濑猛烈前进,冲进天华山逼近吉安,儒林赤卫队、少先队,全体动员配合青年干部学校猛攻神岗山,相机渡河直下吉安,富田调一千精勇的赤卫队,快来水东,配合水东赤卫队向吉安迫击,以防备堵截吉安的水东沿河溃退的敌人,纯化调一千赤卫队在滩头张家渡一带,兴国独立团开水东配合富田、水东群众猛力攻吉,敌退时严密堵截,泰和工农群众仍然担任堵截赣州马残部的责任,万安行动照前,南路和东路的行动照前决定。各地如不能派吉安的人,或能找到吉安城内熟人的同志去切实计划,在猛攻时(作)内应。作战时应注意在火线上高呼口号。

8月25日,红二十军在吉安城西南郊开始了第八次攻击的前哨战,三天两夜,在高沙歼敌一营,击溃敌一团,俘敌400余人,缴枪400余支。28日,曾山发出《火速筹集巨款供给前敌战士的急要的紧急通知》。要求各级政府下十二万分的决心,筹款上交,以济急需。

经过一个星期的准备,9月5日发起总攻,各路队伍从四面八方冲向敌军阵地。参加总攻的部队有:红二十军、红军学校和青年干部学校学员,还有10万"精勇工农"配合作战。两校学员队伍在儒林赤卫队的配合下,迅速占领了天华山;红二十军在北路地方武装和工农群众配合下,跨过了真君山阵地。工农群众推着用湿棉絮裹装独轮车的"土坦克",掩护红军冲锋,与敌人展开肉搏战,突破了敌人的第一道防线,歼敌1个营,但仍未能攻下吉安城。在激战中,我方牺牲200余人。为保存实力,特委决定红二十军撤出,开往峡江休整,留下独立团、赤卫队等群众武装,继续包围吉安。

第八次攻打吉安后,吉安已成为一座孤城。守城敌军没有出过吉安城池一步。吉安周围呈梅花形的红色区域已扩展到30余县,占领了14座县城。

第九次攻打吉安(1930年10月)。

1930年秋,李立三为代表的"左"倾冒险主义,命令红一军团攻打南昌、长沙,实现"会师武汉,饮马长江"。毛泽东、朱德没有执行要红一军团攻打南昌、长沙的命令,而要曾山率领武装群众配合红一军团,攻打吉安城。

红一方面军撤围长沙后,毛泽东于9月13日在株洲主持召开中共红一方面军前委会议,总结攻打长沙的经验教训,并在会上提出"占领吉安,争取江西"的计划。他认为攻取吉安的条件成熟,吉安城已被工农群众所包围,守敌邓英师成了"瓮中之鳖"。会议决定红一方面军从株洲、萍乡分两路回师攻击赣敌,夺取吉安;由红一军团攻取吉安,红三军团攻取峡江、新干,9月30日到达吉安延福集中。

为了与地方工作相配合,毛泽东派红一方面军参谋长朱云卿,将前委的信件交给赣西南特委,通报红一方面军攻吉部署,要曾山广泛发动群众,武装群众,策应和配合主力红军攻取吉安。

9月26日,赣西南特委接到红一方面军来信,立即在陂头召开常委会议,对配合主力红军攻打吉安的行动作出部署;曾山回忆说:"1930年10月攻打吉安,也就是第九次攻吉,这次攻吉红军主力部队还未来之前,毛主席就派了一个姓朱的参谋长和我们接头,同我们一起研究地方武装和群众如何配合红军主力部队打下吉安。这次攻打吉安,地方上成立了东路、西路、北路三路总指挥,赣西地区所有地方武装都参加了,有十几万之多,北路调武装2万人,配合二十军向直君山猛攻,逼近吉安,西路调工农群众2万人攻天华山。

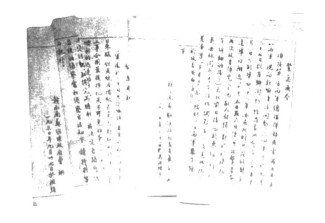

1930年9月,曾山签发的第九次攻打吉安的紧急通知和紧急通令。

儒林赤卫队、少年全体动员,配合干部学校攻神岗山,相机渡河,直下吉安;富田调一个赤卫队配合水东赤卫队向吉安进攻,以防备和堵截溃退下来的敌人;纯化调一个赤卫队在滩头、张家渡一带;兴国独立团在水东,配合富田水东群众作战。各路都有交通队,担架队,冲锋队,向导队;沿路还设交通站,后方伤兵站,特别是水东山上到处是红旗和梭镖队,吓得敌军不敢过河。"

9月28日,红一方面军全部到达袁州地区,毛泽东主持召开中共红一方面军总前委会议,讨论红一方面军的军事行动问题。会议发生争论,毛泽东主张先打吉安,部分干部提出攻打南昌、九江。会议最后确定仍按原计划,红一军团打吉安,红三军团进攻樟树并担任警戒任务。9月29日,毛泽东在袁州同朱德签发命令,令红一军团于30日向吉安前进。当晚,中共中央长江局军事部负责人周以粟到袁州红一方面军司令部,传达长江局再打长沙的指示,并带来8月29日《中央关于再度占领长沙的战略与策略给长江局并转湘省委、湘鄂赣前委及行委的信》,经毛泽东的苦心说服,周以粟终于放弃再打长沙的意见,同意先攻吉安。10月2日,毛泽东同朱德率红一军团从分宜到吉水阜田,签发红一军团进攻吉安的命令,"决定于四日拂晓总攻吉安城。"10月3日,红军大部队由吉水阜田分五路进发,到达吉安城外山前村。在红一方面军主力抵达吉安前,曾山用赣西南苏维埃政府的名义,接连发布了数十道"通告"、"通知"和"紧急通令",布置地方武装和广大人民群众,积极做好配合红军攻打吉安的有关事宜。赣西南特委早已动员和组织了10余万群众枕戈待旦,准备参加第九次攻打吉安。

守城敌军在吉安城附近山头修筑了炮台、碉堡、战壕,形成一个半月形的外围防线,在防线之内又挖了壕沟,架了铁丝网,形势险要,增设了炮台、碉堡、壕沟、电网、哨棚。邓英部辖3个团,另外还有江西省保安第三团、吉安县警察队和守望队等地主武装,共约4个团的兵力,敌人依托工事固守螺子山、真君山、天华山、神岗山一线。吉安周围已被红军和10多万工农武装层层包围,邓英只能靠赣江一条水路进出。

10月3日午后2时,红军总部下达攻城命令:红四军为左翼,向螺子山、真君山之敌出击;二十军为正面,向真君山、天华山一线之敌佯攻;三军和十二军为右翼,向神岗山、天华山一线之敌攻击。

10月4日拂晓,红一军团向吉安发起总攻。红四军首先在螺子山开始攻击,接着红二十军与红三军分别在真君山、天华山、神岗山打响,曾山率领的10万余赣西南地方武装和人民群众同时响应。遍地红旗招展,军号劲吹杀声震天,激烈的枪炮声震耳欲聋。邓英下令保安团、警察队开往东门、北门接防,无令不准退入电网以内。并令市内一律闭户,撤回岗警,偷偷地把所有船只集中泊在白鹭洲待命。当晚9时左右,红军发起夜战,向敌军阵地冲锋。群众武装的冲锋队员带上禾草、柴刀、梯子和木板,用禾草填壕沟,用柴刀砍铁丝网,梯子和木板搭沟桥。有的还使用"火牛阵"。红军首先突破城西敌阵,直插城中心的中山路大街。邓英率残部在白鹭洲乘船偷渡,顺流向北逃窜。午夜2时许,红军全歼保安团、警察队,截获敌小船4只,俘敌200余人,占领了吉安城。

赣西南地方武装和 10 万工农群众,配合红一方面军总攻吉安,终于取得了"九打吉安"胜利。在 161 位吉安籍的开国将领中,有三分之二都参加了攻打吉安的战斗。吉安是红军攻打时间最长、攻打次数最多的一座中心城市。曾山作为攻打吉安总指挥,对攻打吉安做出了杰出的贡献。他把攻打吉安看成是"党领导下的群众武装斗争的伟大壮举"。

　　红军打下吉安后,毛泽东非常高兴,旋即住到盐桥码头的源记广货商店。毛泽东在《红星报》上描绘道:"第二天红旗子的大队伍进城,共产党机关与地方苏维埃机关也进城了。城内的工人及无数的贫苦群众都跑到街上热烈的来欢迎红军。……以后许多日子不断的群众大会呀!扩大红军呀!各县群众也来看红色的吉安呀!轰轰烈烈,把个吉安城成了新世界。"最后,他还从政治路线的高度,对红军打下吉安作了很高评价:"反对了立三路线的主张才把吉安占领的。这次的占领吉安,是有极大的政治意义","在全国有很大的影响"。毛泽东在《减字木兰花·广昌路上》的诗词中,对攻打吉安作了这样动情的描述:

　　　　漫天皆白,雪里行军情更迫。

　　　　头上高山,风卷红旗过大关。

　　　　此行何去?赣江风雪迷漫处。

　　　　命令昨颁,十万工农下吉安。

　　吉安攻克后,随即成立了江西省苏维埃政府;成立了吉安县苏维埃政府(辖 10 多个区);吉安城里成立了吉安市苏维埃政府(辖 11 个乡)。

曾山这一生

第四章　江西省苏维埃政府主席

曾山首任江西省苏维埃政府主席三年多,为民务实,堪称楷模。

一、江西省苏维埃政府成立

攻克吉安直接结果,是成立了江西省苏维埃政府,曾山任主席。

早在毛泽东率领红四军进到赣南、闽西后,就向中央提出了"争取江西"的战略思想。九打吉安是贯彻"争取江西"战略的重要步骤。二七会议又提出了扩大苏维埃区域,夺取江西全省的口号。2月14日,二七会议主席团发布了《关于占领吉安建立江西省苏维埃政府》的通告,要求红军第四、五、六军作出行动部署。3月下旬,成立了中共赣西南特委和赣西南苏维埃政府,标志着赣西南革命根据地的正式形成。

吉安的攻克,直接促成了江西省苏维埃政府的成立。因为打下吉安后,赣西南苏区连成一片,纵横达700余里,横断江西半壁,形成了有30多个县、400多万人口的红色区域,加上赣东北、湘鄂赣等地的革命形势的发展,完全具备了成立江西省苏维埃政府的条件。

1930年10月7日,在吉安城内中山场(现阳明东路采茶戏院)召

江西省苏维埃政府旧址

开了 13 万人参加的大会,庆祝吉安暴动胜利,宣布江西省苏维埃政府成立。会场上打了一个大台,十多个小台。毛泽东、朱德、黄公略、曾山等坐在主席台。会上宣布曾山任江西省苏维埃政府主席,委员中有毛泽东、朱德等红一方面军领导人、有彭德怀、滕代远等红三军团领导人、有赣东北和湘鄂赣根据地方志敏、邵式平、黄公略等领导人,有赣西南根据地的领导人和群众领袖李文林、陈正人、古柏、丛允中、金万邦、段起风、刘九峰等,有起义将领罗炳辉,还有张国焘,共计 53 人,颇具代表性。宣读完委员的名单以后,毛泽东、朱德在大会上发表了热情洋溢的讲话,祝贺江西省苏维埃政府成立。当时参加了大会的曾光明回忆:毛泽东在大会上说,“我们胜利了,我们打开了吉安府,我们捅掉了地主豪绅的一个老窝,打碎了剥削我们的一个反动统治中心。但革命没有最后胜利,我们要扩大红军,我们要继续发展,不断前进,取得更大胜利……”谭启龙也参加了庆祝大会。他回忆说:当时开会人很多,我们离主席台很远,看不清楚,"从远处听到有毛泽东、朱德、黄公略等领导的名字。我记住了有个领导叫曾山,在大会上讲话,是江西省苏维埃政府主席。"曾山的革命斗争经历和才干,及其在工农群众中的威望,加之毛泽东、朱德等对曾山的器重和曾家四烈士的影响,曾山自然成为省苏维埃主席的最佳人选。会后,毛泽东给中央的信报告说:"江西省苏维埃政府的建立,是由总前委召集赣西南特委开扩大会议决定名单,由群众大会通过,共53人,包括地方及红军革命领袖及吉安工人领袖,省苏业已于10月7日成立。"

大会通过了《致全国革命群众争取胜利书》《致苏联书》《致全世界无产阶级书》,并发布了《江西省工农兵苏维埃政府布告》。宣布了江西省苏维埃政府的十大政纲,其内容是根据中共六大提出的十大纲领,还包括有收回九江、庐山租界、实行八小时工作制、完成江西全省的土地分配、帮助贫苦农民组织生产、贩卖、借贷合作社、保护遵守苏维埃法令的私人资本等比较具体和实际的内容。

江西省苏维埃政府是全省统一的革命政权。它设有秘书处、军事、财政、土地、教育、劳动、建设、司法部,还设有赣东、赣西、赣南、北路4个办事处。

与此同时,根据中共中央指示,将赣西南党、团组织合并,成立江西省行动委员会,李文林任书记,曾山为常委,陈正人任宣传部长,丛允中任组织部长,李白芳代理秘书长。

江西省苏维埃政府是全国第一个省级苏维埃政权。它的成立,不但推动了江西和全国苏维埃运动的发展,而且为中央苏区的形成和中华苏维埃共和国的成立,奠定了坚实的基础。

省苏成立3个月后,1931年1月15日,在宁都小布成立了中共苏区中央局,周恩来到达苏区前,由项英代理书记。委员有毛泽东、朱德、任弼时、余飞、曾山及湘赣边特委1人、共青团中央1人。苏区中央局是中共中央六届三中全会决定成立的,周恩来任书记。它是统一领导和指挥苏区的党和红军的最高领导机构,其职能是"管理全国苏维埃区域内各级党部,领导全国苏维埃区域党的工作,将来苏维埃区域扩大,仍归苏区中央局领导"。从此,曾山进入了全国苏区最高领导机关的核心层,在苏区党内享有很高的地位。苏区中央局在两年间,领导了第二、三、四次反"围剿"战争和中华苏维埃共和国的建立,开展了轰轰烈烈的土地革命,扩大和发展了红军,对革命做出了重大贡献。

二、在罗坊会议上

罗坊会议是党史、军史上的一次具有重大历史意义的会议。

1930 年 10 月,蒋介石、冯玉祥、阎锡山中原大战结束。蒋介石立即调兵遣将,"围剿"工农红军。红军打下吉安后,红一方面军扩大到近 5 万人。10 月 13 日,红一军团总部在吉安发出《移师北上向清江集中的命令》。17 日,总部到达峡江,召开峡江会议。19 日发出《红一方面军进攻高安的命令》,部队向袁水流域推进。21 日到达太平圩,根据军情变化,召开了太平圩会议。24 日发出《红一方面军在袁水与瑞河之间工作待机的命令》。25 日红一方面军总部到达罗坊,曾山与江西省苏维埃政府也随军抵达新余罗坊。

这时,蒋介石调集 10 万大军,以"长驱直入,分途合击"的战术围攻红军,妄图在袁水流域把红军剿灭。红军面临的形势十分严峻。为了粉碎蒋介石的第一次反革命"围剿",毛泽东随即在罗坊召开红一方面军总前委和江西省行委联席会议,简称罗坊会议。

出席罗坊会议的主要是红一军团和红三军团的军队领导同志。江西省行委书记李文林、省苏维埃政府主席曾山、省行委宣传部长陈正人作为江西地方代表出席了会议。罗坊会议的中心问题是讨论打不打南昌和如何粉碎敌人的进攻。罗坊会议在讨论军队和地方党的工作任务时,比较顺利。26 日即通过了《目前形势与一方面军及江西党的任务》的决议。但在面对蒋介石 10 万大军前来"围剿"的形势,如何粉碎敌人进攻的战略方针问题上,却发生了激烈的争论。滕代远说:"当时有两种不同的主张。一种意见,主张把战场摆在新余、清江、峡江一带,一军团在赣江东面,三军团在赣江西面,东西两路夹攻进攻的敌人。另一种是毛主席的正确意见,主张诱敌深入,(红军)退却到根据地有利地形作战,把敌人放进来打。两种意见发生了激烈的争论,最后毛主席说服了大多数干部,接受了毛主席的意见。"曾山回忆说:"根据当时敌情,毛主席提出不应前进打南昌,主张红军主力后撤,依靠在老苏区群众和许多优越有利条件,来歼灭进攻苏区的敌人,确定了诱敌深入的重要方针。""到会的多数同志包括我与陈正人同志都是拥护毛主席提出的红军主力后撤的主张,因为这样能巩固苏区,又能诱敌深入,有利于歼灭进攻的敌人。"曾山在发言中坚决支持毛泽东的正确主张,认为我们诱敌深入赤色区域,就可以选择合适的山地和时机,争取苏区群众的配合和支持,一举消灭敌人。陈正人说:"罗荣桓、曾山和我也是赞同毛主席的主张。"何长工回忆说:"朱德、周以栗、彭德怀、黄公略等同志支持了毛泽东的主张,并一道进行耐心的说服教育工作。"加之大家都有团结一致共同对敌的思想基础,最后一致同意了毛主席的意见。10月30日,会议做出决定:对敌军的大举进攻采取"诱敌深入"的战略方针,把主力红军开到赣江以东根据地广大区域作战。11月1日,毛泽东和朱德在罗坊发出令红一方面军"诱敌深入赤色区域,待其疲惫而歼灭之"的命令,并做出了相应的军事部署。随后,红一方面军总部及红一军团、红三军团按规定时间分途渡过赣江,撤往根据地的中心地带。至此,红一方面军完成和实现了一个重大的战略转变。罗坊会议所确定的"诱敌深入"的方针,是红军取得反"围剿"战争胜利的正确指导原则,是毛泽东军事思想的一个组成部分。曾山作为地方代表参加罗坊会议,从全局权衡,就旗帜鲜明地拥护毛泽东的正确主张,为会议和第一次反"围剿"方针的确立,做出了一定的贡献。

三、支援反"围剿"斗争

革命战争是群众的战争，支援红军战争，是苏维埃政府的重要任务。

为贯彻"诱敌深入"方针，迎接第一次反"围剿"斗争，红军主力撤离吉安城。江西省苏维埃政府先转移到陂头，后又移到富田。为了配合与支援红军反"围剿"斗争，曾山立即投入宣传群众、组织群众、武装群众、坚壁清野的紧张工作。第一次反"围剿"战争打响以后，曾山发动苏区群众运送粮食、弹药和伤员，率领地方武装配合红军清剿散兵游勇，做了大量的后勤保障工作。

首先是做好政治思想工作和组织工作。罗坊会议结束后，曾山就返回吉安，认真贯彻会议精神，积极为第一次反"围剿"做好各种准备工作。他在吉安召开了赣西各县负责人会议，传达罗坊会议精神，解释"诱敌深入"方针的重大意义，部署应敌措施。11月11日，曾山以江西省苏维埃政府主席的名义，发布了军字第一号通告，宣布成立全省军事指挥部，负责全省军事行动的指挥和群众武装的调动。次日，赣西行委召开扩大会议。14日和15日，江西省行委召开会议，对撤出吉安和坚持赣江西岸的斗争作了安排。毛泽东代表红一方面军总前委出席了会议，并作指导。"他反复讲了'诱敌深入，坚壁清野'的重要性。并指示我们要好好监督地主的行动，搞好土地分配。"会议决定，"赣西特委由王怀同志领导向西撤，省行委、省苏（维埃）政府向东撤，首先撤到陂头，以后转到富田。"此后，召开各种大会、小会，向根据地的群众讲清形势，鼓舞斗志，在苏区张贴布告，刷写标语，散发传单，让群众理解为什么要把敌人引进根据地来打，动员群众配合红军，打败蒋介石军队的进攻。红军于18日撤离了占领45天的吉安城，分路向东固革命根据地进发。19日，毛泽东与省苏维埃政府一起离开吉安。曾山说："毛主席与前委警卫排是同我们一起在吉安上游的七姑岭渡赣江向水南、白沙去与主力汇合的。"毛泽东在路过锦原曾家村时,专程到了曾山家里,慰问了曾山的妈妈康春玉,赞扬这个光荣的革命家庭对中国革命所做的重大贡献。然后,曾山派人护送毛泽东去汇合主力,自己率省苏维埃政府移驻富田,开展第一次反"围剿"的各项准备工作。

第二,组织人力财力物力,支援红军,打击敌人。红军打下吉安后,曾山就组织宣传队,在吉安街道演出,动员青年们参加红军,在墙上刷写大幅标语:"当兵就要当红军"。当时演唱的歌词是:"当兵就要当红军,处处工农来欢迎,官长士兵都一样,没有人来压迫人。当兵就要当红军,红军是工农子弟兵,土豪劣绅和地主,坚决打他不留情。当兵就要当红军,退伍下来不悉贫,会做工的有工做,会种田的有田耕。当兵就要当红军,冲锋陷阵杀敌人,消灭军阀国民党,民权革命要完成。"在红军撤出吉安前,曾山就组织了8000多名青年参加红军。他还"带领一批干部,在吉安城内进行筹款工作。在短短的几天时间就筹集到五六万块银圆、一二十片金子和大量银子。他将这笔钱一个不留地交给红军作军饷。"这时,曾山又以省苏主席的名义多次发出通令,尽一切力量配合红军反"围剿"斗争。11月12日,曾山发布军字第二号通告,规定了扩大红军的具体办法。通告指出:参加红军是工农群众的责任,红军是工农自己的武装集团,用来执行阶级任务的,要完成推翻统治阶级的任务,就一定要参加红军。通告还规定了扩大红军、优待红军伤病员及红军家属的详细办法。各级苏维埃政府采用多种形式,广泛进行扩大红军的宣传,很快就掀起了一个接一个的扩大红军运动。在永丰县,先后参加红军的就将近2万人,出现了许多父送子、妻送郎、兄弟争先当红军的动人场面。潭头乡妇女主任蓝清华,首先说服自己的丈夫参加红军,然后再动员别人参加红军。许多妇女跟她学,也动员自己的丈夫参加红军,结果全村120人参加了红军,编成一个连。11月17日,曾山发出紧急通令:《迅速集中经济,节省费用,应付阶级决战》。要求所有赤色区域的经济集中起来,供战争需要。并规定在20天内迅速集中现金 60 万元。各级政府必须将所存现款数目立即报告省苏;机关工作人员只发伙食费,不发零用钱,规定每人每天伙食三分钱;没收来的比较值钱的东西都要拍卖,不准私人拿用;筹办江西工农银行。10天以后,省苏财政部即以 100 万现金做本金,创办了江西工农银行,发行自己的钞票。在物力方面,主要是集中油盐米三项,要做到红军一到就有饭吃,由各路设立兵站具体办理。各地设立兵站,保证红军给养,组织了担架队、运输队上前线,每天至少预备 200 副担架。

第三,发动群众,坚壁清野。11 月 24 日,曾山又以省苏维埃政府主席的身份,发布秘字第三号紧急通告,把断绝敌人的粮食提到应敌战术的高度,指示"各级政府要督促工作人员深入到群众中,告诉群众坚壁清野,把油盐柴米都埋起来,断绝敌人粮食,使敌人没有饭吃不打自垮"。于是,苏区人民就把粮食等物品埋起来了。敌人进了苏区,只有叫苦连天。曾山的号召下,苏区群众特别是东固、富田、黄陂、小布、龙冈一带的群众,以各种形式配合红军作战,严密监视侵犯苏区之敌,在交通要道设立岗哨,侦察敌情,扰乱敌人。敌十八师向蒋介石报告说:"东固暨其以东地区,尽属山地,蜿蜒绵直,道路崎岖,所有民众,多经匪化,且深受麻醉,盖匪即是民,民即是匪。"

第四,了解敌情,袭敌扰敌。为了监视进犯苏区之敌和侦察敌情,省苏命各县区乡组织侦探队,将每日所得情报,逐级报告省军事委员会。在各交通要道,设有从吉安至赣西、赣南各县的军事交通干线,以迅速传递军事情报。省苏还规定了一些扰敌袭敌的具体措施,如捉白军的探子、捉白军的哨兵、捉白兵的宣传员、围缴白军的散枪和小部队等。对赣西南地方武装如何配合主力红军消灭敌人也作了周密部署,如命红二十二军以一师配合吉安儒林区的群众,向吉安神冈山之敌袭扰等。开展士兵运动,动摇瓦解敌军,当时红一方面军前委发布了 12个对白军的宣传口号,群众在屋内屋外壁前壁后以至厨房厕所都写得满满的,成为了进攻敌人的有力武器。敌人进了苏区以后,就像是瞎子、聋子,对红军的行动什么都不知道,而我军对敌人的行动则了如指掌。

这样,第一次反"围剿"的群众条件完全成熟了。12 月上旬,红军主力退却到地形条件对我十分有利的宁都县的黄陂、小布地区集结,加紧做好战略反攻的准备。5 日,毛泽东在小布召开了有数万群众参加的"苏区军民歼敌誓师大会"。22 日,总前委在黄陂印发了《八个大胜利的条件》。接着,又向红军指战员颁发了《三十条作战注意》。一切准备就绪。30 日,红一方面发起龙冈战斗,全歼敌人一个师,活捉敌前敌总指挥、十八师师长张辉瓒。次年 1 月 3 日,红军又乘胜追击,在东韶歼敌谭道源师一个多旅。总之,毛泽东、朱德指挥红一方面军 5 天之内,两战两捷,歼敌 1 个半师,俘敌 1 万余人,缴枪 1 万多支,胜利地粉碎了蒋介石发动的第一次反革命"围剿"。

第一次反"围剿"战争打响以后,曾山为组织群众、武装群众、进行紧张工作。一边发动包括永丰在内的东固群众运送粮食、弹药和伤员,率领地方武装配合红军清剿散兵游勇,大力支援战争;一边帮助苏区人民恢复生产,重建被战争破坏的家园,做了大量工作,做出了重要贡献。张华将军回忆说:"在中央苏区第一次反'围剿'龙冈战斗中,永丰的群众,特别是永丰南部山区的群众作了大量支援工作。"在龙冈战斗中,永丰苏区群众积极参战。龙冈地区赤卫军、少先队,全部配合红军参加了战斗,永丰赤卫队牺牲了三四百人。许多群众积极组织参加担架队,仅藤田、石马一带群众就为红军制造了 1000 多副担架。妇女组织慰问队,她们冒着枪林弹雨把饭和慰问品送上前线,对红军进行慰问演出,大大鼓舞了战士们英勇杀敌的士气。苏区群众还自动为红军当向导,积极协助红军抓俘虏,缴获枪支弹药。

但蒋介石不甘心失败,又于 1931 年 4 月,调集 20 万兵力,采取"稳扎稳打,步步为营"的战术,向红军发动了第二次反革命"围剿"。为此,苏区中央局在青塘开会研究如何对付敌人的"围剿",也发生了争论。项英提出用"牵牛"的办法，把敌人引向根据地外去消灭敌人；没有得到大家同意，他继而提出用"削笋卜"的办法，把敌人引向根据地内包围起来打，大家也认为不可。曾山和绝大多数人都坚决支持毛泽东的既定作战方案方针。会议决定红军在泰和、东固一带集结隐蔽，诱敌深入，待机歼敌。为此，曾山作为省苏维埃主席，积极组织和发动群众，坚壁清野，扩大红军，支援前线，配合红军作战。他召集各县负责人会议，要求以独立团、独立营为单位，发动赤卫队、少先队运用游击战术，执行扰敌、堵敌、截敌、袭敌、诱敌、毒敌、捉敌、侦敌、饿敌、盲敌等十大任务，使敌人进入苏区，就变成聋子瞎子，动弹不得。在广昌战斗中，有3000赤卫军投入战斗，并配合主力红军一起打到福建。在人民群众的支援下，红军半个月内，从江西富田到福建建宁，横扫700里，五战五捷，歼敌3万余人。取得了第二次反"围剿"的胜利。

蒋介石恼羞成怒。1931年7月间，他又调集30万兵力，亲自出马，向中央红军发动第三次反革命"围剿"。他妄想将红军主力在赣江东岸击破，然后分区剿灭。苏区军民在毛泽东、朱德的指挥下，依然采取"诱敌深入"的方针和正确的战略战术迎敌。基于反"围剿"战争已经打了半年，为了鼓舞红军指战员连续作战的意志，勇敢杀敌，曾山特以江西省苏维埃政府名义发出《通知》，要求各级政府做好慰问红军的工作："群众于红军到达某地时，即自动地拿米菜油盐柴等食品去慰劳红军，这样不仅能增加红军作战勇气，而且更能热烈地使工农拥护红军与红军团结一致地消灭敌人。"江西苏区各县都按通知要求，开展了拥军工作。特别是兴国人民慰问子弟兵的情形，令战士们感动不已。部队一进村，儿童团就上来了，一面唱歌，一面给战士们打扇子；老人、妇女们提着鸡蛋，一个单位一个单位去慰问；父母慰问儿子，老婆慰问老公；姑娘媳妇们为战士们缝缝补补、洗衣裳；还有担架队、向导等等。据《青年实话》报道：泰和县加入红军和地方武装的青年有246人，其中团员127人。他们在老营盘战斗中非常勇敢，敌蒋鼎文部"被泰和地方武装和群众缴得干干净净"。

在苏区群众的有力支持下,毛泽东、朱德率领红军转战千里,由闽西回师赣南,在兴国集中,经休整后从敌军夹缝中穿出,与敌作战。从8月4日至9月15日,六战六捷,歼敌3万余人,取得了第三次反"围剿"战争的胜利。

第三次反"围剿"战斗结束后,曾山立即要基层苏维埃政府组织群众打扫战场,收集战利品,看管俘虏,运送伤员,掩埋战斗中牺牲的烈士。对有突出贡献者,给予通报表彰。

然而,在第三次反"围剿"中,红军也付出了令人痛心的牺牲。1931年9月15日,反"围剿"战争胜利已成定局的时刻,红三军军长黄公略为指挥部队躲避敌机扫射,在东固六渡坳不幸被流弹击中,壮烈牺牲。黄公略弥留之际,交代红三军参谋长陈奇涵:一是要巩固和扩大红军,争取革命最后胜利;二是帮他写一封家信,要他妻子侍奉好老母,抚养好孩子。陈奇涵问他:"军长,信寄到哪里?"他说:寄到湖南湘乡黄公略家,湘乡人都知道。可见,黄公略在当地的影响之大。

黄公略的牺牲,是红一方面军的重大损失。他是毛泽东的爱将、彭德怀的亲密战友,也都是湖南老乡。为此,毛泽东、彭德怀极为悲痛。9月16日,红一方面军总部在兴国县水头庄召开大会,沉痛追悼黄公略军长。毛泽东写了一副挽联,对黄公略的一生作了高度评价:

广州暴动不死,平江暴动不死,而今竟牺牲,堪恨大祸从天落。
革命战争有功,游击战争有功,毕生何奋勇,好教后世继君来。

毛泽东将黄公略的后事交给曾山办理。曾山亲自选择地点、安排人员,抬棺送葬,埋在东固的一座高山上。次年3月,在瑞金叶坪修建了一座公略亭,供人瞻仰。江西省苏维埃政府将吉安、吉水的部分红色地区,以东固为中心,设立公略县,以示纪念。

　　1932 年 7 月起,蒋介石调集 50 万大军,自任总司令,向各苏区发动第四次反革命"围剿"。他采取分两步走的战略:先进攻鄂豫皖和湘鄂西,得手后全力进攻中央苏区。1932 年底,蒋介石用 30 多个师的兵力,以陈诚的中路军 16 万人为主,向中央苏区全面进攻。当时红一方面主力约 7 万余人。周恩来、朱德从实际情况出发,在遵命对南丰强攻不克的情况下,下决心迅速将主力秘密转移,寻找机会击敌。最后在黄陂、草台岗两次伏击,. 歼灭敌陈诚部精锐部队近 3 个师,缴枪 1 万余支,击毙敌师长 2 名,取得了第四次反"围剿"的伟大胜利。

　　在红军第四次反"围剿"斗争中,曾山为首的江西省苏维埃政府发出号召:"政府的当前紧急任务,是立即动员一切武装力量加入战争,一切经济力量给予战争,一切工农群众来担任战争的一切工作,争取连续的决战全部胜利,彻底粉碎敌人的大举进攻。"曾山从人力、物力、财力等各个方面,最大限度地支援了红军。在"一切为了革命战争,一切为了前线"的口号下,江西省一次又一次地开展了扩大红军运动。1932 年 7 月 20 日至 1933 年 2 月,全省有 25700 人扩大到主力红军,并创造了红二十一军、红二十二军。兴国县青年报名最踊跃,有 2727 名参加了红军,在竞赛中获全省第一名。兴国县妇女干部李美群,带头动员自己的新婚丈夫参加红军,带动全县出现了妻子送郎当红军的生动场面。兴国县的其他工作也做得出色,被誉为中央苏区模范县。为了更好地做好支援前线的工作,江西省苏维埃政府决定以县为单位,组织战地委员会。1933 年 4 月 5 日,曾山发布省苏《训令》,谈到战地委员会在第四次反"围剿"中的成绩:"这次在东陂一带作战。这种战地委员会的工作,如动员夫子收购粮食、搬运伤兵、管理俘虏,取得了不少的成绩。"为了筹集战争经费,中央工农政府在 1932 年至 1933 年,发行了 3 期革命战争公债,共 480 万元,江西承担了一大半。曾山负责财政工作,对发行公债非常积极。他向群众解释发行公债的意义,说认购公债就是对革命战争做贡献;又将认购数字分配到各县包干,层层进行落实。江西老表革命觉悟很高,热烈响应中央政府号召,认购公债非常踊跃,很快就超额完成了任务。

1933 年 9 月,蒋介石经过半年准备,调集 100 万兵力,亲自担任总司令,对红军实行第五次反革命"围剿"。其中,用 50 万军队进攻中央苏区。他吸取前几次失败教训,实行"三分军事,七分政治"的方针,军事上采取"堡垒主义"的新策略,经济上进行严密封锁。中央苏区面临极大的困境。

为此,中共中央提出"创建一百万铁的红军"的口号。曾山和江西省苏维埃政府竭尽全力,支持中央红军进行反"围剿"战斗。1933 年 12 月 28 日,江西省第二次工农兵代表大会通过了《扩大红军与地方武装决议案》。《决议案》指出:粉碎敌人第四次"围剿"以后,兴国模范师全师加入了红军,继而推动了博、胜、石、赣、公、永六县模范师团,共 25000 人参加了红军。还有工人师、少共国际师在前线配合红军作战。《决议案》提出必须用力进行政治动员工作,1934 年一、二月间,要完成 15000 名新战士到前方,在"五一"前完成共产国际师,给红五月以光荣的赠品。要求迅速扩大 80 万赤少队、20 万模范营,做到每个赤少队员有一件武器,一根扁担,五人共一副担架,准备在军事机关一声号令之下,立即动员上前线参战。江西省苏在钱粮方面还给了红军极大支援。1933 年 8 月,曾山发布《粉碎敌人五次'围剿'中江西苏区的任务》,提出按中央财政部要求,筹款 200 万上交。1934 年 6 月,中共中央紧急动员苏区借谷 24 万担,供给前线红军作军粮,江西省苏完成了 12.5 万担。7 月,中共中央再次号召群众借谷 60 万担,江西省苏超额完成了任务,仅兴国县就完成了 5 万担。

尽管江西苏区人民给予了中央红军如此巨大的支持,但路线是决定因素。由于当时中央领导屈从共产国际顾问,实行错误的"左"倾军事路线,采取进攻中的冒险主义,防御中的保守主义,致使第五次反"围剿"斗争遭到失败,中央红军被迫进行长征。

四、苏区建设的楷模

第三次反"围剿"斗争胜利以后,赣西南与闽西革命根据地完全连成一片,成立中华苏维埃共和国的条件已趋成熟。1931 年 9 月 28 日,苏区中央局、毛泽东、朱德和红一方面军总部抵达瑞金叶坪村,决定中华苏维埃第一次工农兵代表大会在江西瑞金召开。因为瑞金的地理位置较好,位于江西省的东南端,坐落在赣、闽、粤三省接壤要冲,地域居中,物产也比较丰富。东至闽西重镇长汀,仅有 40 公里。顺汀江可下龙岩、上杭、永定,直达广东潮汕出海。往南经绵江水道可通赣江,直下赣州、吉安和省会南昌。叶坪村位于瑞金城的东北面,是个大村庄,地域开阔,古樟参天,环境优美,宜于防空。曾山与时任中共瑞金县委书记的邓小平,为开好这次会议做了大量准备工作。瑞金县动员叶坪、沙洲附近几个村庄的农民腾出房舍,让出床铺,安排代表住宿;准备粮食、猪肉、蔬菜、果品,供应大会需要。还为"开国大典"准备了富有特色的文娱活动。

1931 年 11 月 7 日,中华苏维埃第一次工农兵代表大会在瑞金叶坪村召开。出席大会的代表 610 人,其中江西赣西南苏区的代表 75 人。曾山和项英、周以栗、朱德、陈正人、张鼎丞、邓广仁等 7 人被选为主席团常务主席。大会通过了《中华苏维埃共和国宪法大纲》,宣告了中华苏维埃共和国成立。大会最后选举毛泽东任中华苏维埃共和国临时中央政府主席,项英、张国焘为副主席,曾山等 63 人为中央执行委员。此前,中共临时中央曾经提议曾山为中华苏维埃共和国中央委员会副主席,据 10 月间《中央致苏区中央局第一号电》:"人民委员会主席一人决定毛泽东,副主席二人,张国焘与江西省苏维埃政府主席。"后经苏区中央局与临时中央协商,副主席改为项英。10 月 31 日,苏区中央局致电临时中央:"中央政府名单,我们建议项英任副主席,江西省苏维埃政府主席曾山为土地部长。"11 月 15 日,"一苏大"行将结束,苏区中央局又致电临时中央：人民委员会土地部长由张鼎丞担任。曾山任中央执行委员会委员，并继续担任江西省苏维埃政府主席。将临时中央原定的"江西省苏维埃政府主席"曾山担任全苏副主席改为项英的原因，有两种说法：一是苏区中央局认为，副主席应是工人出身的政治局委员，曾山是工人出身，但不是政治局委员，缺少一个条件；二是因为10月间，苏区中央局的书记已改由毛泽东担任，对项英的工作需要做出安排。项英是工人出身，又是六大选出的政治局委员，正好符合担任副主席的条件，所以苏区中央局向临时中央建议，由项英任副主席。笔者认为，这两个原因兼而有之。但曾山党性强，毫无怨言。他从来不计较名利地位，只知道勤勤恳恳为苏区老百姓办实事。11月20

　　位于江西瑞金叶坪的中华工农兵苏维埃第一次全国代表大会会址。1931年11月7日，中华工农兵苏维埃第一次全国代表大会在这里隆重召开。20日，曾山以大会主席团执行主席的身份宣布将瑞金改为瑞京，定瑞京为中华苏维埃共和国首都。这里也是1931年11月至1933年4月中华苏维埃共和国临时中央政府的驻地。

日,曾山以大会主席团执行主席的身份宣布将瑞金改为瑞京。从此,瑞京作为红色首都,闻名于世。

1932年5月1日,曾山在兴国县城主持召开江西省第一次工农兵代表大会。项英代表中华苏维埃临时中央政府作政治报告,对江西省苏维埃政府的工作作了充分肯定。曾山代表江西省苏维埃政府做工作报告,认为江西苏区已经成为全国苏维埃运动的中心。会议再次选举曾山为江西省苏维埃政府主席。《红色中华》对这次大会作了精彩报道:"省苏第一次工农兵代表大会,经过充分的筹备,已于5月1日正式开幕。"到会代表有各县正式代表240余人,候补代表20余人。"上午举行了极庄严的开幕典礼,选举项英、曾山、陈毅等共23人为大会主席团","下午3时,为纪念'五一'及拥护省苏大会的武装示威,虽天雨绵绵,但到会群众非常踊跃,计到会群众约2万人上下,全体一律武装,各区赤卫军,模范营特别整齐,其中女赤卫军甚多,态度更为威武,队伍行进经大会门前都高举红旗,高呼纪念'五一'及拥护省苏大会的各种革命口号。"代表们对项英报告和曾山报告及今后的工作方针,进行了热烈的讨论,有50人以上在大会上发言。大会通过了《江西省苏维埃政府工作报告》《财政与经济问题决议》《土地问题决议》《扩大红军问题决议》等文件。代表们盛赞"这次大会的成功,对江西苏区实有莫大的影响"。

曾山在主持江西省苏维埃政府工作期间,亲民为民,苦干实干,政绩卓著,堪称全国苏区建设的楷模。

(1)深入开展土地革命:二七会议后,赣西南掀起了土地革命高潮。吉安、兴国、吉水、永新、安福、莲花、宁冈等6个县的全部,以及永丰、泰和、万安等县的部分地区,热火朝天地开展了分田运动,出现了"收拾金瓯一片,分田分地真忙"的动人景象。

为使《二七土地法》更加完善,1930年6月,红四军前委和闽西特委在福建长汀县的南阳召开会议,通过了《土地问题》的决议,提出了

"抽肥补瘦"的原则。同年 8 月，中国革命军事委员会颁布了《苏维埃土地法》，肯定了"抽多补少，抽肥补瘦"的土地分配原则和按人口平均而不是按劳动力分配土地的方法。次年 2 月，毛泽东给曾山写了一封信，题为"民权革命中的土地私有制度"，明确规定土地分配以后农民对土地的所有权。信中指示各级苏维埃政府要发布通令，催促农民耕种。要"说明过去分好了的田(实行抽多补少，抽肥补瘦了的)，即算分定，得田的人，即由他管所分得的田，这田由他私有，别人不得侵犯"，"租借买卖，由他自主，田中出产，除交土地税于政府外，均归农民所有"。这样，就改变了《土地法》中农民只有使用权、没有所有权的规定。

　　曾山认真贯彻了毛泽东这一指示。3 月 15 日，江西省苏维埃政府立即发布了《土地是我们的，耕种起来啊!》的文告，明确宣布："土地一经分定，即归农民所有，任其租借买卖，生的不补，死的不退。"地权的固定，使江西苏区广大农民更加放心，进一步调动了他们的积极性。11 月，曾山参与制定《中华苏维埃共和国土地法》，成为制定苏维埃土地法规的领导人之一。1932 年 4 月，经中华苏维埃共和国临时中央政府批准，江西省苏维埃政府制定了《对于没收和分配土地的条例》;5 月，江西省工农兵第一次代表大会又通过了《土地问题决议案》，全面贯彻土地革命路线。曾任国务院副总理的邓子恢在山东渤海土地会议上说，在土地革命战争时期，贯彻毛泽东主席正确路线的代表是曾山、张鼎丞和他等人。他指出："王明搞极左，搞地主不分田，富农分坏田，消灭工商业，并从肉体上消灭地主。而曾山同志主张按人口平均分配土地。当时，中华苏维埃土地法正在形成中，毛主席集中了他们的思想、经验。曾山同志对形成正确的土地政策起到了积极作用，他正确地贯彻实施了毛主席的思想和路线。曾山是制定苏维埃土地法的参与者。"

　　土地革命的结果，让广大农民分得了所梦想的土地，而且取得了土地的私有权。这就更加激发了苏区青壮年的革命积极性,使广大农民更加拥护共产党,更加拥护工农红军,从而踊跃报名参加红军,自觉支援革命战争。几年间,曾山将江西省苏区地方武装和青壮年农民,源源不断地输送到红军主力部队,先后达40个团的兵力。

(2)在政权建设方面:二七会议上提出了"扩大苏维埃区域,夺取江西全省"的任务。1930年3月22日,中共赣西南第一次代表大会在吉安富田召开,决定"夺取全省政权为总的行动目标"。为了统一赣西南地区红色政权的领导,大会决定在赣西苏维埃政府的基础上,成立赣西南苏维埃政府,曾山任主席。大会还做出决定:"召集全省工农兵代表会议,建立省苏维埃政府,领导全省的工农斗争。"赣西南苏维埃政府的成立,标志着赣西南革命根据地的正式形成,为建立全省的苏维埃政权奠定了基础。

1930年秋,曾山担任了第六次至第九次攻吉总指挥,为"拿下吉安","夺取全省政权"而战。他指挥工农群众配合红军攻打吉安胜利后,成立江西省苏维埃政府。这时,中共六届三中全会已经结束,决定成立苏区中央局,建立中央苏区。周恩来任书记(周去苏区前,由项英代理书记),毛泽东、朱德、曾山等为委员。于是,曾山积极参加全国第一次工农兵代表大会的筹备工作,并当选为大会常务主席之一。在大会上,曾山当选为中华苏维埃共和国中央人民委员会执行委员。

"一苏大"以后,根据《中华苏维埃共和国宪法大纲》和《苏维埃暂行选举法》,曾山在江西苏区普遍开展了苏维埃选举运动,实行城市和乡村的代表会议制度。由工农群众民主选举各级苏维埃代表和苏维埃政府主席,体现了工农群众当家做主。在曾山担任省苏主席期间,江西省举行了两次大规模的选举。第一次是为1932年5月召开江西省第一次工农兵代表大会,代表是经过乡、区、县、苏维埃代表的逐级选举出来的,最后在代表大会上选举省苏主席。第二次是为1934年1月"二苏大"的召开,从乡村苏维埃、到县市苏维埃,直至中华苏维埃共和国中央执行委员会委员,全部进行了选举。在基层选举中,首先成立选举委员会,进行选民登记,划分选民单位,提出候选人名单,向选民做工作报告,最后召开选举大会选举。据统计,江西苏区有百分之九十以上的选民参加了选举,其中工人占百分之三十。选举时,还特别注意选举妇女代表,吸收妇女参加革命工作,兴国县选出 30 多位妇女担任乡苏维埃主席。各级苏维埃政府的部门,也多有妇女参加。这反映了苏区妇女社会地位的提高。

(3)在经济建设方面:江西苏区位于经济落后的农村,又处在国民党的残酷的军事"围剿"和严密的经济封锁之中。特别是蒋介石提出"三分军事,七分政治"方针后,苏区经济形势非常严峻。国民党军事委员会南昌行营颁布了《封锁匪区办法》,对苏区实行"物质封锁"、"交通封锁"、"邮电封锁"。不但规定军用品、日用品、生产资料不得输入苏区,苏区生产的货物也禁止输出;设立"公卖处",严格限制购买食盐,"每人每日食盐以四至五钱为宜",每次购买"不得超过五日之所需"。并且还规定凡"与匪通消息者"、"与匪私相买卖者,均应予枪毙"。

为了打破敌人的经济封锁,发挥人民群众的积极性,支援革命战争,尽可能改善人民生活,曾山坚决执行毛泽东制定的经济政策,在江西苏区进行必要的和可能的经济建设。

毛泽东在中央苏区南部十七县经济建设大会上,批评了两种错误倾向:一种是"革命战争的环境中不可能进行经济建设";另一种是"以经济建设为中心",而不是以革命战争为中心。他指出:革命战争的激烈发展,要求我们发动群众,"进行一切可能的和必要的经济方面的建设,集中力量供给战争,同时极力改善民众的生活,巩固工农在经济方面的联合"。

曾山从江西苏区的实际出发,农业是苏区的经济基础,把发展农业生产放在苏区经济建设的第一位。曾山以江西省苏维埃政府名义,要求苏区各级政府组织群众耕种互助,组织劳动互助社、耕田队、犁牛合作社、农具合作社等合作组织,并与优待红军家属工作结合起来,提高劳动生产率。仅兴国县的劳动互助社就有1200多个,有22000多人参加;他根据苏区青年多上前线农村劳力不足的情况,依靠妇女群体,由共产党员带头,广泛发动妇女参加农业生产,发挥妇女"半边天"的作用;他根据战争破坏带来的苏区田园荒芜,要求各级苏维埃政府大力组织群众开垦荒地,种植粮食,兴修水利,促进生产。据不完全统计,江西苏区开垦了4万多担荒地,瑞金县百分之九十以上的土地得到了灌溉。为了提高生产效率,曾山还提倡科学种田。经省苏大会决定,在兴国县开办了农业试验场,在博生县(现宁都县)设立了农产品展览所。为了防止水土流失,曾山还主张在新开的荒地上培植森林。由于这些措施有力,经过江西苏区干部和广大群众的努力,江西苏区的农业生产得到很快恢复,并实现增产百分之十五,为支援革命战争提供了物质保障。

江西苏区的近代工业基础薄弱,只有一些手工作坊。为了保证革命战争的物质需要,在曾山领导下,江西省苏维埃政府创办了几十个小型的军需工厂,如江西省苏维埃政府修械所,生产枪炮子弹,后来合并到中央兵工厂,颇具规模。共生产了4万多支步枪,40多万发子弹,修理了2000多挺机枪,400多门迫击炮,对红军勇敢杀敌很起作用。与此同时,各县还自力更生创办了一些公营工厂,如兴国锅炉厂、被服厂,瑞金缝纫厂、公略棉布纺织厂、博生草鞋厂、夏布纺织厂,永丰石灰厂、胜利铁厂等等。江西苏区的公营企业规模不大,但属于苏区军民的公有财产,与军需、民用有关,生命力强,是苏区经济的领导力量。

江西苏区在曾山的倡导下,因地制宜,创办了一大批手工业生产合作社。曾山认为,合作社的发展,是发展苏维埃经济的主要方式,政府应鼓励工农群众来组织合作社,并给予经济上物质上的帮助。于是,江西各地手工业合作社快速发展。1933年上半年,刨烟、染布、制糖、榨油、木器、纸业、雨伞、石灰、家具等与人民群众密切相关的行业,都办起了合作社。仅永丰县的合作社就有 25 个，于都县也有数十个。在全省 11 个县，手工业工人达 3 万人。毛泽东高兴地说："合作社事业在迅速的发展中。"

江西苏区的商业工作很艰难。在敌人的经济封锁下，苏区的农产品与白区的工业品的交换，形成为敌我之间尖锐的经济斗争。为搞活苏区经济，，除设立对外贸易局、粮食调剂局等专门贸易机构、整理市场外，曾山千方百计，采取许多措施发展公营集体商业，建立消费合作社、粮食合作社。同时保护私有商业，也要私商依法缴税。为了吸引白区商人来苏区做买卖，甚至实行比白区更低的税率。结果，一些白区的商人冒着危险，越过国民党的关卡进入苏区，运来了苏区所需用的商品，特别是食盐、布匹、药品，运走了苏区的粮、油及钨砂等矿产。尽管盐的价格较高，但毕竟还是有了货。兴国县建立了 81 个消费合作社，社员有 16613 人，每月有 3 万元的商品供应社员，有利于调节"剪刀差"，受到群众欢迎。

为了发展经济，曾山很重视交通邮电事业的发展。1932 年 5 月，他在省苏大会上提出，以于都为中心，修建 5 条交通干线，即于都至会昌、于都至瑞金、于都至赣县、于都至宁都、于都至兴国，到 1933 年就如期完成。1930 年即在吉水枫田设立了赣西南赤色邮政总局，各县设支局，区设交通站，便利了军事民用信息畅通。

管理财政经济，曾山是行家里手。他兼任省苏维埃政府财政部长，想方设法开辟财源，筹措军饷，处处精打细算，节约每一个铜板。他以开拓创新的精神，巩固、扩大东固平民银行，进而创办江西工农银行。1930 年赣西南苏维埃政府成立后，将其改称赣西南工农银行。为配合第一次反"围剿"斗争，以曾山为主席的江西省苏维埃政府于是年 11月 27 日，发出《秘字第四号通令》，决定以 100 万现金创设大规模的江西工农银行，发行 100 万元钞票，"该钞票在赤区一律通用"。江西工农银行为组织货币流通，活跃苏区经济，支援革命战争发挥了重要作用。

（4）文化教育方面：江西苏区的文化教育基础较差，工农群众和工农干部的文化水平较低。为了提高他们的文化水平和教育程度，曾山极为重视苏区的文化教育事业的发展。在省、县苏维埃政府里面，设立教育部、文化部和卫生部，实行集中统一领导，制定正确的政策，采取一系列有力措施，力求做到使文化教育社会化、政治化、实际化、劳动化，取得了明显的成就。

在教育方面，开办列宁小学，普及义务教育。规定对 7 岁至 14 岁的儿童，"厉行免费的强迫教育"。在全省各县乡村，都普遍办起了列宁小学。据会昌、寻乌、万泰等 14 个县政府统计，共办有列宁小学 2277 所，学生 8 万余人，小学教员 2535 人。兴国县就有列宁小学 432 所，学生 17201 人，小学教员 497 人。兴国县长冈乡 437 户，1764 人，4 个村子都办了列宁小学，有小学生 186 人，学龄儿童入学率达到百分之六十五。同时，大力扫除文盲，发展社会教育。在江西苏区普遍开展识字运动，让每个工农群众和红军士兵都得到识字的机会。为了扫除文盲，从乡到省成立"扫除文盲协会"，行政上受各级教育部督导，区、乡有专职干部，村里成立识字小组，具体组织工农群众学习文化。其方式是办夜校、半日学校、业余补习班、识字班、列宁室、俱乐部等，甚至在田间地头都立有识字牌，形成一种人人要学习，大家要识字的氛围。毛泽东在《长冈乡调查》中，就生动地描述了这里老人们或离夜校较远的人们，三五人组织识字班的情景。在江西苏区，出现了人人读书识字的生动场面。1932 年，于都、宁都等 14 个县，参加夜校和识字组学习的人数达 14 万之多，占失学成年人的百分之四十七，1933 年，扫盲工作又有新的发展。在成人教育中，曾山领导江西省苏维埃政府开办各种干部学校，对干部进行文化教育。先后创办了红军学校、赤卫军干部学校、青年军事干部学校、工农检察干部训练班、财政干部训练班等。为了使成千上万的工农干部来干部学校学习，1933 年 8 月 31 日，曾山发布命令,提出由江西省苏维埃政府"坚决创办江西省苏维埃干部学校"的计划书。计划书对干部学校的班次、人数和选出的地方、资格、学习和到校时间、课目及其学分、经费、教员、工作分配等作了详细规定。通过办学,提高了苏区广大干部的文化素质,为地方和红军培养了大批有一定文化的人才。

在文化建设方面,在曾山领导下,江西苏区的文艺活动热火朝天。在严酷的战争环境中,产生了许多发动人民群众、鼓舞红军斗志的红色歌谣(红歌),为苏区人民喜闻乐见。如《十送红军歌》《红军和百姓一家人》等,表达了苏区人民支援革命战争的巨大热情;又如"红军打来晴了天,红色歌谣万万千,唱起歌子走天下,一人唱过万人传。"也为苏区百姓所喜爱。后来有些专业的文艺人士进入苏区,又出现了不少话剧和其他文艺美术作品如《活捉张辉瓒》《王大嫂》等。与此同时,江西苏区的出版事业也发展起来。中华苏维埃中央政府所办的报刊不计,江西省就办有《省委通讯》《红的江西》《江西工人》《红光报》《拂晓报》等,李富春、陈毅、曾山等省党政军领导同志经常会在刊物上发表文章。《红的江西》是江西省苏维埃政府机关报,每周出一期,采用石印印刷出版。曾山在第二期上发表了两篇重要文章:《苏维埃的公民到红军中去》《我们怎样来纪念红色十月节》,号召青壮年踊跃参加红军。

还有值得提出的是,江西苏区还进行了严打"黄赌黑"。几千年的封建恶习色情、赌博、鸦片在江西苏区无所不有,有的地方甚至很泛滥。如毛泽东曾作过调查的小小的寻乌县城,仅有2700多人,妓院就有三四十家,从妓人员432人;兴国县有很多地方都种了罂粟,占用了许多农田,影响农业生产。针对这些恶习,苏区政府采取各种措施,予以严厉打击。除运用报刊和各种宣传工具揭露"黄赌黑"的表现及其危害以外,还利用妇女现身说法,指责自己丈夫的错误,教育其悔改。为了从源头上解决鸦片问题,苏维埃政府还给游民分田。《赣西南土地法》载:"雇农及农业游民愿意分田的,应该分予田地。但游民分田的,须戒绝鸦片、赌博等恶嗜好,否则苏维埃收回他的田地。"苏维埃政府对于错误严重的干部,经过教育无效的,给予纪律处分。在《刑法条例》中,还首次列出了种鸦片烟、赌博和奸娼三种罪名,并细分了20条相应的量刑定罪标准。这样,苏区的歪风邪气得到收敛,社会走向风清气正。

在体育活动方面,为了增强人民体质,江西苏区还开展了广泛的体育活动。1933年8月,在博生县城举行了江西省第一届运动会。江西省属14个县,办了712个俱乐部,开展了丰富多彩的文体活动。

尽管曾山为建设江西苏区殚精竭虑,功绩卓著,但天有不测风云。1933年春,王明"左"倾路线的代表人物进入中央苏区,中共临时中央迁移到了瑞金,使"左"倾错误路线得以在江西全面贯彻。他们先在福建反对"罗明路线",后又在江西反对"邓、毛、谢、古",即"江西的罗明路线"。中央代表坐镇江西,矛头直指曾山,逼迫他表态反对毛泽东和毛泽覃。12月间,在宁都七里坪召开的江西省第二次工农兵代表大会上,曾山虽然继续作了江西省苏维埃政府的工作报告,但却受到王明"左"倾错误路线的打击,被降职为省苏维埃政府副主席兼财政部长。后来曾任国家副主席的王震说:"当时中央派驻江西的代表在江西推行王明路线,他们极力排挤和打击毛泽东同志,逼迫曾山同志反对毛泽东同志,曾山同志不顾个人安危,旗帜鲜明地表明自己的看法,认为中央苏区的发展,红军队伍的壮大,是同毛泽东同志的正确主张分不开的。曾山同志为此受到排挤和迫害,一度被调离江西省苏维埃政府的领导岗位。"

五、苏维埃内务部部长

1934年1月21日,第二次全国工农兵苏维埃代表大会在瑞金沙洲坝开幕。大会由毛泽东致开幕词,并代表中央执行委员会作两年来的工作报告,朱德作红军建设决议报告;林伯渠作经济建设决议报告。

位于中华工农兵苏维埃第一次全国人民代表大会会址内的内务人民委员部办公室。1934 年 1 月,曾山被任命为内务部部长。

曾山出席了这次大会,并再次当选为苏维埃共和国中央执行委员会委员。在新成立的人民委员会中,曾山担任内务部长,梁柏台任副部长。其实,曾山在两年前就已经兼任了内务部副部长。

1932 年 6 月 13 日,中央人民委员会第十六次常会通过的《内务部暂行组织纲要》,对内务部的职能范围、组织机构设置等作了明确规定。《纲要》第四条规定:"内务部暂时管理市政、民警、刑事、侦探、卫生、交通、邮电、社会保障、户口调查、生死和婚姻等事项。"此外,还要负责苏维埃政权建设和各级苏维埃代表的选举工作。《纲要》第十条规定了内务部成员名单及部门设置,周以栗任部长,曾山、梁柏台任副部长。下设市政、行政、卫生、交通、社会保险、邮局 6 个管理局,每局设局长一人。"城市苏维埃、区、县、省的粮食部,须另设部(或科),受中央内务人民委员部的指导"。由于内务部的管辖范围大,所以人们把内务部长戏称为"大管家"。

"二苏大"后,曾山任内务部部长,但江西省苏维埃政府的工作仍然离不开他,内务部的日常工作由副部长梁柏台主持,但重大问题要他决策。

对内务部的工作,曾山首先抓了优待红军家属的工作。鉴于反"围剿"战争的需要,中共苏区中央局向全苏区发出"扩大百万铁的红军"的号召,中央苏区的广大工农群众热烈响应号召,踊跃参加红军,使苏区的扩大红军运动深入开展。在第五次反"围剿"战争中,中央苏区就开展了5次扩红突击运动,从1933年9月至1934年9月红军长征前夕,中央苏区就扩大红军13万人。从1932年第一次扩红算起,4年间,仅赣南13个县参加红军的人数就达33万人。苏区的男子参军去了,留下的红军家属占了苏区人口的一半以上,优待红军家属的工作成为广大群众的工作,显得尤为重要。1934年1月,内务部提请苏维埃中央政府颁布了《关于优待红军家属的决定》,并制定了《关于优待红军家属条例》《优待红军家属耕田队条例》《优待红军家属礼拜六条例》等政策法规,在法律上明确了红军家属应该享受的优待,苏维埃政府在优待红军家属方面的职责。如《优待红军家属礼拜六条例》就规定,凡党、政、工、团及后方军事人员,每星期六必须为优待红军家属干4小时活,包括替红军家属做关于土地、山林以及砍柴、挑水等家务事。曾山、梁柏台身体力行,模范地执行优待红军家属政策、法令,使红军官兵能在前线安心打仗,红军家属在后方努力生产,有力地推动了扩大红军运动的开展。

为了进一步解放劳动妇女,让她们能多参加生产和苏维埃的工作,改善家庭的生活,使孩子们受到更好的教育,1934年2月21日,内务部又公布了《托儿所组织条例》。《条例》规定:"1个月至5岁的小孩,都可以进托儿所","托儿所以大屋子或附近几个屋子为单位,每个托儿所收的小孩子最少6个,最多不能超过20个"。各托儿所,属于乡苏维埃及女工农妇代表会议领导。对托儿所主任和看护、房子和设施、入托时间、卫生和健康管理等,都分别做出具体规定和要求。最后,还规定:"本条例由中央内务人民委员会颁布,由省、县、区各级内务部检查执行。"为了做好这项工作,托儿所的工作人员可以享受优待,除了代他耕种土地之外,在群众自愿的原则下,每年可给他一些谷子。条例下发后,受到各地工农热烈欢迎,托儿所在江西苏区普遍建立起来。这对于改善劳动妇女和儿童的生活,对于增加苏区的生产,对于支援革命战争都有重要意义。

曾山和梁柏台很重视交通邮政事业。为了红军行动便利,运输迅速,群众来往方便,必须修筑桥梁道路,内务部提出了《关于修筑二十二条干路及各县区乡支路的修路计划》,要求各级政府组织群众,利用冬天农闲时节,在 5 个月内完成任务。规定一等干路宽不少于 5 尺,二等干路不少于 4 尺,干道上的桥梁,桥面宽不得小于路面宽。通过这次修路,把以瑞金为中心,中央苏区各县区主要城镇用干道支线联结起来了。中央邮电总局归内务部领导。在赣闽两省,以瑞金为起点,按军事重心,与交通要道,设立了 6 条邮路干线:第一条干线为瑞金——宁都——广昌;第二条干线为:瑞金——胜利——兴国;第三条干线为:瑞金——会昌——寻乌——安远;第四条干线为:瑞金——长汀;第五条干线为:长汀——上杭——永定;第六条干线为:长汀——新泉——龙岩。1934 年 5 月 1 日,内务部制订了《中华苏维埃共和国邮政暂行章程》。进一步完善了苏区邮局系统,各省设邮务管理局,县设中心局或县局,县以下设若干分局或代办所。据统计,中央苏区的邮政人员有1931 人。经办业务有平信、挂号、快信、红军信柜、报纸书刊、包裹等,邮票有从半分到 3 角 8 种。红军家属可以免费邮寄。为便于军事邮件快递,开办了快递业务,最快速度每日步行 180 里。特别快递邮路达15 条,大大方便了苏区军民的信息传递。当时没有现代交通工具,邮政人员全靠肩挑步行,为了保护邮件安全,邮政人员在遇到敌人时,还要与敌人搏斗,甚至牺牲。

内务部设有市政管理局和民政局,负责管理城市的市政,颁布市政工作条例;颁布户口登记表,实行户口登记;颁布结婚、离婚的登记规则,统一登记手续;实行生死登记,颁布国民证等。

内务部还设有社会保证局,与互济会一起负责难民救济,颁布残废证,做好优抚工作,建好备荒粮仓等。

内务部还设有卫生管理局,乡以上设卫生运动委员会,大力开展群众性清洁卫生运动和体育运动,举行体育运动大会,从而推动了中央苏区医疗卫生事业和体育事业的发展。

历史的经验值得总结。在瑞金成立的中华苏维埃共和国,是中华人民共和国的摇篮。中华苏维埃的各个职能部门,就是新中国各部委的雏形。2011年10月31日,在瑞金举行了中华苏维埃共和国内务人民委员会旧址揭幕仪式。旧址位于瑞金沙洲坝毛泽东旧居东侧,内有曾山办公室。国家民政部部长在揭幕仪式上讲话:"修复内务部旧址,并在这里举行隆重的揭幕仪式,就是让人民特别是广大民政工作者更好地了解中国共产党所走过的不平凡历程。铭记民政先辈们在艰苦环境中创造的辉煌业绩,缅怀他们英勇无畏、无私奉献的崇高精神。"中华苏维埃共和国内务部作为中华人民共和国民政部的前身,被寻宗认祖后,又被国家交通部、建设部作为他们的前身。

曾山这一生

第五章　在江西苏区游击战争中

曾山领导江西军区部队和地方武装,顽强坚持游击战争,付出了重大代价,出色地完成了掩护中央红军长征的任务。

一、临危受命

1934年10月中共中央、中央军委率中央主力红军86000余人长征。长征前夕,中央决定成立中共中央分局、中华苏维埃共和国中央政府办事处,继续领导留在南方各根据地的红军和游击队坚持斗争。项英任中共中央分局书记,陈毅任中华苏维埃共和国中央办事处主任。李富春调任红军总政治部副主任,随军长征;曾山代理江西省委书记,留在江西坚持游击战争。

不久,项英打电话给曾山,要他来瑞金接受任务。曾山从省会宁都赶来瑞金,首先看望和慰问了受伤的陈毅,然后去找项英。项英向曾山布置了留守江西苏区的任务,要他在宁都、乐安、万安、永丰、万泰、公略开展游击战争,并将守广昌到宁都之间的六个连的红军,拨给曾山指挥。曾山想到自己肩上担子沉重,任务艰巨。但他顾全大局,坚决服从组织分配。

　　曾山离开瑞金前夕,邓小平听说曾山要留在江西打游击,便主动找曾山作了一次长谈。邓小平在瑞金任县委书记时,就与曾山熟悉;邓小平调任会、寻、安中心县委书记后,也与曾山经常有来往;邓小平以后调到江西省委任宣传部长,与曾山见面机会更多。1933 年春,邓小平因拥护毛泽东的路线政策,被"左"倾路线执行者视为"罗明路线"在江西的代表人物,即邓(小平)、毛(泽覃)、谢(唯俊)、古(柏)的头头,在江西省委扩大会议上遭受批斗被撤销职务,缴了手枪,只是没有被打成反革命。曾山作为江西省苏维埃政府主席,坚持正确路线,虽然未能保住邓小平,但没有落井下石。当邓小平从下放地回到瑞金任《红星报》主编时,曾山与李富春、蔡畅夫妇一起,为邓小平庆贺。现在眼看就要长征了,两人将要天各一方,难免依依不舍。最后,邓小平将一只马灯送给曾山。他说:"我以后无法继续编《红星报》了,这只马灯就送给你吧!"原来,这只马灯有一番来历,是邓小平的心爱之物。1934 年 2 月,在瑞金叶坪举行了红军烈士纪念塔揭幕仪式,毛泽东、朱德、周恩来等领导人都参加了。会后,周恩来将这只马灯送给了邓小平,说:小平晚上编报,用马灯更好,光线更亮,也更方便。邓小平随即在马灯的底部用油漆写了几个字:"1934 年邓小平用"。这只象征革命者纯真友谊的马灯,后来一直随着曾山辗转游击。及至曾山在兴国崇贤齐汾与胡海、罗孟文会师后,部队要在夜晚突破敌人的封锁线,行军不许点灯,曾山便将这只马灯寄托在他住过的曾昭梅家里。曾昭梅时年 12 岁,人小胆大,非常机灵,不顾翻山越岭,给游击队送情报,使游击队避免了损失。曾山对曾昭梅很喜爱,很放心,常给他讲些革命故事,他听得津津有味。这时,曾山严肃地对曾昭梅说:"这只马灯是周副主席、邓小平同志用过的,你要好好保管。"曾昭梅说:"马灯我一定保管好,可以后我怎么还给你呢?"曾山说:"没关系,等革命胜利了,我自己会来取。"曾昭梅把这只马灯视为珍宝,一直妥善保存,直至曾山诞辰 100 周年纪念时,才将马灯献给了烈士纪念馆。

曾山临危受命,第二天就从瑞金赶回宁都县城,积极进行游击战争的准备工作。首先,他召集江西省党、政、军主要负责同志开会,布置中央分局交给的开展游击战争的任务,统一认识,统一行动。曾山强调指出:当前的主要任务就是扩大各地武装游击队,配合当地游击队、群众赤卫队,坚持游击战争。第二,健全游击战争的指挥系统。他将苏区江西省各县区军事部改为游击队的司令部和政治部,县区军事部长为县区游击队的司令员,县区委书记为游击队的政治委员。各地建立起人数不等的独立团、独立营或游击队。党政机关工作人员也编入进去。第三,他亲自到广昌至宁都的前沿阵地,收集项英拨给的"六个连"。实际上,这"六个连"已被敌人冲垮,仅收集到 300 多人。第四,在群众中进行政治宣传工作,让苏区的人民群众了解开展游击战争的意义。他派人将中央分局发布的有关布告,在各圩镇和乡村到处张贴,做到人人皆知。他亲自到群众中去进行宣传解释,号召大家武装起来,消灭敌人!他要求群众对红军长征严格保守秘密,配合红军主力转移。

中央红军主力西征以后,严酷的冬天来到了中央苏区。国民党在中央苏区"剿共"的 50 万军队,除了两个纵队尾追中央红军外,其余都在中央苏区周围,从北、东、西三面向苏区中心区域推进。10 月 14 日,敌北路军占领兴国;10 月 26 日,又占宁都;11 月 10 日,红都瑞金陷落;11 月 17 日,敌占于都;11 月 23 日,又占会昌。至此,中央苏区的全部县城和交通要道都被敌占领。接着,敌人又从北到南,从东到西设置了四道纵横交错的碉堡封锁线,把红军游击队围困得死死的,并设立"绥靖区",组织分块"清剿"。

10 月 26 日,敌北路军第三路军罗卓英部以四个师的强大兵力,向宁都方向大举进攻。由于敌众我寡,敌人占领了宁都县城,并云集于北门城外山头,准备对我苏区首脑机关驻地——宁都县刘坑乡七里村发动攻击。

当日下午,曾山和江西省军区司令员李赐凡率领省委、省军区、省苏维埃政府及省属机关干部共 4000 余人,1500 余支枪,1 个迫击炮连,分两路突出敌人的包围,撤退到宁都县安福乡的西甲村。他随即在西甲村召开干部会议,研究部队的行动方针和策略。会议决定,首先集中兵力,牵制敌人,全力掩护红军长征,然后突围北上,向东固集结,开展游击战争。为了集中统一领导,会议决定撤销江西省苏维埃政府和省军区,成立江西省军政委员会,由曾山任主席。会议还对全省地方武装进行了整编,组成三个独立团,乐安军分区为一团,省直指挥的部队为二团,万泰军分区为四团;各县区组成独立营或挺进游击队,解散医院和兵工厂,将兵工厂的部队充实到独立营。曾山在会上说:"牵制敌人,顺利北上,巩固后方,迎接胜利,生者英雄,死者光荣,不要忘记共产党会回来,坚决记住六条(入党誓词)……"

在部署停当之后,曾山、李赐凡等率部在珠良、杨砾、小布、麻田、金竹坑等地与"进剿"之敌周旋,终于在 11 月间完成了牵制敌人、掩护主力红军长征的任务。据永丰县党办调查和曾山警卫员刘有林及永丰县上溪区苏维埃政府主席五十年代回忆,1934 年 11 月,曾山率部到永丰县上溪乡,住在太平村竹节蒿岭排上陈必振家里。过了一段时间,情况紧急,曾山将五件物品交给陈家保管。陈必振说:"1934 年冬天的一个晚上,一位住在我家的男首长及一位女首长嘱咐我母亲:我们可能冲不出去了,敌人从上溪礼坊方向打过来了,我们要尽快转移。这些东西(指五件物品)你帮忙保管。要相信共产党一定会翻身的,到时会来取的。说完,急急忙忙烧完一大箱子文件,就会同省委、省苏及县里同志几百人一起,翻过屋后禾竹蒿岭往宁都方向走了。"曾山留下的五物品是:铜墨盒、铜印泥盒、铜暖手炉、玉石手镯、模范妇女银质奖章。陈必振老人在家中展现给了永丰县党史的同志看。

据当年洛口县委书记罗国倬回忆,曾山率部从永丰黎溪村出发,进军吉安东固,由于无法突破敌人的封锁线,遂折回宁都小布,军政委员会驻在树陂村。

1935年1月上旬，敌北路军用四个师的兵力将江西省委和省直机关部队包围在小布地区。敌北路军副总指挥罗卓英公开狂妄地宣称："今年一月初，陶(峙岳)夏(楚中)霍(揆彰)李(树森)诸部，复分途进占大金竹村、南团、小布、读书坑等处，此一带地区，即伪江西省军区及伪省苏盘踞地所，故各部前进，都极审慎，首先构成网状封锁线，制匪流窜，再抽调精悍部队，分区搜剿"。妄图一网打尽，毒辣之至！

在强敌的严密包围下，部队处境十分危险。曾山认为部队只有突出重围，才能有活路。他和李赐凡召集会议，决定分三路冲出敌人的重围：一路由曾山率领，一路由李赐凡率领，一路由洛口县军事部长兼游击司令宁春庭率领。计划突围到吉安东固，在东固会合后去追赶长征中的主力红军，如此计划受挫，则去湖南和贺龙领导的红军会合。但三路突围的结果，有两路被敌人打散了，部队损失不小。

李赐凡率领军区教导队和警卫营从塘窝、大沽经阳斋去东固，在行进到宁都县与永丰县交界的小竹篙岭时遭到国民党军九十三师两个团的包围，李赐凡便下令埋掉辎重，部队化整为零，结果敌人集中兵力冲上来，把红军打散了。李赐凡因腿部负伤，由警卫人员掩护，在一座高山上叫岩背脑的山洞里隐藏了20多天，至2月3日(大年除夕)吃年饭(老乡送的糯米糍粑)时，被暗中叛变的警卫员杜某开枪打死。省委组织部长刘球贤、省政治保卫局局长娄梦侠、省妇女部长李美群等人被俘，被押送到南昌杀害。省苏主席刘启耀身负重伤而昏厥，他的庚兄立即将他推进死尸堆里，然后解下刘启耀的武装带，穿着刘的外衣、拿着刘的手枪、屹立于山巅迎敌，吸引敌人的火力，最后壮烈牺牲。国民党军从手枪、怀表及《中国共产党党证》上，判明此人即是刘启耀。敌人的随军记者拍下首级照片，一面上报领赏，一面在《中央日报》《江西民国日报》等报刊上，大肆宣称："伪江西军区与伪江西省苏全部消灭，击毙伪省苏主席刘启耀。"而真的刘启耀由于得到庚兄的顶替，最后死里逃生。

宁春庭率领的洛口县游击队等,往南转西经钓峰、杨依、湖背向东固突围,在翠雷山与敌人大部队激战,部队遭到很大伤亡。

曾山率领的一路,选择了从永丰县南坑突围的路线,到达了东固地区。他们需要突破敌人设在永丰君埠的碉堡封锁线和高达 1200 米的大乌山。为了使部队能够通过君埠,曾山采用了调虎离山计。他派出1 个营的部队向龙冈驻敌发起进攻,调动君埠驻敌赶赴龙冈增援。乘这个空当,曾山率领大队人马急行军两个多小时,从君埠附近穿越过去,抵达永丰、吉安交界的一片茶梓林。在茶梓林隐蔽了一天一夜之后,曾山又带领部队向高高的大乌山前进。大乌山是吉安、永丰、兴国三县交界的大山,无论通往哪个县境,都要经过一条蜿蜒 20 多里的羊肠小道。敌军在这进山口驻了两个连,卡住通往东固的通道。黄昏时刻,侦察员用巧计杀死了两个国民党哨兵之后,曾山带领部队用机枪开路,用强火力向驻敌发起猛攻,掩护机关人员往前冲。经过 20 多分钟激战,部队伤亡了 200 多人,但大队人马终于通过了这条咽喉要道。红军游击队打着火把在山路上行进,在黎明时到达了号称东井冈的东固,与公万兴特委领导的游击队胜利会合。此时队伍仍有 700 多人。

二、辗转游击

曾山率红二团到达东固以后,即与胡海领导的公万兴特委和红四团会合,在这一地区辗转游击,保存力量,并且帮助群众搞生产。由于东固是江西地方苏维埃和地方武装的主要发源地,群众基础好,崇山峻岭多,是开展游击战的好地方。

1935 年 3 月初,国民党军调集 9 个团的兵力包围东固。曾山乃率领红二团、红四团向兴国崇贤挺进。中共杨赣地区特委书记罗孟文得悉后,率领独立十三团与红二、四团在崇贤胜利会师。

崇贤会师后,部队集中了 2000 多人,敌人为之震惊,知道这是红军的"大部队",便增调兵力包围崇贤地区。于是,曾山在崇贤的齐汾召开省委扩大会议。会议决定突出敌人的重围,通过杨赣地区去赣粤边与李乐天、杨尚奎领导的红军游击队会合,并通过他们取得中央分局项英、陈毅的领导与指示。

接着,曾山来到胡海领导的红军游击队,向干部、战士讲明当时的形势和任务。他说:在敌强我弱的情况下,硬拼等于毁灭自己,我们突围出去,就可以保存革命火种,到了新的根据地,革命力量还会壮大。曾山的讲话,大大地鼓舞了红色游击战士们的战斗意志和胜利信心。曾山和胡海分手时,拿出了一面写有"艰苦奋斗"四个大字的红旗,满怀革命必胜的信念对胡海说:"这面红旗我们各拿一半,一则用艰苦奋斗的精神互相勉励;二则我们今后胜利会师时,重新把它缝合起来作为纪念。"胡海听了坚定地回答:"革命一定会胜利,共产主义事业一定会成功,我们艰苦奋斗吧!"于是,他们将这面红旗从中剪开,曾山拿了"艰苦"两字的半面,胡海拿了"奋斗"两字的半面,用以互相勉励。这半面鲜艳夺目的革命红旗,至今仍保存在江西省吉安县革命烈士纪念馆。

胡海是吉安东固人,曾山的老战友。曾山任赣西南苏维埃政府主席时,他是副主席;曾山任江西省苏维埃政府主席时,他是副主席;曾山任中华苏维埃中央政府内务部长时,他是土地部副部长、代部长;曾山任江西省委代理书记,他是公兴万特委书记;两人情同手足,亲密无间。可是,胡海率部在突围中,因遭强敌袭击,寡不敌众,部队伤亡很大,胡海妻子钟仁贵壮烈牺牲。胡海则从黑夜攀悬崖峭壁来到岳母家暂避,由于叛徒出卖而被捕。谢名仁接替胡海任特委书记,率领仅存的 10 多名游击队员,继续战斗。但在老营盘涉水时,被敌发现,谢名仁被捕,与胡海一起,关押南昌军法处第一监狱。1935 年 6 月 15 日,胡海、谢名仁被国民党反动派杀害。关押在同一监狱的方志敏与他们互相鼓励。在《方志敏文集》中,有一篇《记胡海、娄梦侠、谢名仁三同志之死》,细说了他们牺牲的经过。方志敏早就认识胡海，知道他是苏维埃中央政府土地部部长，身材矮小，关进来已经一个多月了。他在狱中患了肠炎，无钱医治，卧在栊门外20多天，又黄又瘦，被折磨得不成人样。端午节那天，方志敏征得狱方同意，买了几个菜，准备请几位同志一起吃个饭，借机畅谈一次。结果，红十军团军团长刘畴西、红十军军长王如痴和红十军参谋长曹仰山来了，刘畴西又把江西省保卫局局长娄梦侠叫来了。但胡海吃过饭了，没有过来。方志敏和胡海隔着栊子谈了一会儿话，知道他很坚强，"他表示愿意坚决就死。"胡海对方志敏说："我抱定了必死的决心，要同反动派斗争到底。为了阶级的解放事业，为了人民明天的幸福，我没有它求，死而无怨！"果然，第三天，娄梦侠就被敌人枪毙。次日，方志敏早上刚起床，就看到有八个卫兵，手持着枪，都上了刺刀，知道敌人又要杀人了，自己赶紧收拾文稿，放到秘密的地方。后听到叫胡海和谢名仁的名字，知道是他们临难的日子。"他们都很从容地走出去，一刻钟之后，他们就被敌人的枪弹，断绝了生命！"方志敏赞扬他们"临难不屈，悲壮就死，不愧为无产阶级的先锋队"。

红十三团从桥头岗出发，向赣粤边突围。部队到达墩丘碉堡封锁线时，罗孟文指挥机枪连发起猛攻，掩护3个步兵连前进。在这次战斗中，歼灭了敌人1个连，冲上了秦岭峰，攻占了敌人的两个大碉堡，但罗孟文自己也负了伤。后来红十三团在向西洋山前进途中，中了敌人的重兵埋伏，部队被打散，除少数冲出重围，大部分壮烈牺牲。红十三团团长陈亦发火线叛变，特委领导人赖福林、王启生、罗孟湖等16人被俘，并先后遭到杀害。罗孟文在群众掩护下，潜出杨赣地区，后来辗转来到泰和马家洲一带，坚持秘密斗争，并与刘启耀一起，成立了中共临时江西省委。抗日战争爆发后，中共临时江西省委与中共中央分局接上了关系。

红十三团在向西南方向出发以后，曾山率红二、四团近千人向北突围。他们趁敌人追赶红十三团之机，迅速地从兴古线以北地区突破了敌人的防线。接着，又先后在永丰以南富田学士桥、古丁毛山，和永丰以北的流源马埠一带，冲破了敌人的碉堡封锁线。在进攻小口岭附近的两个碉堡时，俘敌 10 多人，缴枪七八支。在兴国的后坊街，一举歼敌一个连，缴获三四十支枪和一批战利品。但几经艰苦战斗，部队损失很大，始终未能进入湘赣边与谭余保会合。因此，曾山所部只好辗转游击，采取灵活机动的战略战术与敌人周旋。他们先后迂回活动在泰和的沙村、冠朝、固陂，吉安的陂头、值夏，吉水的张家渡、水东、八都，宁都的头陂，广昌，宜黄，黎川等地。他们风餐露宿，披星戴月，时而配合作战，时而隐蔽休整，有时几天打一仗，也有时一天打几仗。短短几个月，大小数百仗，先后歼灭了敌人几个连，打垮了这一带地区的反动武装"铲共团"。这时，红军游击队的生活非常艰苦，一天只能吃到一餐饭，有时几天才能吃上一顿饭。

为了寻找红一团，曾山率红二、四团来到乐安地区。由于部队连续作战，战士们疲劳过度。这时，敌人调动大量兵力前来围、追、堵、剿，并派飞机跟踪。在这种情况下，曾山没有找到红一团。于是，曾山带领红

1935 年 3 月 26 日，驻赣绥靖公署主任顾祝同向各部和各县发出的追剿曾山的悬赏令。

二、四团转移到新干活动。部队经过 15 天弯弯曲曲日夜的行军,几乎天天打仗,于 4 月间到达新干县游击区。部队登上了新干县竹山坑大山上,准备在这里休整一下,然后转往湘赣边。不料敌人在这一带埋伏了 3 个师的兵力,从四面八方包围上来,由于敌强我弱和弹尽粮绝,红军游击队被打散了。曾山等少数冲出包围圈的同志,只有决定分散活动,以保存有生力量,准备迎接新的斗争。

敌人方面为了消灭曾山领导的游击队,早就做了充分准备。根据最近在新干县档案馆发现的敌伪档案证实,当时负责"剿共"的驻赣绥靖公署主任顾祝同,曾于 3 月 15 日向所属部队及吉安、抚州的专员及其下属各县县长发出机密急电,电文称:"靖密据报匪首曾山七股约千余人,经我各部队痛剿,刻窜至水南以北施家边一带,据投诚公略营长易章报告:'该匪企图拟渡恩河,窜八都新干,如难立足,径窜曾山老巢宜乐崇区域,恩江防道巩固,恐东窜等语',为迅速扑灭该匪起见,虽已严令各部队跟踪追剿外,仰各该专员县长迅即调集所属地方团队驰赴重要地点,协同防军迎头截击,并努力侦察匪踪,随时具报。所有沿赣江各县,对于渡口,尤应不分昼夜,严加防范,凡行驶赣江船只,一律禁止停泊东岸,以防其偷渡。除分电外,仰即遵照,毋稍疏忽为要。顾祝同。"3 月 26 日,顾祝同又向各部和各县发出悬赏令:说曾山已率部到了永乐崇干边区,"为鼓励部队务期歼灭起见,特再悬赏缉拿。凡生擒匪首曾山者,奖洋三万元,献首级者,奖洋两万元。"顾部路军总指挥孙连仲在转发悬赏令时,还详细描述了曾山的相貌特征:"曾山年约四十岁,身长五尺许,体粗壮,面色黑,脸圆形,下额微尖,权骨特高,鹰鼻大耳,眉浓黑,连颊胡,齿黑,门牙缺一,常穿青灰二色学生服,骑黄骏,阴雨则外服黄油衣",他命令"各团队各联保长一体拿缉,俾歼元凶,以邀重赏为要"。第二天,江西省第一行政督察区保安司令林竞给新干县长周和贵发快邮代电,称"曾山股匪梗夜窜至东堆同富,有窜丰干永交界之大盘山模样,我国军卅一师、二十七师、九十七师之一部正分途追剿堵截”,命新干县长立即派出队伍严密搜剿和堵剿。

由于中了敌人三个师的埋伏,敌我力量对比悬殊,红军游击队弹尽粮绝,伤亡惨重,大部分被打散了。随曾山突围出来的只有 20 多人。他们乘夜突围到乐安与新干交界的一座大山上。过

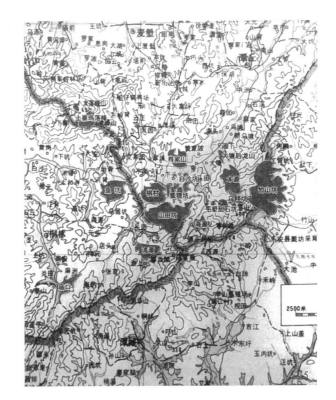

1934 年中央红军长征后,曾山带领部队在新干境内开展游击战主要区域全图。

了几天,形势越来越严峻,曾山遂将人员编为三个组,进一步分散活动。曾山这一组是四个人,即曾山、肖明煜、郭铨、刘云。4 月中旬,曾山这个小组转移到距永丰县城约 30 华里的老虎庙山,并在山腰间一户守茶山的人家,买了一些食物充饥。过了二天,他们又来到这户人家家里,希望弄点饭吃。当主人刚把饭做好时,在门外放哨的刘云发现有敌人包围上来。他们立即向山上迅跑,敌人不断向他们开枪。肖明煜牺牲了,郭铨的左脚负了伤。于是,他们三人又抄小路上了新干与乐安交界的竹山坑,找到一户铲山的人家。由于郭铨不能行走,便在这里养了将近一个月的伤。当敌人的追兵来时,当地老表就把曾山带到一个石崖

洞里藏匿起来。由于得到陈有贵等苏区群众的救助,曾山等人才得以转危为安。

等郭铨的脚伤基本好了以后,曾山千方百计寻找党的组织,刘云则回老家去了。5月17日晚,曾山和负伤的郭铨返回到老虎庙山脚下。这里住有一位篾匠,是吉水县阜田人,熟悉去吉水方向的道路。曾山对他作了细致的思想工作,请他带路。老乡通情达理,乐意给他们带路,并且说走就走。他们昼伏夜行,走了三天,来到吉水县的水田湖口,藏在一座砖瓦窑里面。曾山当机立断,决定离开这里,潜赴上海找党,请篾匠帮忙搞路条(通行证)。但郭铨是吉水本地人,家乡观念重,不愿意去上海,要求留下来。曾山反复劝说无效,只好就郭铨的要求,把一支驳壳枪留给郭铨。篾匠的活动能力很强,探听到这一带没有正规的国民党驻军,并花钱为曾山弄到了一张通行证,联系好了两条小渔船。事不宜迟,当天夜里,曾山化装成油贩来到赣江河边,曾山和郭铨分别上了船。曾山往下水走,郭铨沿上水走。曾山到了南昌以后,接着就去九江,经长江顺流而下,于5月底到了上海。

三年游击战争的经验与教训是很深刻的。曾山作为江西地区游击战争的指挥者,带领红军游击队与比自己强大数十倍的敌人进行了数百次战斗,保存了革命火种,有力地配合和支援了红军长征,完成了中共中央分局交给的任务,做出了重大贡献。他们的革命英雄主义精神和忘我牺牲精神,历史应予记载。中央政治局《对于南方游击区工作的决议》已作肯定。然而,江西苏区的游击战争毕竟付出了惨重的代价。曾山严于解剖自己,勇于承担责任。在敌我力量对比过于悬殊的情况下,由于失去电台,与中央分局联系不上,没有得到遵义会议后的中央指示,没有及时转变斗争方式,在遭到"强敌四面包围猛攻时,又缺少机动作战的指挥与决心","没有及时确定突围方向,完全处于被动挨打的地位。"结果,部队被打散了。但是,革命斗争并未停止。曾山所领导的江西军区红一团,有一部分队伍突围到了湘赣边游击区,在谭余保的领导下,编入湘赣红色独立团,被命名为宜乐连,在湘赣边坚持游击战争,直至编入新四军。

三、千里寻党

1935 年 5 月,曾山千里迢迢来到上海,寻找党的组织。但他对上海并不熟悉,又举目无亲。他只是五年前曾在法租界开过全国苏维埃区域代表大会,对法租界周围还有些印象。于是,他便来到法租界附近的一条里弄里,用 4 元钱租了一间矮小的角楼房,作为栖身之所。为了寻找党组织,他每天化装东奔西跑,或去繁华大街,或走偏僻小巷,希望能碰到熟人。为了生计,他还不得不去拉黄包车。

但是,上海的白色恐怖很严重,党的组织几经破坏,党的活动不得不十分隐蔽,要找到党的组织和领导人非常艰难。一个多月过去了,曾山没有找到一点线索。但他坚信,上海是过去党中央的所在地,一定有地下党,一定能找到党的组织。为了找党,他不得不在各处查找各种报纸。他终于在一张小报上,看到了陕北一带有红军游击队活动的消息,真是喜出望外,更坚定了他在上海找党的信心。凭着丰富的革命经验和政治敏感,曾山断定这些消息与上海地下党的活动有关。

1935 年 8 月间的一天,曾山在法租界爱多亚路(现延安路)的山货店和木器店选购东西时,被原全国总工会苏区中央执行局组织部长梁广发现。梁广有意从曾山身旁走过。曾山见状喜出望外,但仍小心谨慎。两人会意另找地方谈话。于是,梁广带着曾山来到南京路冠生园广东茶楼,一边喝茶,一边互相介绍情况。曾山谈了他在江西苏区领导游击战争遭到失败的情况以及只身千里潜来上海寻党的经过,要求梁广帮忙接上党的组织关系。梁广在 20 世纪 80 年代回忆曾山和他接头的情况说:

"我带着他走了几条路,来到南京路冠生园广东茶楼饮茶,一路上只有我们二人,没有发现特殊情况,他也放心,没有顾虑了。我把来上海的情况详细告诉他,并请他将如何来上海的情况告诉我,以便转告组织来找他。他详细地向我汇报了有关情况,说他到上海四个月左右,钱快用完了,只存有十七八元光洋,仅可维持一个月的生活。曾山同志谈完后,我要他把地址写给我,并约了来人找他的符(暗)号。如三日内没人来找,第四日见一次,如三日内已有人来找到你了,你第四日就不要来,免得发生意外。"此后,梁广和曾山每个礼拜都保持着联系。梁广迅速将曾山的情况向党组织做了汇报。曾山也将写好的报告交给梁广,请他转交组织。经过严格考察,曾山和党组织接上了关系。经陈云批准,曾山被派往苏联学习。

四、奔赴苏联

1935 年 9 月间上旬的一天,曾山突然接到通知,坐船去苏联。曾山后来回忆当时的紧张情形:有一位同志到我住地找到我,给了我 40元钱,叫我每个礼拜的那几天,必须在家等候。大约过了一个礼拜,他来告诉我:"本日中午 12 时,到浦东上苏联轮船去苏联。"于是,曾山立即收拾行装,准时到浦东登船,按照约好的暗号说"北京",船上回答"广东"。曾山上船后,被引到船长办公室背后的暗室里。陈云正在这里等候。曾山见到陈云以后,禁不住热泪盈眶。他向陈云诉说了红军长征以后江西苏区的惨状,汇报了自己一年来的情况,要求陈云带他去苏联学习。他对陈云说:"我现在走投无路了,钱也用完了,您是我的救命恩人,请您一定带我去苏联学习。"陈云看到了久别的曾山,也非常高兴。他安慰曾山一番之后说:"我看到了你要求去苏联学习的报告,是我同意的。"陈云是长征途中,红军飞夺泸定桥、打下泸定县城后,由中共中央决定派赴上海恢复白区工作。陈云于 8 月间才到达上海,并与中共上海临时中央局机关及潘汉年取得了联系。中共驻共产国际代表团鉴于上海地下党遭受严重破坏,陈云、潘汉年难以立足的情况,便指示他们去苏联,潘汉年先走。陈云交代完工作再走。

那天,随陈云同船去苏联的,除曾山外,还有中共一大代表、中共中央分局委员陈潭秋、瞿秋白烈士夫人杨之华、中共一大代表何叔衡烈士之女何实嗣等七八个人。他们在上海秘密登上一艘苏联货船,前往海参崴。到达海参崴后,苏联方面为了掩护他们,当局派出公安人员持枪把他们当作走私犯,押送到海参崴公安局。在海参崴公安局住了两天,然后换上西装,改乘火车,前往苏联首都莫斯科。9月下旬,陈云、陈潭秋、曾山、杨之华一行到达莫斯科。陈云等人随即出席青年共产国际第六次代表大会。大会闭幕后,他们受到斯大林的接见。

此前不久,共产国际第七次代表大会刚刚结束。共产国际总书记季米特洛夫在大会上做了重要报告。大会的基本精神是向全世界号召建立反法西斯统一战线;在殖民地、半殖民地国家建立反法西斯人民阵线。大会期间,中共驻共产党国际代表团起草了《为抗日救国宣言》(即《八一宣言》),经出席国际七大的中共代表们讨论同意后,报共产国际,后在法国《救国时报》公开发表。《八一宣言》号召全国同胞团结起来,停止内战,抗日救国,组织全国统一的国防政府和国防联军。不久,中共驻共产国际代表团又派张浩(林育英)回国。张浩到达陕北后,向中共中央领导人张闻天、毛泽东、周恩来等传达了共产国际七大精神,促成中共中央政治局召开瓦窑堡会议,确定了抗日民族统一战线的策略总方针,从而解决了党的政治路线问题,也恢复了中断一年之久的中共中央与共产国际之间的联系。

曾山到了莫斯科以后,先是住在中共驻共产国际代表团的公馆,接受组织审查。他在这里写了一份详细自传,把自己的家庭情况、个人经历以及参加革命以后各个阶段的斗争履历,写得清清楚楚。经过严格审查合格后,曾山被介绍到列宁学校学习。

列宁学校是共产国际为各国党培养高级干部的学校。1935 年 10 月 9 日,曾山与陈云、陈潭秋、饶漱石、孔原、滕代远、高自立、许光达等出席共产国际七大和青年共产国际六大的 11 名中共代表一起,进入莫斯科列宁学校学习,并编成特别班。过了两天,列宁学校副校长阿瓦琴科签署了关于录取这十一名学生的第一〇三号决定,决定中规定这些学员可以享受资金和食品的优惠待遇。为了保密,中国学员都使用化名,陈云化名杨定华,陈潭秋化名徐杰,曾山化名唐古。

　　1927 年,曾山参加了广州起义。图为 1936 年化名为唐古的曾山所写的关于广州起义的回忆文章,发表在《共产国际》杂志第 4－5 期,并被翻译成俄文,于 1967 年刊登在苏联科学院亚洲人民研究所主编的《广州公社——纪念广州起义 40 周年》上。

　　曾山在莫斯科列宁学校学习两年。他们除了学习国际七大的文件,领会统一战线的理论和方针政策外,还系统地学习了马列主义的基本理论和马克思、恩格斯、列宁、斯大林的重要著作。特别班突出《政治经济学》的教学,学校专门安排经济学家西嘎尔担任他们的专职教员。他们还主修了《哲学》《列宁主义问题》《中国革命问题与中共党史》《西方革命史》等课程,学习了马克思、恩格斯、列宁、斯大林的经典著作。曾山尤其爱读列宁的《国际共产主义运动中的左派幼稚病》一书,从而大大地提高了政治理论水平。在此基础上,他总结了江西苏维埃政权建设的经验和教训。他虽然文化水平不高,但却以顽强的毅力,克服各种困难,并努力学习俄文,最后能够以俄语讲话、写文章。他结合自己的亲身经历,写下了《回忆广州起义》一文,在权威的《共产国际》杂志发表,成为研究广州起义的第一手资料。作为一个基层士兵参加广州起义的回忆录非常少见,具有珍贵的史料价值。曾山在苏联学习期间,联共党内的政治斗争复杂,并影响到中国同志,但曾山为人正派,没有卷入那些政治纷争。

抗日战争爆发后,国内需要大批干部,曾山奉中共中央之命回国。11 月上旬,中共中央致电共产国际书记处:"全国工作大开展,领导干部不够分配,请即刻将陈云、赵容(康生)、邓发、李立三、吴玉章、滕代远、陈铁铮(孔原)、陈潭秋、高自立、曾山等诸同志派回中央工作。"曾山行前,斯大林和共产国际总书记季米特洛夫在莫斯科接见了曾山。他们准备留下曾山在中共驻共产国际代表团工作。因为曾山是工人出身,做过农民,当过兵,担任过省苏维埃政府主席,有丰富的实际工作经验,组织纪律性很强,又经过了列宁学校深造,完全符合共产国际选拔干部的标准。但是,曾山谢绝了斯大林和季米特洛夫的好意,表示:我的祖国正在受到日本帝国主义的侵略,我应当回到国内去,投入反对日本帝国主义的斗争,我的岗位在中国!斯大林和季米特洛夫很欣赏曾山的表态,没有勉强要他留在苏联。

1937 年 11 月 29 日,曾山与陈云、王明、康生等一道,飞回延安,毛泽东、张闻天等中央领导人、林伯渠、萧劲光等陕甘宁边区党、政、军干部,和群众上千人排着队欢迎他们。他们一下飞机,毛泽东等领导人就上前去和他们亲切握手。毛泽东致欢迎词,题为"喜从天降"。他说:"今天是我党大喜的日子,中央的几位同志在日本发动侵略战争、国难当头的关键时刻,骑着仙鹤腾云驾雾,从昆仑山那边飞回来了。久别重逢,家人团聚,共商救国大计,这不是喜从天降吗?"毛泽东的欢迎词引起了一阵阵的掌声。

曾山这一生

第六章　东南(分)局副书记

曾山回国后,恰逢组建新四军。中央即命曾山返回南方,主持东南地区党务,参与组建新四军。从此,他在大江南北奋战了十年。

一、参与组建新四军

1937年9月下旬,《中共中央为公布国共合作宣言》和蒋介石承认中国共产党合法地位的谈话正式发表,标志着第二次国共合作的形成。在此前后,南方多数游击区根据中共中央指示,或根据形势变化,与国民党地方当局进行了谈判,分别达成了协议。9月24日,项英应邀到南昌与国民党江西省政府代表谈判,中共中央分局与党中央恢复了联系,获得了党中央的指示。谈判成功后,项英以中共中央分局名义发表《告南方游击队公开信》,传达党中央指示。

根据国共两党达成的协议,长征到达陕北的红军已经改编为八路军;留在南方的红军游击队,将要改编为新四军。11月上旬,新四军军长叶挺、南方三年游击战争最高领导人项英先后抵达延安。中共中央举行欢迎叶挺、项英大会。毛泽东明确表态欢迎叶挺担任新四军军长,项英内定为副军长。

12 月 9 日至 14 日,中共中央政治局举行会议,讨论抗战以来中央的政治军事路线和组织问题。13 日,根据项英在政治局会议上所作《三年来坚持的游击战争》的报告,中央政治局做出了《对于南方游击区工作的决议》,对南方三年游击战争及各游击区的领导同志给予高度评价。决议指出:"项英同志及南方各游击区的同志,在主力红军离开南方后,在极艰苦的条件下,长期坚持了英勇的游击战争,基本上正确地执行了党的路线,完成了党所给予他们的任务,以至能够保存各游击区在今天成为中国人民反日抗战的主要支点,使各游击队成为今天最好的抗日军队之一部。"《决议》赞扬"他们的长期艰苦奋斗精神与坚决解放中国人民的意志,是全党的模范。"14 日,中央政治局又专门研究南方红军游击队改编为新四军的方针、原则和组织领导等问题。张闻天、毛泽东、彭德怀、凯丰、刘少奇、张国焘、陈云、康生等出席了会议。曾山列席了会议并在会议上发言。他说:"在各游击区要根据具体情形,采用各种方法解释新政策,争取更多的人拥护党的新政策";"在干部中要进行新政策的教育";"要在各中心城市建立白区工作"。

为加强党对东南地区和新四军的领导,中央政治局决定撤销中共中央分局,成立中共中央东南分局,由项英任书记,曾山为副书记,陈毅、方方(未到职)、涂振农为委员。东南分局受中共中央和中共中央长江局双重领导。会议还决定成立中共中央军委新四军分会,项英任书记,陈毅任副书记,张鼎丞、曾山、黄道为委员。曾山在东南分局和新四军军分会都担任了领导职务,是新四军的重要领导人之一。

项英、曾山受命后,即向中共中央组织部部长陈云、副部长李富春提出,要一批有经验的军政干部到新四军和东南分局工作。项英带了一批军事干部先行,曾山在延安继续挑选民运工作的干部,并最后商妥抽调干部的名单。经党中央同意,张云逸、袁国平、周子昆、李一氓、赖传珠、邓振询、陈少敏、李坚真等久经考验的长征干部被派到新四军和东南分局工作。

　　按照党中央和毛泽东的部署,新四军军部第一步设在南昌。先期到达武汉的长江局领导人陈绍禹、周恩来、项英、博古于 1937 年 12 月 23 日致电中央书记处,要求:"凡交给新四军及东南党部的干部,从曾山同志起,均请加速度地送出,即经西安转来武汉。"28 日,毛泽东复电项英:"曾山、李一氓已动身来汉。"项英接电后,29 日又致电中央:"曾山等人应即来汉,否则对于工作有影响。"可见当时新四军筹建工作之紧张。于是,曾山即率东南分局工、青、妇领导干部邓振询、李坚真、罗梓铭、赖大超等二三十人,身穿八路军军装,乘卡车离开延安。他们经过几天奔波,到达了武汉。周恩来亲自安排了曾山等人在武汉的食宿,并介绍了南方各游击区的基本情况,研究了红军游击队集中整编以及如何在国民党统治区恢复党的组织、坚持抗日斗争等问题。1938 年 1 月 4 日晚,曾山与项英、张云逸、周子昆等率新四军军部机关人员离开汉口,次日抵达九江,6 日到达南昌,住三眼井一号原张勋公馆(现南昌市友竹巷 7 号,南昌新四军军部纪念馆)。在此迎候的老战友陈毅见

南昌新四军军部旧址。1938 年 1 月 6 日,新四军军部从汉口迁至南昌,开始正式办公。

南昌新四军军部旧址内陈列的新四军创建时期领导人半身铜像。右三为曾山铜像。

到曾山,惊喜地大声嚷了起来:"哎呀!同志哥!你是从天上掉下来的嘛? 1935年初,我和老项(项英)几次派人到小布找你们,音信渺无,多教人心焦呀!"曾山也非常高兴,两人久别重逢,谈了很久,感慨万端。

曾山和项英在南昌和陈毅会合后,立即开展军部组建工作,忙个不停。他们从打扫房子,安装电灯,准备食宿,接待客人,到建立军部办事机构,人员分配等等,都要进行筹划,做出具体安排。经过三天努力,"国民革命军新编第四军"军部于1月9日在原张勋公馆正式挂牌办公。

然而南昌军部当时的条件很差,各种设施都很简陋。各游击区前来南昌联络的同志床铺、被褥都解决不了。他们没有棉衣,晚上睡觉打地铺,睡在地板上。曾山遂将自己从苏联带回的毛毯送给游击队的同志盖,让大家感到革命情谊非常温暖。次日,项英、陈毅、曾山、张云逸听取了这些游击区同志的汇报,向他们传达了党中央指示,基本确定了部队编组,工作比较顺利。

1938年1月10日,闽赣、闽东、闽西、皖浙赣游击区的主要领导人黄道、叶飞、温仰春、李步新等及南京八路军办事处博古、叶剑英派来的代表顾玉良等一行八九个人来到南昌。于是,曾山以东南局副书记的身份,在南昌协助项英召开中共中央东南分局和中共中央军委新四军分会成立会议。会上传达中央对东南地区党的工作和红军游击队改编的指示,宣布两个领导机构正式成立,并进行了分工,确定曾山兼东南分局组织部长,黄道任宣传部长,陈毅任军事部长,涂振农任统战部长,陈少敏任妇女部长,陈丕显任青年部长,陈再励任民运部长,李一氓任秘书长。会议确定了当前的紧迫任务,就是传达党中央的新政策,广泛开展抗日民族统一战线,将南方游击队迅速下山集中,改编为新四军,开赴抗日前线。会议还对领导同志分赴各游击区进行传达、动员工作,作了具体分工。

为便于开展工作,南方红军游击队总接洽处改称新四军驻赣办事处,黄道为主任,与中共中央东南分局同驻危家大屋。实际上,新四军驻赣办事处就是东南分局的对外办事机构,由曾山指导,黄道也增补为东南分局委员。

这一期间,项英、陈毅、曾山接待了方方面面的人。许多省内外青年和学生要求参加新四军,他们都很热情欢迎;许多老党员或老苏区来的同志要求恢复关系,分配工作,他们在调查属实后,都按政策尽量安排。他们还要和国民党方面的党政军机关打交道。有的叛徒也找上门来。大叛徒徐锡根打电话来找项英,要求见面。徐锡根是工人出身,曾任中共江苏省委兼上海市委书记、上海工会联合委员会委员长兼党团书记、中华全国总工会执行委员会党团书记、中共湘西中央分局委员等职。在莫斯科召开的六大上,被选为中共中央委员、政治局委员。1932年被捕叛变。后成为江西最大的中统特务,任国民党江西省党部调查统计室主任。项英与徐锡根早就认识。但不知他要求见面的动机,便和曾山商量。曾山保持高度警惕,持十分谨慎的态度,不同意项英与徐锡根见面,并将此事向长江局做了汇报。曾山对项英说:"与他见面目的只能侦察一些消息和分散他们对我们的攻击外,无其他作用。"建议改由他人与徐锡根见面。但"徐锡根提出不能与别人见面,只能与项亲身见面,我确不知徐锡根用意如何"。项英听了曾山的话,没有和徐锡根见面。曾山到南昌后一周之内,就把江西各特委的组织情况和老干部的情况、各游击区的武装情况基本摸清楚了,于 15 日向长江局写出书面报告,他的工作效率之高,可见一斑。

1 月 16 日,按照东南分局的分工,曾山和项英一道,带着赖大超、郑伯克等同志一起,去湘赣边和赣粤边游击区。他们从南昌出发,不辞辛劳,翻山越岭,首先去谭余保领导的湘赣边游击区,看望经过三年艰苦卓绝斗争的游击队员们,向他们进一步传达中共中央指示、动员游击队下山改编。两个多月前,项英曾委派陈毅来湘赣边游击区,向谭余保等宣传党的抗日民族统一战线政策,讲解国共重新合作的道理。由于谭余保文化理论水平不高,长期与外界毫无联系,不了解外界形势的变化,加之湘赣省委原省委书记陈洪时叛变的深刻教训,使他对外来人万分警惕。谭余保不相信党的政策的转变,不相信国共能够合作,把陈毅捆起来盘问、吊打,险些把陈毅当叛徒、国民党说客杀掉。由于陈毅耐心的思想政治工作,向谭余保等反复说明国内外形势的变化,日本帝国主义对中国的侵略,使中国与日本的民族矛盾已经上升到第一位,国内阶级矛盾要服从民族矛盾,党的政策也要随之变更。谭余保在陈毅的说服教育下,乃派人到吉安城内找到新四军办事机构,察明真相,思想终于转变过来。于是,湘赣边红军游击队分别从武功山、九陇山、铁镜山、柑子山等山上下来,在莲花县垄上村集中整训。从延安派来的八路军干部李忠民、张铚秀、彭汉元参与指导部队集训。项英、曾山来了以后,向游击队员们进一步传达中共中央指示,组织他们学习《抗日救国十大纲领》和党中央的其他文件,并分别在大会上发表讲话,赞扬他们在艰苦的三年游击战争中,经受住了考验,取得了胜利;动员他们拥护和执行党的抗日民族统一战线政策,愉快地下山接受改编。老游击队员彭渤 2007 年向笔者描绘当年开会的情景:"项英的报告很简短,很激动人心。他说:同志们哪！你们受苦了！你们在山上,没有吃,没有穿,没有地方住,艰难地奋斗了三年。但是,你们坚持下来了,你们胜利了！向你们致敬！现在,日本帝国主义侵略我们,中华民族到了最危险的时候。党中央决定,和国民党合作,共同抗日。我们的游击队改编为新四军,不要在山上了,马上就要下山,打日本鬼子去!"中共湘赣省委常委、组织部长谭汤池在《忆曾山》一文中写道:1938 年 1 月 17 日,项英、曾山同志来到神泉村。"这是我第一次见到曾山同志,失去了与党中央三年联系的我们,看见中央代表,心情是格外激动。当项英同志提到曾山同志刚从苏联回来时,我们的崇敬之情油然而生。那时苏联是我们向往的红色大本营。在村里大祠堂召开的全体人员大会上,两位领导先后讲话。对我们三年艰苦岁月中风餐露宿,不屈不挠,坚持斗争的革命精神表示勉励。曾山同志还就当时的国内外形势,特别是抗日民族统一战线的形成和路线、方针、政策作了深入浅出的解说,使我们的思想豁然开朗,给我留下了深刻的印象。曾山还分别找我们一些干部谈话,了解大家对党的统一战线的认识。"然后,曾山就在游击队员中,有针对性地做更深入细致的思想工作。由于曾山是本地人,在江西苏区有很高的威望,大家都听他的,思想工作很快就做通了。罗维道将军曾对笔者说:"谭余保是曾山的老部下。那时,他只相信两个人,一个是毛主席,中华苏维埃共和国主席;另一个是曾山,江西省苏维埃政府主席。"曾山当年领导的游击队,即江西军区一团,也有一部分从乐安、永丰一带突围到了湘赣边游击区,被编为湘赣红军独立团"宜乐连"。思想工作做好以后,湘赣临时省委派出干部到邻近各县,宣传党的抗日民族统一战线政策,扩大抗日武装力量,部队很快就扩大到 400 多人。

项英、曾山按照党中央的战略部署,宣布湘赣红军游击队编入新四军第一支队第二团,由游击支队参谋长段焕竟和政治部主任刘培善率部上前线,刘培善任副团长,段焕竟任第一营营长。湘赣临时省委改为湘赣特委,谭余保任书记,由中共中央东南分局直接领导。并在莲花设立新四军通讯处,留下80多人原地坚持斗争,以保持湘赣边战略支点。曾山还将从延安带来的长征干部李国斌给谭余保,让李任湘赣特委组织部长。李国斌在完成将部队送往皖南打前站的任务后,即返回湘赣特委,协助谭余保召开各县党组织会议,巩固和发展党的组织,利用新四军通讯处这个合法机构,巩固抗日民族统一战线。几个月后,因国民党制造摩擦,曾山便把湘赣边特委的部分武装人员和已经暴露目标的党员干部(李国斌是之一),送到皖南,参加新四军,这是后话。曾山和项英、陈毅当年在垄上改编的住址,依然保存完好,是莲花县的红色旅游景点之一。

曾山和项英完成了湘赣边游击区的任务之后,又匆匆赶往赣粤边游击区。这个游击区是项英、陈毅直接领导并在这里战斗、生活了三年之久的地方,感情尤深。自项英在南昌与国民党江西当局谈判成功以后,赣粤边各地游击队根据中共中央分局指示,陆续下山,来到大余池江一带集中整训。湘南游击队接到中共中央分局发出的《告南方游击队公开信》后,也来到大余池江集中。因为项英奉命去了延安,陈毅在南昌和湘赣边,赣粤边红军游击队的集中和军事、政治训练工作,由杨尚奎、陈丕显负责。1月下旬,项英、曾山等来到大余池江。郑伯克在回忆录中说:"这时已是数九寒天,很多指战员还穿着单衣,光着脚板,很少能穿着草鞋或布底鞋。见到此情景,我想到他们在这样艰苦的条件下,坚持三年游击战争,抗击几十倍甚至上百倍的敌人,保存了力量,敬佩之情油然而生。"但这一带很快就成为赣南抗日浪潮汹涌澎湃的地方。在池江、弓里、板棚下,开辟了练兵场,战士们以饱满的革命激情,苦练杀敌本领,随时准备上沙场。赣粤边特委办公处,门庭若市。中央苏区各县都有人来到池江,要求分配工作;年轻人要求参加部队,部队扩大了一倍;老区群众提着食品,像走亲戚一样,前来慰问子弟兵。曾山和项英在池江,看望这些曾经与项英陈毅朝夕相处、患难与共、过了三年野人般生活的游击战士们,代表党中央对他们进行亲切的慰问;

然后,又向他们宣传国共合作以后的新形势和党的新任务,动员他们愉快地接受改编。在他们的指导下,赣粤边游击队的下山、集中、整编工作,进行得很顺利。赣粤边游击区的红军游击队改编为新四军第一支队第二团第二营和第三营的一部,陈毅任第一支队司令员。同时,赣粤边特委改为赣南特委,杨尚奎任书记,由中共中央东南分局领导;并留下刘符节、刘新潮(刘建华)等一部分同志做地方工作,原在池江设立的抗日义勇军通讯处,改称新四军池江通讯处。在池江,曾山看到了一些过去苏区时期的老战友,心情非常激动,对他们劝慰有加。他见到曾在兴国崇贤会师的杨赣特委书记罗孟文时,饶有风趣地说:"你还活着呀!我们两三年没有见面了。"随后,曾山要罗孟文到东南分局来,在组织部协助曾山工作。

曾山和项英在赣南期间,发生了瑞金事件。国民党军第三十三旅旅长黄镇中,调动一个营的兵力,包围新四军驻瑞金办事处,关押谭震林及温仰春、邓振询、李坚真和汀瑞中心县委、汀瑞游击支队的负责同志钟民、胡荣佳等40多人,枪杀了办事处主任肖忠全,扣留新四军公文、关防、钱物。由于谭震林、钟民沉着应对,没有使事态扩大。谭震林向国民党的官兵宣传抗日救国的道理,指出"中国人不打中国人!"钟民劝阻两个准备开枪自卫还击的警卫员,告诉他们:"这是国民党反动派的阴谋,不要开枪,不要中计上当!"项英、曾山得知瑞金事件情况后,进行了正确的分析,采取了不激化矛盾的方式处理。由项英出面,直接找赣州专员马葆珩,又给国民党江西省政府主席熊式辉发急电,指出这是瑞金当局破坏抗日民族统一战线的行为,要求立即释放被关押人员,发还饷物。新四军驻龙岩办事处及驻瑞金办事处提出抗议,曾山也指示黄道、涂振农,派员以南昌新四军军部名义与国民党江西当局交涉。经过一周左右,国民党江西省保安司令部令瑞金当局释放被关押人员。先放了谭震林等新四军干部,后又分批释放瑞金游击队负责人。但对汀瑞游击支队的支队长钟民、政委胡荣佳,又被送到南昌关押起

1938 年 2 月底,曾山前往闽浙边传达党的指示,部署组建新四军的工作。3 月 10 日到达闽浙边红军游击队集结地——浙南平阳县山门街。图为曾山与闽浙边临时省委机关人员的合襄。后排左六起:粟裕、刘英、曾山。

来。后经新四军驻赣办事处交涉,才予释放出来。但总的说来,在当时复杂的环境下,瑞金事件处理比较妥善,符合党的抗日民族统一战线政策。之后,曾山又与项英一起,到了兴国,与兴国县县长交涉,释放了"政治犯",一些苏区年代的老干部、老党员得以出来参加抗日救亡活动。2 月 15 日,曾山和项英一起,直接带领赣粤边的 700 游击健儿走出大山,从赣州乘船经万安、吉安、樟树等地,转赴皖南抗日最前线。

项英、曾山回到南昌时,闽浙边临时省委书记刘英派挺进师支队长余龙贵和龙跃就前来汇报。2 月 19 日,项英在军部接见了他们,肯定了他们的工作,并指定曾山同志代表东南分局去闽浙边游击区传达中央指示,指导部队改编。

2 月 28 日,曾山随龙跃、余龙贵出发,日夜兼程,赶往刘英、粟裕领导的闽浙边游击区。3 月上旬,曾山抵达浙江平阳县三门街,受到刘英、粟裕和游击队员们的热烈欢迎。据亲历者回忆:曾山向他们传达了中共中央政治局《对于南方游击区工作的决议》,传达了中共中央和东南分局的指示,向闽浙边红军游击队表示亲切慰问,对他们在蒋介石统治心腹地区坚持了三年游击战争给予高度评价。曾山在大会上说:"我在莫斯科学习时,就曾经看到《真理报》用大字标题刊登了红军挺进师在浙江的胜利消息。你们在三年游击战争中,给了浙江省的统治阶级以很大的威胁和打击,吸引了大量国民党正规军其中包括蒋介石的王牌军,在战略上策应了主力红军的长征和南方各省游击战争的胜利开展!"曾山的讲话,使闽浙边红军游击队感到极大欣慰。

曾山在三门街时,中央来了电报:"中央决定刘英部队及地方党的工作,特别受新四军及东南分局指导。"他在这里住了一个星期左右,和刘英住在一个房间。房子是乡下普通民房,没有什么陈设,除了两张木床,就是一张四方饭桌。当时天气还很冷,房间里没有取暖设备,只是用火盆烧木炭烤火。火盆放在四方桌下面。他们听取汇报,研究工作,召开领导同志参加的小型会议,都围着这张桌子。因为工作太多,他们经常工作到深夜。有一天晚上,他们实在太疲倦了,打瞌睡睡着了,不料火盆的木炭还在燃烧,等他们醒来以后,四方桌的正中间,烧出了一个大洞。这张桌子至今还在当年闽浙临时省委的旧址。在三门街期间,曾山到闽浙边抗日救亡干部学校作了一次报告,专门讲抗日民族统一战线和红军游击队改编为新四军的问题。抗日救亡学校的校长由粟裕兼任,学员都是来自浙江和上海等地的大学生和中学生,爱国热情很高,学习也很认真。据当年干部学校学员、江西省新四军研究会顾问马朝芒对笔者说:当时曾山主要针对游击队里不少老同志做思想工作,因为国民党对红军游击队的残酷"围剿",使游击队与国民党结下了血海深仇。为什么游击队还要改编成国民党的队伍?为什么要我们穿国民党的衣服、戴国民党的帽徽?改编以后部队的性质是不是变了?曾山从国际、国内形势的大道理讲起,讲到小道理。曾山强调指出日本帝国主义现在是我们的主要敌人,我们目前的主要任务就是抗日。打败日本以后,我们的革命力量会更加强大。曾山的报告深入浅出,老同志听了心悦诚服。我们刚参加革命不久的年轻同志听了,觉得眼界开阔了许多,懂得了很多革命道理。马朝芒后来到了东南分局,在曾山的领导下工作过一段时间。

根据项英的交代,曾山和刘英、粟裕研究了组织问题和部队整编工作。曾山说,闽浙边临时省委两位主要领导,一个带队去前方,一个留下继续领导浙江工作。他反复强调浙南根据地是"十年血战的结果",是"今后抗战和进行革命斗争的重要战略支点","无论如何不能放弃,一定要保存"。经过认真研究,曾山代表中共中央东南分局宣布:闽浙边临时省委改为浙江临时省委,待中央批准后改为正式省委,刘英任浙江临时省委书记,带领3个短枪班的武装和部分干部留在浙南坚持斗争;粟裕率领闽浙边红军游击队500余人编入新四军第二支队第四团三营,粟裕任第二支队副司令员。抗日救亡干部学校的部分人员组成战地服务团,随部队北上抗日,大部分到浙南和浙江全省各地参加抗日救亡活动和开辟新区。曾山在闽浙边游击区完成部队集中、整编等各项任务后,于3月14日回到南昌,刘英也随曾山一道来南昌向东南分局汇报。3月18日,粟裕率领部队奔赴皖南岩寺,走上抗日前线。

曾山与刘英返回南昌途经金华,住在斗鸡巷4号。金华当时是浙江省的临时省会,国民党浙江省政府等机关等都已迁移到了金华。曾山在金华接见了由东南分局派来的浙江工委书记顾玉良等人,听取了他们的汇报,指示他们应抓紧时机,大力恢复和发展党的组织。当时上海、江苏及杭州、嘉兴等地一些党组织派人来到金华,斗鸡巷4号汇集各路来的中共党员及抗日骨干达100多人。曾山和他们热情交流,磋商抗日救国问题。曾山会见了上海党组织派来的中共党员汪光焕、周源、林一心、张文岑等同志;访问了由著名学者杜国庠率领的文化界知名人士组成的第八集团军战地服务团。曾山和刘英还会晤了国民党浙江省政府主席黄绍竑,提出两点要求:一是照顾部队家属和处理今后党组织在浙江的有关事宜,以巩固和扩大国共两党团结合作、共同团结抗日的事业,在平阳、温州、丽水设立新四军后方办事机构,二是现在部队开赴前线与日军作战,要拨给一部分武器弹药。黄绍竑基本上同意了我们的要求 ,在平阳、温州、丽水设新四军办事处,并发给子弹5万发,军衣1000套。

经过项英、陈毅、曾山、黄道、张云逸、赖传珠等到各游击区传达、动员以后,东南分局很快地完成了游击队集中、开赴抗日前线的任务。1938年4月,新四军的编组任务胜利完成。南方红军游击队改编为新四军,比长征红军改编为八路军更为困难。因为红军游击队队伍分散,活动在深山老林,交通又不便,难以联络,队伍集中起来很困难。部队集中以后,因为长期与外界隔绝,不了解国内外形势的变化,思想问题很多,因而思想工作要更耐心,组织工作要更细致,各项安排要更周密。在中共中央东南分局和新四军军分会的领导下,经过各游击区领导同志的努力,仅仅两个多月的时间,南方红军游击队就完成了下山和集中整编为新四军的光荣任务,这是一个奇迹。张鼎丞说:"这在历史上是从未有过的事情,任何其他部队所不能做到的奇迹。"曾山不仅是中共中央东南分局和中共中央军委新四军分会的重要领导成员,而且参与了组建新四军的全过程,亲自指导了3个游击区域的红军游击队的改编,出色地完成了党赋予他的任务。曾山成为新四军的创造者和组织者之一。

二、领导江西抗日救亡

根据党中央"为动员一切力量争取抗战胜利"的指示,曾山在江西积极开展抗日救亡运动。他和黄道及东南分局的同志们一起,采取各种形式和办法,在群众中宣传党的《抗日救国十大纲领》,倾心组织抗日群众团体,并在这些团体中秘密建立党的组织,发展党的力量。

平、津、沪、宁、浙沦陷后,许多爱国人士、知识青年和难民流入南昌,南昌城里热气腾腾,抗日高潮骤然而起。曾山和新四军驻赣办事处主任黄道因势利导,通过各种途径,把外省的和本地的爱国青年组织起来,成立了几十个抗日救亡团体。如"江西青年服务团"、"江西省抗敌后援会"、"江西宣慰工作团"、"平津沪学生流亡团"、"江西省乡村抗战宣传巡回工作团"、"南昌文化界救国会"、"青年抗战后援会"、"南昌农民工作团"、"江西妇声社"、"赣江木船工人救国会"以及"上海劳动妇女战地服务团"、"江西救济难民互助会"、"省战时教育研究会"等。其中,以"江西青年服务团"最有代表性,是江西最大的群众性抗日救亡团体,得到了国民党当局承认。它有1000多人,编成11个大队。国民党江西省政府出经费,省主席熊式辉兼总团长,第三党人士王枕心任总干事,中共党员夏征农负责宣传工作。东南分局派人到各大队担任负责人,团部设在省立工业专科学校。东南分局为争取教育广大青年,陈毅曾专门向青年服务团团员作了关于游击战争的报告。黄道向他们作形势报告和抗日民族统一战线的报告;曾山也在青年服务团做报告。这些报告受到团员们热烈欢迎。根据曾山指示,青年服务团设立了中共临时总支,曾山亲自参加了会议。青年服务团各大队均有共产党员,有5个大队建立了党支部。青年服务团以大队为单位,分派到南昌、武宁、九江、景德镇、上饶、吉安、南城、宜春、赣州、宁都等10个地区、36个县,采用话剧、街头剧、演讲、歌咏、壁报、漫画等多种形式,深入各地农村、工厂进行宣传,把抗日救亡蓬蓬勃勃开展了起来。

1938年2月19日,成立了新四军战地服务团,是为新四军所属的抗日救亡团体,朱克靖任团长,团员以青年知识分子和部分工人为主,有100多人。该团下设民运组、戏剧组、舞蹈组、美术组、通讯组及儿童队。他们身穿新四军军装,深入各界群众,以各种形式宣传抗日救亡。不久,该团全体成员随新四军北移皖南,走上抗日最前线,直接投入伟大的抗日民族战争。

1938年2月26日,"江西省抗战歌咏协会"在南昌湖滨公园(现八一公园)举行公演。著名音乐家何士德指挥3000名歌手高唱《义勇军进行曲》,把成千上万的观众的抗日情绪推向高潮。会后,全体歌咏队员到中山路举行盛大的游行。此情此景,鼓舞了南昌的人民群众,他们自觉自愿地加入到了游行队伍。激昂嘹亮的抗日歌声,震荡着整个南昌城。在赣州,中共赣州市委通过抗敌后援会、宣慰工作团等合法身份,组织街头宣传,慰问演出,办墙报,写标语,教唱抗战歌曲,演出《同仇敌忾》《古城怒吼》《最后关头》等话剧,宣传抗日救国。画家徐风举办《血债要用血来还》的画展,向敌人宣战。木刻家荒烟创作了《末一颗子弹》的生动作品,表现中国人只剩一粒子弹仍战斗不息,顽强抗敌。

当时南昌抗日救亡运动搞得热火朝天,许多外省青年把南昌看作"南方的延安",纷纷踏至而来。曾山、黄道和他们促膝谈心,引导他们学习革命理论,正确分析形势,提高他们的觉悟。东南分局设有民先队东南总队,吸收进步青年加入,实际上起了青年团的作用。在一年多里,作为东南分局的对外机构新四军驻赣办事处,先后选送了 1000 多人去延安,去新四军。

曾山与黄道一起,积极开展统战工作,协调党派关系,争取国民党上层人物,团结各界人士和名流学者。他们利用公开身份,采取有理、有利、有节的策略,进行合法斗争,取得显著成效。当时蒋经国刚从苏联回来,担任江西省保安处副处长、江西省政治讲习院军训总队长。曾山派地下党员去做他的工作,赞助他召开人力车夫座谈会等。新四军驻赣办事处还曾请他来做报告。他在讲话中说:"对蒋委员长也可以批评嘛!"表现得比较开明。1938 年 4 月,新四军移驻安徽屯溪时,蒋经国还专门前来送行。蒋经国后来调任赣南专员,曾山又指示赣州市委:"一定要做好对蒋经国的统一战线工作,调动他的积极性,帮助他做出成绩。只要对抗战有利,有一点成绩就肯定一点。"

新四军驻赣办事处成立不久,曾山、黄道就用办事处的名义,在南昌下沙窝励志社(今滨江宾馆)宴请国民党在赣高层人士和各党派负责人。曾山代表东南分局阐述了中共的政治主张。他指出："大敌当前,国民党、共产党和各党派之间应捐弃前嫌,消除成见,以救亡为重,团结一致,共同抗日。"博得与会者的喝彩。国民党元老李烈钧当即发言表示："刚才,共产党代表曾山先生讲的团结抗日的意见很好,秘书长(指出席宴会的国民党江西省政府秘书长刘体乾)应该把这一情况反映给熊式辉。"曾山还叫黄道要与国民党江西省党部、江西省保安处保持联系,凡是他们组织的抗日救亡活动,均派人代表新四军参加。

1938 年 6 月 26 日,马当要塞失守,江西北部门户洞开,日军铁蹄踏进江西,九江、南昌危急。7 月 26 日下午,曾山、黄道、涂振农在南昌洪都招待所举行团结抗日招待会,邀请国民党元老李烈钧、彭程万、程柏庐、刘体乾、熊燧、李中襄、杨不平以及各党派、各界知名人士许德珩、王造时、程希孟、孙晓村、王枕心、熊育钖等 30 余人出席。黄道在主持会议时说:"处此非常时期,国共两党必须捐弃前嫌,进一步紧密团结,消除隔阂,一致对外,共赴国难。"曾山在会上发表重要讲话,并当场散发由曾山、黄道、涂振农署名的《我们对于保卫江西的意见》,长达六千字。他们在意见书中痛斥了江西"朝不保夕"的错误滥调,批评了"恐日病"和悲观失望情绪,号召发扬民族正气,尽"一切力量来保卫我们的江西"。为了保卫江西,他们从政治、军事、经济、社会、人才等各个方面,提出了具体意见。国民党元老李烈钧在发言中,称赞中共保卫江西意见很好,希望党政当局能够采纳实行。他要求江西党政当局,召集各方人士,共商保卫江西大计,群策群力,更有效地保卫大江西,保卫大武汉。七君子之一的王造时及熊育钖、彭程万、程时煃、许德珩、王枕心等也先后发言。他们对于共产党人艰苦奋斗精神表示钦佩,在目前国难当头之时,更应团结一切力量,争取抗战胜利。招待会气氛热烈,持续了 3 个小时,表现了同仇敌忾、为保卫大江西共同战斗的精神,增强了保卫大江西的决心和信心。

三、主管东南党务

从 1937 年 12 月中共中央政治局决定成立中共中央东南分局,到 1938 年 10 月中共六届六中全会决定将东南分局改称东南局,至 1941 年 5 月东南局与中原局合并成立华中局,曾山一直担任东南局副书记兼组织部长,主管党务工作。

东南分局受中共中央和中共中央长江局双重领导,机关设在南昌,侧重领导东南地区地方党的工作。1938 年 10 月,中共六届六中全会决定,撤销中共中央长江局,在长江局领导的区域划分为 3 个中央局,即以大后方的四川、广西等地为基础,设立中共中央南方局,周恩来为书记;长江以南的东南地区,将原东南分局改为东南局,项英为书记,曾山为副书记;长江以北陇海铁路以南地区,设立中共中央中原局,刘少奇为书记。东南分局领导机关始设南昌。1939 年 3 月南昌沦陷,东南

位于安徽泾县云岭丁家山村的中共中央东南局旧址。1938 年 8 月新四军军部进驻云岭,中共中央东南局设在云岭丁家山村,东南局副书记曾山等人在此居住、办公。

分局先迁吉安,后迁上饶,不久又迁到安徽泾县云岭丁家山村,距新四军军部驻地不远。为便于保密,东南分局对外称新四军民运部。

按照中共中央指示,东南分局"其党务工作,主要由曾山管理,项英负指导责任"。东南分局的管辖范围,包括江西、浙江两省及福建、安徽、湖北、湖南、广东的部分地区党的工作,并与江苏省委、上海地下党有工作关系。由于国民党反动派的残酷镇压,东南地区党组织受到严重破坏,大量党员牺牲、失散。为此,曾山从加强党的组织建设入手,积极开展党务工作。

他首先着力抓地方党组织的恢复、巩固和发展,并抽调一部分能力比较强的同志来整理各地党的组织,加紧干部教育。

曾山到南昌后,对东南分局管辖的党组织状况作了认真调查,并很快地向长江局写了书面报告。报告称:分局下属党的组织有粤赣边特委、湘南特委、湘赣特委、赣北特委、湘鄂赣特委、皖浙赣特委、闽赣特委、闽南东特委、浙江省委、吉安中心县委。报告还列出了各特委下属的县委、区委和支部的情况以及党员人数。报告如实地谈到存在的问题,主要是:"各地党组织非常散漫,有许多只有同志,没有支部,有些地方只有很多支部、小组,没有区委,支部生活还比较弱。没有上级派人去,就少开会甚至不开会。因此,下层统一战线工作还不发展,关门主义相当浓厚。"为了打开局面,曾山"经常调各地负责人来讨论工作",同时"调一部分能力比较强的同志来分局当巡视员",派到各地去巡视。他确定必须做好六项中心工作:一是"整理各地党的组织";二是"利用一切方法加紧干部教育";三是"利用一切可能去开展统一战线";四是"利用一切公开合法的名义深入群众";五是"尽量设法推销《新华》《群众》《解放》来扩大党的宣传与影响";六是"特别注意铁路、汽车、船夫等工人运动"。

根据1938年3月15日中共中央《关于大量发展党员的决议》,东南分局于4月2日下发了关于猛烈发展党员的《指示信》。指示各级党委要大胆地积极地发展新党员,不应限于过去的老区域,而主要是向城市及一切没有组织的地方,将一切工农群众积极分子和抗敌救国中青年运动分子中先进分子,吸收到党内来。《指示信》强调:"发展党员坚决向工人、雇农开门,对他们把一切积极分子吸收到党内来,猛烈发展党。"曾山亲自领导了组建南昌市委和江西省委及部分基层组织。1938年2月,中共南昌市临时委员会成立,曾山兼任市委书记。8月,江西省委成立,曾山兼任书记,涂正坤为副书记(后牺牲)。南昌市委在各抗日救亡团体、工厂、农村、学校以至国民党的抗

1938年初,参加南方三年游击战争的部分负责同志在南昌合影。前排左起:刘英、刘树林、曾山、涂正坤。后排左起:陈丕显、黄知真、谭启龙

日部队中发展党员,建立党的秘密组织,党员由 100 人发展到近 400 人,成立了 20 多个党支部。青年服务团有一半的大队建立了党支部;乡村抗战建设团的每个队,都有两三名党员。江西全省的党员增加到 18339 人。江西省委向中央报告说:"青年知识分子(从平津、上海、浙江各地流亡过来的与本地的青年)成为这一区域民众救亡运动的动力。"黄道与丰城县县长、大革命时期国民党左派李林私交很好,便派一些地下党员到丰城建立工委,开展抗日救亡工作。曾山指示时任赣东北特委书记的谭启龙,利用合法身份,在抗日团体的流亡青年中物色对象,对积极分子重点培养、教育,经过实际工作考验,从中积极慎重地发展党员,建立组织,培养干部。经过谭启龙的积极工作,先后吸收了李广、钱敏、陈野、严洁、程桂芬等 100 多名先进青年入党,分别派往国民党政权和群众团体工作,这些同志后来成为苏皖抗日根据地的骨干力量。

在东南分局的领导和曾山的努力下,东南地区的党组织恢复和发展很快。至 1938 年 8 月,已恢复、重建了江西、福建、浙江 3 个省委、13 个特委及南昌市委、丰城工委,党员达到 22000 多人。

党的组织恢复、发展起来以后,巩固党的组织、加紧对党员干部的教育,就显得非常迫切。为此,东南局共办了五六期培训班,也称党训班,由曾山亲自领导,东南局负责人亲自上课。曾山对培训班工作很重视,亲自教授马列主义课程,还另请人讲统一战线、中国问题、党建等课程,每期 3 个月至 6 个月不等。党训班培养了大批新四军党政军干部和爱国青年人才,毕业学生达 6000 余人。据当年参加过党训班的学员日记记载,党训班"班主任由东南局组织部长曾山同志兼任,班支部书记陈直斋同志,学员大部分是县区干部,多数从皖南、苏南调来,还有一些从浙江、福建等国民党地区的地下党组织中调来"。课堂是由竹子编筑成的茅屋,学员自己动手平操场,挖防空洞。"学习的课程有列宁主义问题、政治经济学、中国革命问题、党的建设等几门。每天上课六小时,晚上讨论两、三小时。教员由东南局的几位负责同志亲自来兼课。"

各地党组织也举办各种形式的读书班、轮训班。福建省委在崇安县举办了4期培训班;闽江工委于1939年下半年连续举办了两期党员骨干培训班;1939年12月,泉州中心县委在南安岭兜的养下中学举办了为期半个月的党员骨干培训班;在皖南地区,中共徽州中心县委针对党员大多是知识分子且主要活动在城镇的状况,在歙县举办了两期党训班,每期10天,主要是加强党的基本知识教育;第一、第二支队进入到苏南和第三支队展开于皖南后,均着手开办训练班,培养发展先进分子入党,建立基层党组织。曾山向中央汇报了当时干部教育情况:"浙闽苏皖皖南各领导机关已前后建立(指学校——笔者注),联共党史、马列主义研究会一般的学习情绪好。有许多同志每天自抽时间超过两小时,苏皖浙闽能吸收政治工作人员与干部参加机关教育工作,苏皖区党委在陈毅同志督领下已建立较大的党员研究会,各地党员对中央的重要文件大都能讨论。程度较差的编入政治文化课进行肃清文盲学习。"

通过办培训班、党训班,使新入党同志的思想在较短的时间内统一到党的路线、方针、政策上来,为取得抗日战争的胜利提供了思想保证。

在对新党员开展教育的同时,曾山还非常重视干部的培养工作。曾山认为:"重新教育旧干部与大胆提拔新的干部,对于工作的开展有着决定性的意义","新的干部必须大批的提拔给以训练分配到各方面去工作","提拔新干部是猛烈发展党的必须条件,对提拔新干部的条件:(一)是对党忠实积极为党工作,而且在工作中考验过的。(二)同群众的联系,他一贯的站在群众利益上努力。假如这两个条件都够了,应该大胆的提拔起来为党的干部。至于他的工作能力不够,应经常帮助与指导,不断的纠正弱点,发扬他工作好的机能,造成强健干部"。由于东南地区党的组织发展迅速,曾山经常"调一部分比较强的同志来分局当巡视员",到各地去巡视检查。1938 年春,当时担任湘鄂赣特委青年部长的谭启龙就被曾山抽调到东南分局任巡视员,以加强对所属各地区党组织的指导和联络,这些巡视员自身也得到很大提高。谭启龙后来回忆这段经历时,写道:"从 1938 年 2 月到 1940 年 10 月,我在曾山同志直接领导下工作,从一个青年工农逐步成长为承担一个地区党的工作的领导干部。"

1940 年 10 月,东南局召集闽浙两省部分干部以及皖南、浙西、赣东北三个特委领导人在泾县云岭开会,传达中央指示。鉴于在皖南的新四军军部不久要北撤,东南局对闽、浙两省的工作进行了部署。福建省委书记曾镜冰及浙江省委的代表等参加了会议。会上,曾山和项英分析了华中、华东地区日益严峻的形势,传达了中共中央关于反对国民党顽固派第二次反共高潮和实行隐蔽精干的指示,强调要独立自主搞武装和执行"长期埋伏,荫蔽精干,积蓄力量,以待时机"的方针,并决定将党委制改为单线领导的特派员制的方针,部署了东南局北撤后东南各省国统区的工作,指示建立政治交通和省委电台,与东南局保持联系。对浙江省委的工作,曾山、项英专门向浙江省委的代表交代,要他回浙江转告省委书记刘英,省委机关要上山,不要再住在城市里;省委上山后,在丽水或温州设立交通站,与上下级联系;省委在山上办一个干部训练班,办一份党报,帮助干部提高政治理论水平。为了保证今后与浙江省委的交通联络,曾山在皖南挑选了一位县委书记到刘英身边担任特殊联络任务,还调了一部电台给刘英。对福建省委的工作,曾山和项英指示福建省委书记曾镜冰要"背靠山头,面向群众",开展反顽自卫斗争;尽快撤退城市干部;开展审干工作;建立政治交通和省委电台,与东南局保持电讯联系。要有在沦陷区开展斗争的准备,党的领导机构要有作预防不测的准备。在皖南,东南局于北移前,决定撤销皖南特委,成立新的秘密皖南特委,建立了由 13 人组成的黄山游击队,坚持开展游击斗争。皖南事变后,东南局所领导的各地党组织,仍然坚持斗争。曾山部署的荫蔽措施,起了重要作用。

四、参加中共六届六中全会

1938 年 9 月,曾山赴延安参加扩大的中共六届六中全会。六届六中全会是党史上的一次非常重要的会议。毛泽东在会议总结时说:"这次会议是一个好的会议,党的历史上少有的。"会议从 1938 年 9 月 29 日至 11 月 6 日,开了 39 天,参加会议的有 56 人,其中有中央委员、候补中央委员 17 人,中央各部委和全国各主要地区党的负责人 39 人。项英是中央政治局委员、东南分局书记,出席了会议。但因皖南前线军政繁忙,项英只在延安开了 12 天的会,未等会议结束,就返回了皖南。

1938 年 9 月至 11 月,参加中共扩大的六届六中全会部分人员在延安合影。一排左起:贾拓夫、高岗、谭政、朱德、张文彬、曾山、佚名、刘少奇、博古、萧克、项英、谢觉哉;二排左起:程子华、关向应、彭德怀、徐特立、成仿吾、潘汉年、徐海东、杨尚昆、萧劲光、罗瑞卿、滕代远、李维汉、朱理治;三排左起:李富春、郭述申、孟庆树、高文华、邓小平、彭真、王明、王稼祥、周恩来、冯文彬、李昌;四排左起:曹轶欧、柯庆施、康生、罗荣桓、吴玉章、林伯渠、贺龙、张闻天、陈云、刘子久、林彪、张浩、毛泽东。

项英之女项苏云曾对笔者说:"我一生没有见过妈妈,只见过爸爸12天,就是他来延安开六届六中全会时,他白天开会,晚上把我从小学的宿舍里接去睡觉。他临走前,到学校来找过我,但没有见到,只留下一包饼干,这就是我一生所享受到的父爱。"曾山作为东南地区党的负责人,自始至终参加了这次会议。

六届六中全会是在抗日战争相持阶段即将到来的时候,为了总结抗战以来党的工作和经验教训,统一全党思想和行动,确定今后的任务和方针而召开的。在会上,由张闻天致开幕词,毛泽东作"论新阶段"的政治报告。王稼祥传达共产国际的指示,张闻天、朱德、周恩来分别作组织、军事、统一战线工作问题报告,王明作共产党员参政员工作报告,博古、林育英分别作青年、职工运动报告,项英和刘少奇分别作新四军和北方党的工作的报告。会议最后由刘少奇作组织工作结论,毛泽东作总结论,王稼祥致闭幕词。全会通过了《政治决议案》《关于中央委员会工作规则与纪律的决定》等几个文件。全会基本上纠正了王明的"一切经过统一战线"等右倾错误,重申全党应把主要工作放在战区和敌后,明确了要坚持党的独立自主原则。六届六中全会进一步确立了毛泽东在全党的领导地位。会后,张闻天主动地、自觉地逐渐转向抓宣传教育工作,而全局性的政治、军事大事,则由毛泽东主管。会议还决定,撤销长江局,成立南方局和中原局,东南分局改为东南局。东南局仍以项英、曾山为正副书记。关于新四军的战略方针,会议确定"巩固华北,发展华中"。

10月23日,曾山在大会上发言。他表示完全拥护毛泽东为核心的中央集体的领导,拥护全会通过的各项决议。他说:毛泽东等同志的报告,"给我们将来的工作,更有许多办法,更克服许多困难"。他坚信"在遵义会议以后,党中央更加强大起来,像北冰洋一样,勇往直前地前进"。他积极参与了对王明错误的批判,在思想上、行动上与党中央保持了一致。他汇报了东南分局的工作,特别是详细地汇报了半年多来江西党的工作的重大进展,也实事求是地谈了工作中存在的问题和不足。他概括地说:"(江西)党的思想统一,对党中央绝对信任。党员恢复百分之六十;支部工作能经常开会者占三分之一;党的领导方式——派巡视员,党的教育很差,主要靠支部来训练,靠《解放》《新华》《群众》;党费交三分之一。"

1938年11月6日,毛泽东在六届六中全会闭幕会上,提出:对历史上错误处理的干部,"应予平反",对陈毅、曾山、张鼎丞等所受的批评、处罚"皆应取消"。他还点名提到萧劲光、瞿秋白、何叔衡、周以栗、余泽鸿、邓小平等人,说"罗明路线"除个别人外,被处罚者应"宣告无罪"。曾山在会上亲耳听到毛泽东为自己平反,心情特别激动,放下了积压已久的思想包袱。

会议期间,曾山代表东南局几次到中共中央组织部要干部,包括军队干部和地方工作干部、民运干部。负责中组部日常工作的副部长、他的老战友李富春热情地接待了他。李富春对曾山的要求非常支持,很快就给他挑选了20多名军政骨干。李富春对曾山的生活也关心。在谈到妇女工作干部时,李富春特意给他介绍了邓六金。

会议结束后,中央组织部派到新四军工作的20多名经过长征的老干部,由曾山带领从延安出发,经西安南下。在西安滞留期间,经中央组织部部长陈云电报批准,曾山与邓六金结婚。婚礼非常简单,就是由时任八路军驻西安办事处主任林伯渠主持,请随行人员吃了一餐饭,加了几个菜。

1939年1月,曾山回到南昌。据《赖传珠日记》载,1月19日,曾山和邓六金到达皖南新四军军部。曾山向项英做了汇报,将带来的饶守坤等干部交给项英和军部分配工作。邓六金分配到东南分局妇女部任巡视员,部长是李坚贞,副部长是章蕴。有个小秘书按照他们的年龄排队,称李坚贞为大姐,章蕴为二姐,邓六金为三姐。"三姐"的名字就这样传开了。东南分局驻丁家山,距新四军军部不远。从此,曾山与邓六金共同战斗在大江南北十多年之久。但当时由于斗争环境和物质生活条件等原因,新四军对结婚、恋爱的限制很严格,项英、陈毅、粟裕、谭震林等还是单身,曾山、袁国平、周子昆、李一氓等虽已结婚,但不能分配在同一单位工作,每周只有星期六才能夫妻团聚。后来,才参照延安和华北的办法,二五八团(即25岁,5年军龄,团级干部)可以批准结婚。

曾山在云岭看望了赖传珠等老同事,待从延安来的干部安排好以后,就返回南昌。接着,又去广西桂林向周恩来汇报工作,并陪同周恩来在江西、浙江、皖南巡视。

1939年2月19日,周恩来到吉安,曾山向周恩来全面地汇报了江西地方党组织的情况,并听取他的指示,实际上是代表东南局向南方局移交江西党组织的工作。2月23日,周恩来到达皖南云岭新四军军部,受到项英、陈毅、曾山、袁国平、周子昆、李一氓等和新四军军部、东南分局机关干部及教导总队学员们的热烈欢迎。24日,项英向周恩来做了工作汇报,陈毅、曾山、袁国平、周子昆作了补充。周恩来代表中共中央向新四军军分会和新四军的主要干部传达六届六中全会精神和中央关于"发展华中"的指示,并在排以上干部大会上作了《目前形势与新四军的任务》的报告,直至3月14日才离开皖南。项英参加了六届六中全会,但在会议结束前就回了皖南。他没有听到毛泽东《论新阶段》的报告和会议总结,因而对会议精神理解不够,贯彻不力。周恩来在皖南作了许多细致的工作,与东南分局、新四军领导经过整整两天的讨论、研究,共同确定了新四军的具体战略方针是:"向南巩固,向东作战,向北发展。"周恩来提出了新四军发展方向的三个原则:"哪个地方空虚,我们就向哪个地方发展;哪个地方危险,我们就到哪个地方创造新的活动地区;哪个地方只有日军、伪军,友党、友军没有去活动,我们就向哪里发展。"

1939年3月中旬,曾山回到南昌召开江西省委扩大会议,传达中共六届六中全会精神。参加会议的除省委委员外,还有赣南特委书记杨尚奎、赣东北特委书记谭启龙、湘鄂赣特委书记涂正坤、遂万泰中心县委书记罗孟文等。曾山传达说："这次会议在党内主要是,贯彻党中央和毛主席提出的抗日民族统一战线中独立自主的原则,发动群众开展游击战争,独立自主地发展革命力量,建立敌后根据地。当时,王明主张'把军队开到湖北去保卫武汉','一切经过统一战线',会议批判了这种右倾机会主义的观点。"根据中央书记处的决定,江西省委划归南方局领导,赣东划给福建省委,赣北由东南局直接领导。曾山在会上还传达了周恩来对江西工作的指示,赣南特委划归广东省委领导。会议对省委领导成员作了调整,郭潜(后叛变)任省委书记,涂正坤任省委副书记。曾山指示新的省委领导班子,在遂万泰中心县委的基础上,成立赣西南特委;并主持起草了省委组织工作决议,其核心内容是:"巩固地方发展党的组织,加强政治领导,加强教育工作,健全组织生活。"会议进行中,日军飞机轰炸南昌,会议移到丰城举行。

3 月 17 日,日本侵略军向南昌大举进攻。国民党当局撤退时,故意不通知新四军驻赣办事处,企图使我办事处落入日军之手。幸而得到在保安处的地下党员的密报,曾山、黄道立即指挥东南局、省委及办事处的人员,于 22 日分三路撤离南昌,从而避免了一场大的损失。一路由郭潜和省委民运部长邓振询率领,先到浙江金华,然后转往皖南;一路由涂正坤和省委组织部长曾金生带领,撤往湖南平江;一路由曾山亲自率领赣南赣西的同志撤退到吉安。23 日,南昌沦陷。曾山在同志们平安到达吉安,并完成了中央交付的江西工作使命后,迅即赶赴浙江金华,与邓振询等会合后,奔赴皖南抗日最前线。

1939 年 4 月 1 日,周恩来以国民政府军事委员会政治部副部长的身份到浙江金华视察,曾山陪同。项英建议周恩来接见浙江省委书记刘英,听取汇报,给予指示。周恩来表示同意,叫曾山立即通知刘英,到金华等候。曾山还要黄道在金华迎接。黄道调驻赣办事处两部汽车,一个警卫排,护卫周恩来住的金华江南旅社,保证了周恩来的安全。周恩来在金华接见浙江省委书记刘英、江西省委书记郭潜和福建省委常委兼军事部长范式人,分别听取了他们的汇报,向他们传达了六届六中全会精神,并部署三省党的工作。周恩来强调要坚持抗战,坚持持久战,坚持抗日民族统一战线;同时要有两手准备,不要给国民党制造摩擦以口实。曾山在金华向周恩来汇报了东南局的近期工作情况,会见了刘英、郭潜、范式人,参加了周恩来召集的东南局及闽浙赣三省党的领导人会议,约见了浙江文委负责同志,听取了文委党组织情况的汇报并对浙江工作作了指示。曾山还找了当时在金华办《东南战线》的骆耕漠谈话,告以形势和斗争策略。骆耕漠回忆说:"曾老的谈话实事求是,我印象非常深刻。坚持阵地,长期打算,注意方法,保证安全。我牢牢记住了曾老的话。"

五、在云岭的日子

周恩来在浙江视察完毕后,于 1939 年 4 月 6 日离开金华,仍经江西返桂林。黄道陪同周恩来到江西上饶、吉安。曾山回到皖南泾县云岭丁家山中共中央东南局,仍任副书记兼组织部长。4 月 18 日,黄道与周恩来在江西樟树分手告别。周恩来西行,赴湖南衡山视察,再返广西桂林。黄道东行,赴皖南新四军军部报到。不料,黄道途经江西铅山县河口镇时不幸染疾,住进河口大同旅社治病。5 月 23 日,上饶集中营特务头子张超密派特务黄玉成、吕鹤年等伪充招待,买通为黄道治病的国民党第三战区重伤院医生, 趁机给黄道注射了毒药针,害死了黄道。黄道时年仅 39 岁。

6 月 12 日,湖南又发生"平江惨案",新四军高级参议、新四军驻平江通讯处主任涂正坤及曾金声、罗梓铭、吴渊、吴贺泉、赵录莹等 6 人,被国民党第二十七集团军惨杀。他们都是曾山生死与共的老战友。涂正坤是江西省委副书记,湘鄂赣特委书记,是曾山的得力助手。曾金声是江西省委组织部长,后派到湘鄂赣特委任组织部长。罗梓铭是长征老红军干部,遵义会议时,曾任遵义市革命委员会委员。是曾山从延安挑选出来到东南分局工作的。"平江惨案"是国民党顽固派发动第一次反共高潮的重大事件。中共中央对此极为重视。8月1日,延安人民举行追悼平江惨案死难烈士大会,毛泽东发表《必须制裁反动派》的演说,谴责国民党顽固派惨杀坚决的抗日分子的罪恶行径,不指名地提出要对蒋介石及其反动党徒实行制裁。

东南局和曾山对黄道之死和"平江惨案"非常痛惜。曾山用很大精力来处理善后,并调整新四军驻赣、闽、浙、湘的办事处、通讯处等机构,大部分予以撤、并、缩,一部分人员调回新四军军部待命,一部分人员转入地下斗争。

黄道牺牲后,东南局、新四军军部及项英、陈毅、曾山,都极为悲痛。5月25日,东南局发出《关于悼念黄道同志的通知》,指出:"他的死,不但是党的损失而且是全国人民的损失。"号召"东南党的同志,在前线在后方更加忠勇地奋斗而完成黄同志未竟之功","学习黄道同志一贯来忠实党的利益的布尔什维克的作风,艰苦奋斗的精神",决定在赣东北、在闽浙边开追悼会,派曾镜冰代表东南局慰问其家属。中共福建省委也发出关于举行黄道同志的追悼会及报告会的通知,并"建议东南局责成赣东北及闽浙边的党选择适地建立纪念方志敏及黄道同志的纪念碑"。陈毅当即写了《纪念黄道同志》一文,对黄道一生的革命业绩作了高度评价,称赞黄道是"中共优秀的领导干部,马列主义的活动家,江西人民革命领袖,抗日的新四军的创造者之一。"项英对黄道之死作了详尽指示,曾山对黄道后事作了具体安排。东南局派出曾镜冰、陈丕显代表东南局慰问黄道亲属和主持悼念活动。在河口,广大群众冒着坐牢的危险前来参加吊唁和追悼会。由于国民党方面扬言,不许黄道遗体在江西安葬。东南局和新四军军部根据闽北老区人民要求,决定将黄道遗体安葬在崇安县(今武夷山市)长涧源。长涧源的群众自愿献出保存多年的寿材,并把最好的一块"风水宝地",给黄道作为安葬之所。

曾山对烈士的后代,异常关心。黄道长子黄知真时任皖南特委青年部长、次子黄知机是曾山带来新四军教导队学习的。曾山一接到黄道遇害的噩耗,就通知黄知真,要他赶赴河口安排其父亲丧事,并给他备好了马。不日,曾山将黄知机、涂正坤烈士的女儿涂凤英找来,对他们进行慰问。曾山说:"你们的父亲为党为人民牺牲了,你们要好好学习,继承父志,为抗战胜利努力工作。"为使黄道幼子黄知深免遭国民党反动派的迫害,曾山交代陈丕显:"追悼会后,把知深带到新四军来。"这样,年仅9岁的黄知深被接到皖南,进入新四军教导队青年队,成为教导队中最小的一名学员。1941年皖南事变前,曾山又顾虑黄道儿子的安全,决定把黄知机送到江苏,把黄知深送回福建。知深年幼,常到曾山家里玩,与曾山夫妇感情很深,表示不愿意去福建。曾山耐心地对知深说:"现在形势紧张,你祖母在福建,你父亲有许多老部下、老战友在福建,那里的群众条件好,你回福建安全。"曾山为黄知深做了两套新衣服,派人把他送到了福建曾镜冰领导的游击队里。黄知机、黄知深兄弟每谈及此事,感慨尤深。他们说:"我们三兄弟都是在曾山同志的关怀下成长起来的。"1999年12月,曾山长子曾庆红在南昌时,接见了黄道的子女黄知深和黄知慧。可见曾山与黄道的革命情谊,已不限于老一辈,而是延续到下一代。

还要特别提到的是,曾山很重视中国工业合作协会的工作。1939年2月,澳大利亚国际友人路易·艾黎发起,在江西赣州成立中国工业合作协会东南办事处(简称"东南工合")。由香港和国外筹集专款创办,在东南各省设立事务所,生产军需民用的小工业产品,救济难民。艾黎亲自任东南"工合"主任。在东南分局的指示下,赣西南特委和赣州市委派了20多名党员到"东南工合"工作,成为其中骨干。"东南工合"的组织科长、讲习班主任、一些县事务所主任等重要干部都是共产党员,赣西南特委和赣州市委也设于此。"东南工合"在赣南各地建立了许多工业生产合作社，吸收了大量难民入社，解决了他们的生活困难，生产了大量的轻工业、手工业产品，增强了抗战力量。"东南工合"还派人到浙江，帮助在淳安等地建立生产合作社，生产机枪子弹夹、行军锅、马鞍、皮件等军用品，就近供应新四军。

1939年7月，艾黎专门到金华找到骆耕漠，准备在皖南屯溪设立"中国工业合作协会"浙皖"工合"分办事处和浙皖"工合"干部训练班。骆耕漠当即请示浙江省委书记刘英同意，随艾黎到赣州考察。骆耕漠返回屯溪后，又向曾山汇报。曾山对此事十分重视，他派毛泽东之小堂弟毛泽润到屯溪，转达他的两条重要意见：一是近30人的训练班学员，一半由浙江方面支派，一半由军部方面支派。毕业后这些学员也由浙皖两方面来分配，派去设立各地的工合事务所，负责创办生产各种军需民用的小工业。二是要注意统战工作关系，请屯溪茶叶公司经理章秋阳出面担任屯溪工合办事处主任，并兼浙皖工合训练班主任，让骆耕漠协助章秋阳做好这两方面的工作。在曾山的指示和章秋阳的支持及骆耕漠的努力下，训练班很快就办起来了。学员在年底顺利分配工作，浙皖各地的工合事业随之迅速开展起来，在社会上产生很大影响。

1939年7月16日至8月4日，中国共产党新四军第一次代表大会在泾县云岭石头尖村召开。项英主持大会，并作了《对三年游击战争的总结》报告，新四军军分会副书记陈毅和第三支队副司令员谭震林作了同题副报告。新四军政治部主任袁国平作《过去党的工作总结及今后党的建设》的报告。出席大会的代表260余人，是新四军历史上唯一的一次党代表大会。作为东南局副书记和军分会委员的曾山，自始至终出席了这次会议，并被选为大会主席团成员，参与了大会的领导工作。这时，新四军各级党组织都已建立健全起来了，共产党员人数已经发展到占全军人数的百分之四十。大会总结了南方三年游击战争的经验教训，研究抗日战争和新四军建设中如何运用这些经验教训，争取抗战的胜利。大会明确了新四军中共产党的任务：坚决贯彻中共中央的路线、方针、政策,坚持大江南北的抗战,进一步巩固和坚强党的组织,提高共产党员的质量。大会号召全军党员,保持和发扬革命传统,为完成党的一切决议和指示而奋斗,争取抗战的最后胜利。这时,皖南党的地方工作也取得很大进展。1939年9月8日,曾山关于皖南党员、青年组织的统计情况,向中央组织部长陈云、副部长李富春写了专门报告,一个月后,又对执行巩固党的指示情况作了补充汇报。

为贯彻执行中共六届六中全会决定的"发展华中"的战略方针,指导敌后地区共产党的工作,1939年秋后,曾山一再前往苏南指导工作。苏南根据地是陈毅一年前开辟的,曾山和陈毅在一起,心情舒畅。他先是送韦一平赴苏北担任特委书记,陈毅非常高兴,很快就将韦一平送到苏北。苏北特委成立后,对开展苏北地区的工作创造了良好条件,陈毅希望曾山继续多派干部来,大力支持苏南。

1939年7月,在新四军第一次党代会期间,曾山(左六)、李坚真(左五)、章蕴(左三)、邱一涵(左一)等合影。

同年 10 月 27 日，曾山率东南分局妇委书记章蕴及从党训班出来的干部共 30 余人，去苏南工作。他们在警卫班护送下，从皖南丁家山出发，沿皖南到第一支队的兵站线东进。经过一个星期的行军，于 11 月 4 日，到达江苏省溧阳县水西村第一支队司令部，受到陈毅的热情欢迎。陈毅很高兴地讲述苏南当前的斗争形势，一年来的变化及对敌顽的斗争经验。陈毅说："现在江南江北发展的地域还很大，已经开辟的地方工作基础还很薄弱。目前急需的就是干部。我们非常欢迎你们到敌后茅山地区来工作。"陈毅又对曾山说，"你们来的人太少了，希望多派一些干部来。"第二天，这批干部随号称"老虎团"的第二团出发了，曾山和章蕴留下筹备召开中共苏皖区第一次代表大会。

　　11 月 7 日，新四军江南指挥部在水西村宣告成立，陈毅任司令员，粟裕任副司令员，统一指挥原第一支队、第二支队所属部队。部队由一年前进入江南的 4000 名，发展到了 14000 余人。

　　基于苏南抗日根据地党组织的发展壮大，东南局决定成立中共苏皖区党委。1939 年 12 月 19 日，中共苏皖区第一次代表大会在江苏省金坛县建昌圩罗塘村举行。曾山以东南分局副书记身份主持大会，陈毅代表东南分局在会上作政治报告。19 日通过了《苏皖区党的第一次代表大会决议》。会议确定苏皖区的主要任务是："执行党中央坚持抗日、坚持团结、坚持进步的总方针，团结一切抗日的进步力量，以扩大抗日民族统一战线，巩固和创造更大的抗日根据地，坚持大江南北的抗战。"苏皖区党委下辖苏南、苏皖、苏北 3 个特委和 14 个县委。吴仲超任书记，谭启龙任副书记，随曾山来参与筹备会议的章蕴及韦一平、陈洪、刘烈人为区党委委员。参加大会的老同志们认为：曾山亲自指导的"这次会议对于大江南北根据地的巩固与发展具有重要的意义"。

　　为了使新四军"向北发展"，曾山随陈毅去扬中部署部队工作，新四军政治部主任袁国平率领的新四军巡视团及战地服务团部分同志同行。他们经过溧武公路，穿过大运河，越过京沪铁路封锁线，准备由扬

　　1940 年初,曾山、陈毅、粟裕与部分军队及地方干部在江苏省溧阳市前马镇水西村的新四军江南指挥部合影。前排左起:曾山、陈毅、刘炎、罗化成;中排左起:叶飞(一)、向克希(三)、彭柏山(四)、罗忠毅(五)、粟裕(六);后排左起:钟期光(一)、刘培善(三)、吴仲超(六)。

中北渡长江去苏北视察。一路上,开了不少座谈会,欢迎会,战地服务团举行精彩的文艺演出。11 月 30 日,在扬中举办的晚会上,人们要陈毅唱歌。陈毅发表了一通精彩的演说,用法语唱了一首《马赛曲》,然后向大家介绍曾山:"现在请东南分局副书记兼组织部长曾山同志讲话。曾山同志是我党著名的农民运动专家,又在苏联列宁学院深造了两年,刚回国,他工作经验多,理论水平高,大家欢迎!"在热烈的掌声中,曾山站了起来说:"我刚从苏联回来,就给大家讲个苏联故事吧。"苏联是我们的榜样,能听到苏联的故事,大家都饶有兴趣。曾山说的故事大意是:一个资本主义国家的大富翁到苏联旅游时,爱上了一个年轻美丽的苏联姑娘,他便向她求婚。他说他有好多财产,只要同他结婚,财产都可供你享用。苏联姑娘拒绝了他的要求。回答说："先生,我们苏联有辽阔的国土,富饶的资源,作为苏联公民,这里面都有我的一份,不比你那点财产多得多吗?"那个大资本家被奚落了一番,只好灰溜溜地走了。大家听了这个富有民族尊严的故事,感到受了一场教育,纷纷报以经久不息的掌声。

陈毅在巡视路上,发现巡视团里的政治部民运部组织科科长曾如清很能干,想把他调来苏南指挥部当民运科长。他向曾山了解情况,问曾山:"你认识曾如清吗?"曾山说:"怎么不认识! 他是我家的长房侄儿! 第一次反'围剿'胜利后,他背着两支捡到的枪到富田来找我,要参加红军,是我交给警卫团团长贺敏学收下的。"陈毅有了底,便与袁国平商量,把曾如清调到了江南指挥部。巡视结束后,陈毅、曾山、袁国平一行回到水西村。袁国平离开水西村时,交代巡视团暂时不要离开,由《抗敌报》主编冯定代为负责。后来,这些同志都留在江南指挥部。包括战地服务团团长朱克靖、副团长谢云晖、组织部的彭善表、宣传部的孙克骥、张茜等。1940 年元旦过后 ,曾山与陈毅一起,参加了中共苏南特委扩大会议。这次会议在苏南党的历史上颇为重要,粟裕、刘炎、叶飞、钟期光、吴仲超等十多位军政领导干部都参加了。

曾山与陈毅在苏南亲密无间,无所不谈,包括个人的"隐私"。在陈毅的追问下,曾山把他和邓六金的相知、相识、结婚过程,一五一十地向陈毅"交代"了。曾山是个细心人。他在陈毅的办公桌上发现一个精美的镜框,内有一张张茜的照片,还有陈毅题写的古人诗句:"无可奈何花落去,似曾相识燕归来。"曾山马上想到陈毅在江西苏区"国破家亡"的情景,也意识到陈毅对影中人的恋情。曾山便直截了当地对陈毅说:"仲弘,现在张茜调到指挥部来了,你们的事就早办了吧!"组织部长的话,对陈毅很起作用。陈毅脱口而出:"要得! 要得!"在曾山的鼓励下,1940 年春,陈毅与张茜喜结良缘。

根据国民党顽固派发动第一次反共高潮的形势,中共中央对新四军的处境非常关切。中央指示新四军必须在一切地方准备对付突然事变。1940年1月中旬,项英主持召开东南局和新四军军分会联席会议,曾山和陈毅从苏南赶赴皖南参加会议。会议讨论关于新四军皖南、江南部队发展方向问题。中共中央19日复电指出,华中是目前最好发展的区域,"江南陈毅同志应努力向江北发展"。2月,陈毅回到江南指挥部,立即进行紧张的准备,迎接皖南主力东移和布置江南主力继续北渡。曾山对陈毅极表支持。

这时,曾山对敌占区和国民党统治区的党的工作付出很多精力。他与项英一起,多次接见江苏省委书记刘晓、浙江省委书记刘英、福建省委书记曾镜冰,听取他们的工作汇报,关切他们的工作处境,向他们表示亲切慰问;向他们传达中共六届六中全会精神,和他们共同商讨工作,研究对策。曾山曾4次接见刘英。1939年9月17日,刘英率浙江代表到东南局集中,准备去延安参加中共七大。刘英向项英、曾山作工作汇报。项英、曾山在听取刘英谈到闽浙边三年游击战争的情况时,倍感亲切,嘱刘英写成书面材料,到延安七大会上作汇报。于是,刘英写出了《北上抗日与闽浙边三年斗争的回忆》的长篇文章,成为后人研究这段历史的不可多得的珍贵史料。后因时局逆转,国民党发动第一次反共高潮,中共中央决定刘英留在浙江。1940年复,刘英又来到云岭东南局,请示工作。项英、曾山告知现在形势严峻,国民党要发动反共高潮,浙江和东南地区的党组织都面临着严重考验。浙江应该贯彻落实党中央制定的"长期埋伏,荫蔽精干,积蓄力量,以待时机"的方针,并要讲究斗争艺术,发展进步势力,争取中间势力,孤立顽固势力。加强浙南红色区域的工作,为以后的武装斗争做准备。不久,形势更加险恶。1940年10月,东南局召集浙江省委、福建省委及皖南、浙西、赣东北三个特委负责人在云岭开会,项英、曾山分析了华中、华东日益严峻的形势,传达了中共中央关于反对国民党顽固派发动第二次反共高潮的指示,强调要独立自主搞好武装斗争,执行"长期埋伏,荫蔽精干,积蓄力量,以待时机"的方针,并决定将党委制改为单线领导的特派员制度,部署了东南局北撤后东南各省国统区的工作。指示福建省委"背靠山头,面向群众",开展反顽自卫斗争;尽快撤退城市干部;开展审干工作;建立政治交通和省委电台,与东南局保持电讯联系。项英、曾山交代浙江来开会的同志转告刘英,省委机关要上山,不要再住在城市里。省委上山后,在丽水设立交通总站。为便于与浙江省委的交通联络,东南局派出政治交通员涂峰往返于丽水和皖南之间,密送文件电函;派新四军干部杨椿住在丽水,负责省委与东南分局的联络和省委的保卫工作;曾山特意从皖南挑选了一位县委书记给刘英担任联络员,专门拨一部电台给省委使用,并派电台技术人员到丽水,把电台架设在革命老区龙泉深山中。这样,浙江省委在丽水与东南分局、新四军军部保持了经常的联系。

中共中央对东南分局及东南局的工作,早有肯定。1939 年 8 月,中共中央政治局召开扩大会议,总结南方局、新四军和东南局的工作。中央军委新四军分会委员张鼎丞在会上作了《关于新四军和东南党的工作》的报告。政治局扩大会议充分肯定了东南局的工作,指出东南局取得了下述成绩:(1)发展了统一战线;(2)扩大了党的组织;(3)推进了战争动员;(4)进行了青年和妇女的工作;(5)开展了工农运动;(6)建设了部队和武装力量。曾山作为东南局的副书记兼组织部长,功不可没。

六、皖南事变前后

皖南事变是蒋介石、国民党顽固派经过半年阴谋策划制造的、震惊中外的历史事件。1941 年 1 月 4 日晚,叶挺、项英遵令率新四军军部及直属部队 9000 余人,从泾县云岭北上,在茂林地区遭到国民党军 7 个师 8 万余人的包围袭击。在血战中,有 2000 多人突围出去,其余 6000 多人或壮烈牺牲,或被俘。被俘官兵都被关在上饶集中营。叶挺

158

在下山谈判时,被背信弃义的国民党军扣押,也被囚于上饶集中营,项英则被叛徒杀害。

"皖南事变"前夕,即1940年11月,叶挺、曾山、饶漱石、袁国平、周子昆、傅秋涛等人经过讨论,一致同意中央对国共时局意见与总方针,巩固争取华中,放弃皖南,以便集中力量统一指挥。在华中局召开的最后一次会议上,决定停止工作,派副书记曾山率东南局机关经苏南渡江,到苏北与中原局合并,新四军军部和所属部队,准备撤出皖南,北上抗日。12月16日,根据中共中央指示及指定路线,曾山率领东南局机关及党校的一批干部100余人先行撤离皖南,安全抵达苏南解放区,将撤出人员交苏南区党委安置,曾山即由秘密交通护送至上海。

东南分局成立后,领导机构一直不健全。项英忙于新四军军务,陈毅在前线指挥作战,黄道又牺牲了。这时,实际主持东南局日常工作的,只有曾山。项英多次致电中央,要求派人来担任书记,甚至提名派任弼时或李富春来,未果。项英又提出由曾山或袁国平任书记。直至1940年4

1940年11月,叶挺、曾山、饶漱石、袁国平、周子昆、傅秋涛等人经过讨论,一致同意毛泽东同志对国共时局意见与总方针,巩固争取华中、放弃皖南,以便集中力量统一指挥。图为关于此事给毛泽东并周恩来同志的报告。

月,中央才决定派饶漱石来任副书记。饶漱石8月到职,加上秘书长,具体负责东南局工作的,也就是3个人。1940年11月14日,根据新四军军部将要北移的新形势,东南局向中共中央提出建议,将中共中央中原局扩大为华中局,领导华中(包括长江南北各沦陷区)地方党,在闽浙边建立东南局或分局,领导国民党后方地方党(包括闽浙赣皖南),曾山参加华中局而专负苏南党的工作,饶漱石赴闽浙主持工作,东南局由中央直接领导或经华中局领导。11月17日,中央书记处复电:"同意将东南局、中原局扩大为华中局的建议","华中局领导华中及江南敌后武装斗争区域之一切党政军民工作"。中共中央对东南局领导人的去留,皖南事变发生前,曾有四次电报指示,第一次是1940年10月18日,指示"项(英)、曾(山)二人暂勿离开军队";第二次指示是1940年11月17日,"同意小饶去闽浙赣和曾山去苏南之提议";第三次指示是1940年12月7日,"同意东南局移苏南","同意在闽浙边成立东南分局","可否要曾山去闽浙边,小饶去苏南,请你们最后考虑决定并电告我们";第四次是1940年12月14日,饶漱石"随曾山去苏南为有利,如不可能则去江北"。曾山回忆说:在皖南行动前,东南局与军分会开联席会议,决定北移最迟15日、16日就走。但饶漱石往北走不通,后又折返军部。

关于曾山率东南局机关干部50余人、党校人员及警卫人员共150多人,分三批离开皖南抵达苏南,到达溧阳荫棠村新四军第二支队司令部的情况,随曾山从皖南到苏南的欧阳惠林写有长篇回忆:欧阳惠林时任皖南特委秘书。12月15日,曾山找他谈话,说:"东南局决定要我明天率领东南局机关最后一批撤离人员和闽浙赣国民党统治区撤出的干部、党员离开皖南,经苏南到苏北地区找中原局",并向他了解皖南特委机关的撤离人员和准备工作情况。欧阳惠林说:"我把撤离的人员编为两个小组,一个是干部组,一个是警卫勤杂人员组,每个组指定了一个党员任组长,两个组统一由我负责。"曾山说:"那就好了。你明天

曾山这一生

160

一早就将皖南特委机关的撤离人员带到丁家山集合汇齐。今天,你回去再把准备工作检查一下,凡是向老百姓借的东西以及经济来往,一律要归还和清偿清楚,不能留下尾巴。这是群众纪律问题。我们是共产党,不能违反纪律,不能走后让群众骂。我们这次撤离,将来还是要回来的。"16 日清晨,欧阳惠林集合了皖南撤离人员 20 多人,先向特委副书记李步新告别。李步新叮嘱他要听从曾山指挥,注意安全,防止意外。撤离人员都在丁家山东南局新盖的大草屋里集中。曾山当即宣布将东南局机关撤离人员与皖南特委机关撤离人员合并编成一个大队,由东南局副官谢振国任大队长,统一指挥。其中有东南局机关干部陆璀(饶漱石夫人)等 30 多人,东南局警卫队 20 余人,还有勤杂人员,加上皖南特委机关撤离人员,共计 100 多人。行前,曾山在讲话中强调:一是要发扬革命友谊,互相帮助;二是服从指挥,严守纪律;三是提高警惕,严防国民党驻军挑衅。

大家听完曾山讲话后,在谢振国的指挥号令下,各自背上行军背包,排成一行行军纵队,以东南局警卫队两个班为先导,然后是曾山率领的东南局机关的撤离人员,接着是欧阳惠林率领的皖南特委机关的撤离人员,最后是东南局警卫队的另一个班殿后。大家怀着激昂的心情,以刚毅整齐的步伐,高唱着《别了,三年的皖南》的歌曲出发,告别皖南,朝行暮宿。第一天在泾县孤峰区一个小山村的山里宿营;第二天渡过青弋江,经马头镇赶往国民党军队的防区;第三天过宣城县孙家埠附近的一个村庄宿营;第四天到达郎县的毕家桥新四军兵站宿营;第五天到达郎派县的梅渚镇新四军兵站宿营;第六天路程最长,急速行军了一整天,直至黄昏,才赶到新四军第二支队司令部驻地荫棠村。

曾山一行在荫棠村受到了苏皖区党委书记邓仲铭和第二支队司令罗忠毅、副司令廖海涛的热情欢迎,并祝贺大家一路平安。关于这里的敌情,早到几天的温仰春说:"敌人正在敌后茅山地区进行'驻扎扫荡',因而我们被滞留在这里,无法通过茅山封锁线。现在决定改经太涡、东路地区前往苏北地区。"罗忠毅向曾山介绍说:"我们改向东去的军部机关单位撤出的非战斗人员和后勤物资,已大部分到达太涡地区,正在太涡地区通过封锁线向北转移。"又说,"目前,我们暂时住在这里,利用敌顽之间的矛盾尚可相安无事,如果皖南情况有变化,我们住在溧阳地区就是很危险的了。但不知军部和皖南部队何时出动?"曾山说:"我们离开皖南时,军部内定在1940年底前出动,所以我在12月16日离开皖南。但是具体日期始终未定,现在不知有无新的改变。这是军事机密。"邓仲铭又向曾山汇报说:丹南中心县委书记陈洪已动身南来,到时他送你们去苏北。希望留下一部分同志在苏南分配工作,因为苏南急需补充干部。

12月25日,中共苏皖区党委在溧阳召开会议,曾山参加了会议。会议研究分析了当前苏南面临的严峻形势,敌人"驻扎扫荡",建立了新的据点,实行全面伪化政策,切断我南北交通线。因此,第二支队司令部及军部撤出人员集结在这狭小地区不安全,须要迅速疏散。会议确定了"向外发展和坚持原地斗争"的行动方针,并决定廖海涛率领新四军第二支队主力四团1个营与独立二团会合,打通东路,与谭震林处联系,开辟浙西地区;罗忠毅率领第二支队司令部及新四团2个营留溧阳地区,迎接新四军军部转移。苏皖区党委随第二支队司令部行动。是日下午,曾山召集东南局和皖南特委撤出人员开大会,在分析形势后,宣布决定:除少数人员如温仰春、陆璀及陪同她的小史、秘密政治交通涂峰等化装北去外,其余人员一律留下由苏皖区党委分配工作。东南局警卫队和运输员、炊事员不要分散,一律留在区党委机关。曾山指定谢振国和欧阳惠林将留下人员交给邓仲铭。当晚,曾山随陈洪北去茅山。后由秘密交通护送,到达上海。曾山在上海指导敌占区和国统区地下党的斗争。曾山慎重地甄选忠诚可靠的地下交通员,周密地选择地址,建立地下交通联络站,以保证根据地与敌占区、国统区地下党的通信联系及物资运输的畅通。

1941 年 1 月皖南事变发生,项英牺牲,东南局工作被迫停止。事变发生后,中共中央采取军事上坚决自卫,政治上全面进攻的方针,同国民党顽固派进行有理、有利、有节的斗争。1 月 20 日,中共中央军委发布重建新四军军部的命令:任命陈毅为新四军代军长,刘少奇为政治委员,张云逸为副军长,赖传珠为参谋长,邓子恢为政治部主任。3 月 18 日,中央书记

1941 年 1 月,曾山同志为新四军殉国先烈题词:为民族抗战壮烈牺牲。

处决定,"在上海成立东南局,由中央直接管理,以梁(即饶漱石——引者)曾二人组织之,梁为书记。"3 月 20 日,中央书记处又对东南局问题作出新的决定:"小姚(即饶漱石——引者)曾山去苏北,姚为中原局副书记,曾为中原局委员,上次电中的指示东南局取消。""东南党的干部不能立足及有危险者均可撤退到苏北、东南,此事由小姚曾山组织之。"27 日,中共中央书记处又通过关于中原局、军分会的决定:"中原局由刘少奇、小姚(饶漱石)、陈毅、曾山四人组织;军分委由刘少奇、陈毅、子恢、传珠、小姚五人组织。"

曾山得知"皖南事变"消息后,立即离开上海,前往苏北盐城,担负着建立华中局机关和新四军新的军部工作。

4 月,饶漱石、曾山由上海到苏北与刘少奇、陈毅会合。4 月 27 日,根据中共中央指示,刘少奇主持召开中原局会议,宣布东南局与中原局

合并成立华中局,刘少奇任书记,饶漱石任副书记,陈毅、曾山任华中局委员。曾山兼任组织部长,饶漱石兼任宣传部长,彭康任副部长,钱俊瑞任文化事业委员会书记。中共中央军委华中(新四军)分会同时成立,书记请中央决定。提议饶漱石代理新四军政治部主任。5月1日,陈毅、刘少奇、曾山、饶漱石四人向中共中央发出"关于中原局改华中局诸建议"的电报,并将上述分工报告中央。5月20日,中共中央批复以刘少奇为新四军军分会书记,以饶漱石代理新四军政治部主任,中原局改为华中局。5月22日,陈毅、刘少奇发出关于中共中央军委华中分会组成人员的通令:"奉中共中央电令:任刘少奇、陈毅、张云逸、邓子恢、赖传珠为中央革命军事委员会华中分会委员,以刘少奇为该会书记。"原东南局管辖地区归华中局管。华中局下辖陇海铁路以南的广大地区,包括苏中、盐阜、淮海、皖东北、津浦路东、津浦路西、豫皖苏边、鄂豫边及苏南九个区党委。

1941年5月16日,中共中央华中局在盐城召开高级干部会议,历时四天,总结"皖南事变"的经验教训。会议传达了中共中央《关于项袁错误的决定》,刘少奇作《关于皖南事变内外原因、经过及经验教训》的总结报告。曾山在会议上作了重要发言。他联系个人实际,批评"项英的家长制非常凶",自己也有点怕他,"因为项英是东南局最有威望的领袖,中央委员、政治局委员"。"项英的家长制作风是不对的,但我怕他也是不对的。"他总结说:只有认真彻底贯彻执行中央指示,才能取得胜利。

曾山这一生

第七章　华中局的"管家"

曾山担任组织部长达十年之久，主管党务、干部和政权建设，还兼管财经，被称为华中局的"管家"。

一、出任华中局组织部长

新四军时期的陈毅

华中局成立后，曾山任华中局委员兼组织部长，主管党务、政权建设和干部工作；1943年起，又兼管财经工作，被称为华中局的"管家"。1942年3月刘少奇调回延安后，华中局由饶漱石代理书记，委员只有陈毅、曾山二人；陈毅主管军事和打仗，其他事多交给曾山；曾山虽无副书记之名，但实际上挑了副书记的担子。1943年陈毅赴延安后，华中局只有饶漱石、曾山二人，新四军军部也只有张云逸、赖传珠二人。华中局和军部的重大事情，包括军事行

1941年10月20日,刘少奇、饶漱石、曾山关于江南国民党统治区我党的工作方针政策的指示:严格按照"长期埋伏、荫蔽精干、积蓄力量"的原则,整理和改造各地党的组织,采取一切办法保护党员干部。

动,几乎都是由他们四人决定,用四人名义向中央报告,向下级下达指示。

1941年新四军新的军部在盐城成立后,盐城就成了日本侵略者的眼中钉。从7月起,日军出动17000兵力,向盐城地区进行了持续1个多月的大"扫荡"。陈毅、刘少奇指挥新四军第三师第七、第八旅在盐城外围阻击敌人,饶漱石、曾山率领华中局和军部机关、第三师师部机关转移到敌之侧翼,与敌周旋。这次反"扫荡"斗争,在陈、刘、饶、曾领导下,部队作战130余次,歼灭日伪军3800人,取得了胜利。

由于日军对苏北的扫荡接踵而来,华中局和新四军的领导机关由城市转入乡村,并先后多次转移。对于国民党统治区党的工作方针政策,刘少奇、饶漱石、曾山于1941年10月20日发出指示:严格按照"长期埋伏、荫蔽精干、积蓄力量"的原则,整理和改造各地党的组织,采取一切办法保护党员干部。

1942 年 1 月 20 日至 3 月 5 日，华中局在苏北阜宁县单家港召开了第一次扩大会议，各战略区的党政军负责人 26 人为正式代表，参加旁听及有发言权者 70 人。刘少奇作了《目前形势及华中三年工作的总结及今后任务》报告，陈毅作了《军政建设问题》报告，饶漱石作了《党与群众工作》报告，曾山作了《政权建设问题》报告，黄克诚作了《部队政治工作》的付报告。各战略区代表团分别在会上报告了党政军各项工作。会议结束后，各代表团仍在讨论具体问题。会议实际开了两个月，是华中局和新四军历史上一次非常重要的会议。刘少奇在报告中指出：开辟华中敌后根据地的任务已经完成，今后的任务是坚持和巩固华中根据地。

曾山在《政权建设问题》的报告中，首先从理论上阐明政权的阶级性和重要性。他进而联系皖南实际，指出："在皖南一个时期，我们没有建立政权，就只靠国民党的十三万块钱作为全军的经费；假如我们今天依靠国民党的十三万钱，那我们全军吃开水都不够。政权问题是革命的基础问题，谁拿到政权，谁就得到斗争的胜利。"他接着指出抗日民主政府的进步性。他说："八路军新四军在敌后建立的抗日民主政府，是进步的，不仅是在敌后坚持抗战，而且实行广泛的民主，帮助劳动者改善人民生活，更发挥抗战的力量。在政权上，实行三三制。"

曾山对抗日民主政权实行"三三制"作了详尽分析。他说：中国是一个两头小中间大的国家。抗战阵营里面有三种力量，一种是进步势力，一种是中间势力，一种是我们的势力。这三种力量是今天不可缺少的，如果削弱它的力量，就会减弱抗战的力量。把这些力量都团结在一起。不仅可以坚持斗争，打倒日本帝国主义也会快些。他强调："三三制是民族斗争的武器，使我们团结各抗战力量，使敌伪政权孤立起来，逼使重庆政府进步。三三制依靠工农小资产阶级基本群众，否则，就不能保证党的领导地位。"

曾山在谈到华中敌后建立政权形式，有四种：(1)由动委会逐渐成为正式的政权;(2)是经过军队委任;(3)在摩擦战争之后,召集各界代表来产生当时的政权,比如苏中的行政委员会;(4)经地方党决定成立起来的。在这四种形式中,经过摩擦自卫战以后产生出来的政权,比一般的政权会更有力量,更巩固、更坚强,斗争性更顽强。

华中抗日民主政权建立的时间不长,但已经有 1500 万的人口,18 万平方公里土地,有 50 多万人民武装,财政收入每年有 5571 万,建立了 12 个行政公署专员公署,50 个县政府,298 个区政府,2700 个乡政府。

曾山在报告中,还明确指出华中民主建政方面的缺点:(1)民主化还不够;(2)旧政权机构改造,没有普遍实现;(3)三三制范围内的各级政府,没有普遍实行;(4)关门主义、宗派主义;(5)锄奸工作薄弱;(6)程序特别多,脱离群众;(7)衙门式的领导方式。

针对华中民主建政的过程和情况,曾山总结了经验教训:(1)凡是政权建立起来的地方,能建立秩序及肃清土匪,可以得到上中层、一般人士的拥护;(2)在秩序建立了起来以后,能够颁布人民所要求的法令;(3)二五减租真正的实现,群众也发动起来了,生产提高了,文化水准也提高了,人民生活也相当改善了;(4)政府颁布的法令,若是过左或过右,就必然会使一部分遭受到极大的危险,甚至影响当时整个革命;(5)政府范围太大,如果不改造,使政府工作不深入;(6)政府工作人员应该有同样的配备,中央关于三三制政权的配备的原则很好,有各阶层人民,而且有知识分子,也一定有工农分子。(7)群众里面产生出来的领导,容易号召群众。

关于如何建立抗日民主政府的组织。曾山在报告中提出,在游击区和基本区域要有不同:"在游击区,如果我们的力量强,能够在里面占领导地位,可以建立临时行政委员会,假如这个保长好,可以让他当领导者;如果我们占相对的或者劣势的地位,就加强保长的领导,使他不断地进步;在敌人据点内,也可以秘密派人去建立我们的政权,他有一个乡长,我们也有一个乡长,他有一个保长,我们也有一个保长,假如能够使敌方变成两面派,那也可以使他做一定限度的工作。"在政权建立了的区域,就马上组织武装来进行斗争。

在基本区域,根据地里要废除保甲制度,"要建立各级民主的统一战线的政府",禁止上层党包办、下层封建势力操纵的严重现象。基本区域"要特别注意各级政府里实行三三制。要保障我们党在三三制的领导,下层政权一般要握在进步阶层的手上,特别是乡区两级。还要保证在政策上正确,能使许多人拥护"。

曾山对基层民主政治特别重视,并提出了执行人民代表会制度。

要把每个乡的党的组织建立起来,最少有一个坚强的支部。

曾山提出:基层政府的名称,叫乡公所。划乡的范围,"以 1000 至 2000 人为一乡,人口稀散的 1000 以下也可以划一个乡,1000 至 5000 人以下为一市镇"。

关于乡公所的组织以及选举方法问题,曾山在报告中说:

"成立行政委员会,以 5 人至 9 人组成,乡长一律在代表大会上通过,代表按三三制的原则。凡是 18 岁的公民都有选举权与被选举权。公民选举乡代表,开代表大会后,把乡政府组成代表组 3 人至 8 人组成,设主任 1 人,为人民服务。"

政府建立起来以后,就开始调查户口,把门牌编起来。每乡组织一个选举委员会,进行登记。选举委员会由各种群众团体区委提出名单,交行政委员会通过,由县报告省批准。

"选举的方法,以分区选举较好,可以选他自己要选的人。选举前应首先协同政府开各种会议,讲明什么叫民主,什么叫选举,教育动员各种群众,都来参加选举。选举前要登记选民,发公民证,凭公民证参加会,公布候选人名单,当选者要在选举会上讲话,在政府里讲话。如果选举不合法,不能超过半数时,就第二次进行选举。选举中,如果群众发动起来,群众的阶级觉悟提高了,他就可以选他自己的人,如果我们力量占优势,群众就不选举地主。否则,下层机构不能掌握在基本群众手上,就妨碍我们改善人民生活,所以这也是一个严重的斗争。"

报告最后,曾山专门讲财政预算问题。他提出,军事经费占70%,其他一切用费占30%,共需12380万元。粮食供应,主力部队每人每天吃2斤2两,地方部队吃2斤,共210万担。比上年用的经费、粮食,要增加一倍多,困难很大。按曾山的话说:"财政很危险。"为此,他提出要发展农业生产,增加税源(田赋、货检税、契税、屠宰税、烟酒印花税等),发行公债,简政节约,反对贪污浪费,建立正规的财经制度,收支统一,建立金库制和会计审计制度,抵制伪币等。曾山满怀信心地说:"通过大家努力一定有办法解决。"

曾山在华中局扩大会议上的报告很详尽具体、切合实际,受到与会同志的称赞和刘少奇的肯定。

曾山把组织部看成是干部之家。他经常讲:"我们组织部门,是管党员、管干部工作的,要让党员、干部感到组织部像自己的家一样,组织部应该是党员之家,干部之家。"

这时组织部管的干部,既有根据地的,也有军队的,还有从沦陷区、国统区来的,有工农干部,也有知识分子,有老干部,也有新参加革命的干部。曾山对来自方方面面的干部,都是一视同仁。他作风民主,平易近人,善于倾听各种意见,发挥各类干部的专长。他冬天身穿灰棉布大衣,戴有耳朵的棉帽子,脚上穿一双芦苇花编织的棉草鞋,亲自拿着小板凳,找干部谈话,仔细听取对方的倾诉和要求。许多老同志都说:"曾山同志确实让党员干部感到组织部就像是我们自己的家一样亲切、温暖。"大家都觉得他和蔼可亲,不叫他的官名,而是亲切地称他"曾山同志"。

组织部的工作多,但人手却很少,不管大事小事,曾山都亲自动手干,忙得不亦乐乎。邓六金说:那时,"曾山工作很忙,平时不是开会,就是和人谈工作,一直要忙到深夜。然后,又要看文件、读书。那时只有煤油灯,很暗,曾山就是在那时把眼睛看坏了。"有一次,一个小战士给他理发,刚理了一半,来人通知开会,他立即就去开会,第二天才把另一半头发理完。

1941 年至 1942 年,抗日战争进入最艰苦的时期,不少在敌占区、国统区工作的同志,先后撤到根据地。曾山深入到他们中间去促膝谈心,帮助他们解决各种困难,工作做得很细致,使他们"深深感受到像女儿回到娘家那样的温暖亲切"。曾任国务委员的老同志张劲夫回忆说:"在华中局的那段时间里,我把曾老主持的华中局组织部看成自己的家,把曾山当成亲切而敬重的长者,很多心里话愿意向他倾诉。"

谭启龙是在曾山言传身教下成长起来的领导干部,他深有体会地说:"曾山同志所领导的东南局组织部真正是一个温暖的干部之家。他把干部视为党的宝贵财富,对干部体贴入微,他身教重于言教,处处以身作则。在政治上、思想上、作风上、工作上,他对干部严格要求,在生活上他严于律己,宽以待人。他对自己精打细算,不舍得多花一分钱,对干部则尽心照顾,无微不至。小如吃住,大到婚姻,都一一安排妥帖。夫妻分居两地工作的干部,他千方百计地安排他们隔一段时间见一面。对我们这些战斗在敌后第一线工作的干部更是关心备至,尽可能减少我们的后顾之忧,使我们在艰苦的条件下,能心情舒畅,团结友爱,努力工作。我这个从小失去双亲的孤儿,在三年游击战争中几乎天天跋山涉水,钻洞入林,居无定所的红小鬼,自踏进东南分局,真像回到家一样,处处感受到曾山同志兄长般的关心呵护。"谭启龙与严永洁结婚时,曾山在丁家山村特别批准了一次会餐,没有酒,没有鸡,没有鱼,只有一点肉,大家如同家人。谭启龙原来的文化水平很低,曾山对他严格要求,教他抓紧学习,深入实际调查研究,多动脑子,集思广益,提高政治理论素养和文化水平。新中国成立后,谭启龙曾先后担任过浙江、山东、四川三个省的省委书记。

二、参与领导华中和新四军整风运动和大生产运动

1941 年至 1943 年,由于日本帝国主义的进攻、国民党顽固派发动反共高潮及根据地的自然灾害,延安和各抗日根据地都进入了最艰苦的时期。中共中央制定了十项政策,其中最重要的是整风和大生产运动。毛泽东把它称之为克服困难的两个环子。

以 1942 年 2 月 1 日,毛泽东在延安所作《整顿党的作风》报告为起点,全党开展了整风运动。4 月下旬,中共中央华中局与新四军军部发出了《反对主观主义、宗派主义及讨论中央决定的通知》。6 月,成立了以曾山为主任的整风学习检查总委员会。整风运动分为两个层次:一是以团以上干部为重点,通过学习中央规定的 22 个文件,提高马列主

1943 年,抗日战争时期在江苏黄花塘合影。左起:曾山、陈毅、赖传珠、饶漱石。

曾山旧居。1943 年 1 月 10 日至 1945 年 9 月 19 日,新四军军部暨中共中央华中局迁址于江苏省盱眙县黄花塘,曾山曾在此办公和居住。

义理论水平,自觉地开展批评与自我批评,端正思想路线,改进作风,增强党内外团结。二是营以下干部和广大指战员,主要进行政治形势教育,联系部队思想实际,开展反对部队不良倾向斗争,提高广大指战员的阶级觉悟,增强斗志和遵纪守法观念。但由于日军大规模"扫荡",整风学习一度停顿。

华中局和新四军军部迁到黄花塘以后,1943 年 4 月 10 日,华中局发出《关于 1943 年学习的指示》。从 5 月开始,各根据地要把整风运动引向深入。6 月 2 日,中共中央书记处致电陈毅、饶漱石,指示新四军要利用各师首长到军部的时间,进行一定程度的整风,开展批评与自我批评,打通思想,检查个人的思想意识与党性,以便改善党的领导,增强领导干部之间的团结。6 月 27 日,中共中央书记处再次致电陈毅、饶漱石:应集中力量于整风、进行干部教育与审查干部,务必在今年底至明年春完成。强调:"你们须组织一切负责干部并你们自己,亲自参加与领导这个工作。这是你们目前工作的中心。"依照中共中央指示和原定计划,新四军继续开展整风运动。

8月13日,陈毅召集"直属队各部首长会议,检查直属队的工作及谈对领导和今后工作的意见"。政治部的干部谈到新四军的政治工作被削弱,并把意见集中到饶漱石身上。第二天开会时,许多人的发言言辞相当尖锐而激烈。这就引发了"黄花塘事件"。8月18日,饶漱石从刘郢搞农村调查回来以后,认为陈毅"以检讨工作为名,召集20余名部科长会议来公开批评政治部、华中局及我个人"。于是把陈毅当年主持红四军七大时将毛泽东的书记选掉等事,在华中局和新四军军部有关人员中传播,说陈毅有反对毛主席、对抗党中央、反对政治委员制度、破坏党的团结及个人主义严重等十大错误,造成他是奉党中央之命来清算陈毅老账新账的印象。陈毅、饶漱石的矛盾公开化以后,"二人一连几个晚上争论到深夜甚至拂晓"。据《赖传珠日记》载,10月16日,"下午,举行新四军军分会漫谈会议,先由五○一(陈毅)作自我批评,然后潘(汉年)等5人发表批评意见,晚7时散会"。会后,饶漱石和陈毅分别向中共中央报告了事情经过和各自的意见。饶漱石向中央提出要求:"望中央速决定物色才德兼全的军事政治负责干部来帮助我们。"陈毅向中央表态:"漱石、汉年和我3人之间,思想业已打通,可保证继续顺畅为党努力工作。"这时,曾山提议:"他们两人是华中最高领导人,应当团结,有解决不了的问题,报请中央解决。"11月7日,毛泽东主持召开中共中央书记处会议,决定调陈毅到延安参加拟将召开的中共第七次代表大会。赴延安期间,职务由张云逸代理。次日,毛泽东复电:

　　陈毅同志,并告饶:

　　(一)来电已悉,此次事件是不好的,但是可以讲通,可以改正的。

　　(二)我们希望陈来延安参加七大。前次你们来电要求以一人来延,那时我们不知你们间不和情形。现既有此种情形,而其基本原因,因为有许多党内问题没有讲通。……陈来延期间内职务由云逸同志暂行代理,七大后仍回华中,并传达七大方针。

1943 年 11 月 25 日,陈毅离开新四军黄花塘,动身赴延安。旅途百日,一路辛苦,于 1944 年 3 月 7 日抵达延安,见到了毛泽东。3 月 15 日,毛泽东与陈毅作了恳谈,并给华中局发了电报:

"关于陈、饶二同志间的争论问题,仅属工作关系性质。……关于内战时期在闽西区域的争论,属于若干个别问题的性质,并非总路线的争论,而且早已正确地解决了。……无论在内战时期与抗战时期,陈毅同志都是有功的,未犯路线错误的。"这是当时毛泽东对黄花塘事件作的结论,也是历史的结论。

1944 年 2 月 1 日,华中局做出争取年内完成整风、审干、锄奸工作的决定。3 月 20 日,曾山参加华中局和新四军军分会会议,历时 12 天。4 月 3 日至 20 日,又参加华中局和新四军军部整风会议(华中整风会议,讨论整风、审干、防奸方针、计划及步骤,并交流各地经验)。参加会议的有军队和地方党委领导干部,共 60 多人。曾山和饶漱石、张云逸、赖传珠等在会上发了言。会议对华中两年来的整风工作作了总结。5 月 13 日,曾山与饶漱石、张云逸一道去二师参加"打通思想会议",18 日返回黄花塘。他们向刘少奇汇报说:"淮南区党委和第二师主要领导人之间的团结,已达到融洽无间的程度。"6 月中旬,华中局和新四军军部召开整风思想交流会,新四军军部和各师主要领导人都参加。根据中共中央指示,会议就各人的思想和工作加以批评和检讨,以增强主要干部的团结和领导方法的改善。会议至 7 月 9 日才结束。9 月 12 日,新四军军直党委进行整风学习,各单位负责人相继作反省发言。26 日,饶漱石、曾山、张云逸相继发言,会议于 28 日结束。这些会议,对推动华中地区的整风运动和加强新四军的建设,都起到了十分重要的作用。1945年初,华中局和新四军大规模的整风运动基本告一段落。

随后,华中局和新四军各师开始转入以审干为主,有组织有计划地对排以上干部的历史和思想工作表现,进行审查和考察。在整风运动中,华中局和新四军注意普遍提高广大干部战士的政治思想觉悟,从根本上解决部队遇到的实际问题,取得明显效果。华中局通过党校,举办了几期县团级干部的整风学习班。据1944年1月饶漱石、曾山向刘少奇和中央书记处的报告:"军直及二师整风已有相当成绩,军直干部从去年7月起全部参加整风外,并另外开办华中高级整风班(各师派来学员200余人),电讯整风班(80余人)。军直整风已进入反省阶段。"总计华中局及淮南区党委整风干部中,现已向党坦白自首者三四十人。饶、曾认为,"我们因处在敌后环境","暂不作公开坦白运动","对已向党自首者以鼓励安慰"。在当时全面开展"抢救失足者"运动的气候下,他们敢于这样向中央表态,不仅保护了干部,而且真正坚持实事求是,获得众多干部好评。经济学家孙冶方回忆说:"他(曾山)从来不戴帽子,不打棍子。"曾山在学习班的审干工作中,认真贯彻执行毛泽东制定的"惩前毖后,治病救人"的方针,采取稳健态度。老同志徐雪寒回忆说:"他负责每期学习班的审干工作,坚持了实事求是的态度,没有出现大的偏差。有问题的人说清了问题,轻松了,没有问题的人也很高兴。康生所做的'抢救失足者'的讲话,对华中基本上没有影响。"

因为曾山长期担任江西苏区和东南局的领导工作,对许多干部的情况都比较了解。在延安整风时期的"抢救"运动中,没有经过长征的干部都受到严厉审查,责令他们交代个人历史,并要找到证明人。曾山坚持实事求是的原则,敢于为他熟悉的干部写历史证明材料,使他们得以及早解脱。2004年,中国社科院原副院长、著名的经济学家和社会活动家于光远,来南昌大学参观。他回忆了当年在南昌新四军军部和东南分局青年部工作的情况,很怀念曾山和黄道。他看到《曾山传》后,对笔者动情地谈道:他后来到了延安,在审查干部的"抢救"运动中,历史受到怀疑,必须找到证明人,才能过关。他就找了曾山。曾山为他写了历史证明,他的问题才得到解决。

皇南事变后,由于蒋介石宣布取消新四军的番号,不给分文军费,新四军的经济十分困难。华中局又要曾山兼管华中根据地和新四军的财经工作。《赖传珠日记》1941 年 4 月 7 日载:"开会,动员节省粮食,规定每人每天吃粮一斤。"新四军还有支援八路军和党中央的任务。据《杨立三年谱》记载,1941 年 9 月 6 日,党中央发出电报告急:陕甘宁地区中央机关、学校约 2 万人,每年需开支 1500 万元。中央分配华中解决 900 万元,华北解决 600 万元。曾山和新四军服从中央的整体观念很强,自身虽然经济困难,但更理解中央的难处,宁愿自己勒紧裤带,也要为党中央分忧解难,完成党中央分配的上交任务。同时,还尽力支援八路军。据《赖传珠日记》1941 年 9 月 30 日载:"晚上开会决定,慰劳八路军百万元。"

为了保证抗日根据地内军民的物质供应,曾山在根据地积极贯彻党的经济政策,组织干部和群众,大力发展生产,克服物质上的困难。1943 年 3 月,华中局发出《关于开展生产运动的指示》,指出:这是"当前敌后军民为克服目前日益严重的物质困难的重要环节,是我华中全体军民当前严重的政治任务。"过去解决经济困难的主要办法是依靠开辟税源,增加税收。"今后必须从积极方面打算,必须放到依靠自己动手,自己劳动的生产上面。"1944 年 4 月,华中局又发出《关于开展部队与机关生产运动的指示》。曾山与张云逸、饶漱石、赖传珠研究决定,新四军的生产运动要上一个新台阶:要求军直属队及第二、三、四师的生产任务再提高一些,其他各师全面开展生产运动。特别是军直属队的各机关、部队的生产要解决 8 个月的伙食费,每人种植青麻 3 斤,自织草鞋 2 双;经营商业要经过批准,所得利润 85% 归公家,15% 归该伙食单位,用以改善生活。于是,华中地区的大生产运动轰轰烈烈地开展了起来,并取得明显成效。机关干部和指战员们开荒种粮食、蔬菜、棉花,饲养家禽家畜,纺纱织布开作坊,干得热火朝天。军直属队和第二、三、四师都完成了指标,各部队还派人帮助当地群众发展生产,改善生活。

由于敌人的经济封锁,新四军的军需物资紧缺。曾山便通过地下党在上海等地筹集经费,又通过地下交通线,从上海敌占区秘密购买大批军火、药物、生活用品等急需物资,运进到根据地,以保证新四军及根据地的物资供应。

为了同敌人作经济斗争,曾山从有关单位调集强有力的干部组成经济情报处,由他自己直接领导。他通过经济情报处广泛搜集各种情报,深入研究敌、我、顽三方的经济情况,及时、准确地提供给华中局领导机关和各部队,对新四军的后勤保障和根据地的经济发展,起到了重要作用。当时,国民党发行法币,日本侵略者发行伪币,都来掠夺根据地的物资,使根据地的经济受到了损失。为了免受沦陷区和国统区、通货膨胀的影响,曾山部署华中各根据地发行自己的货币,与敌、伪、顽作经济斗争。有了自己的本位币,敌、伪、顽无法套取外汇,国民党的法币、日伪的伪钞不能在根据地的市场上流通,金融得到稳定,从经济上打击了敌人,促进了根据地经济的发展。为了统一华中根据地的货币,曾山克服重重困难,创办了华中银行,设立了华中印钞厂。在反"扫荡"斗争中,他多次冒着危险,率领干部战士和工作人员,将印钞厂安全转移。

1944 年 5 月,中共中央给饶漱石、张云逸、曾山发出《关于改订华中财税政策的指示》。指出"华中过去几年来实行征收公粮的合理负担制度,比较把征收重点放在中上层阶级方面",对根据地的创立和巩固,起了积极作用。但近年来,华中根据地内部阶级关系呈露出新的变化,中央提出要以统一累进税制度代替合理负担制度,使根据地的每一公民,均负担一定的不过量的纳税义务,对争取中间势力,扩大新民主主义的政治影响,有极大意义。负责财经工作的曾山,在华中认真贯彻了中央的这一指示,对调整根据地各阶级的关系,团结中间势力,调动一切积极因素,共同建设华中根据地,起了重要作用。

三、在反"扫荡"斗争中

1943 年春,曾山被派去七师指导工作,并为新四军筹集经费。他刚抵达安徽芜湖附近七师师部,就遭到日伪军的包围袭击,形势十分危急。在突出日伪军的包围圈时,遭到日军机枪疯狂扫射,幸而他机敏地从马上滚下山沟,后化装潜行脱离了险境。

3 月 17 日,曾山出席了皖鄂赣边区党委扩大会议,又遇到一次重大险情。当时,七师师部和部分地委、中心县委及中心区委的负责人都参加了会议。曾山在会上发表在皖中视察后的重要讲话。七师政委曾希圣做工作部署。会议在进行过程中,忽然接到十万火急的情报:日军调集一一六师团主力,加上十五师团一部,计 6000 余兵力,远途奔袭,蜂拥而来,悄然进入皖中抗日根据地巢无中心区周围。七师主力实行地方化,大部分分散到各地去了,师部只留下一个直属独立团。在兵力非常悬殊的情况下,独立团经过 4 个小时的前突后狙,浴血奋战,终于将日军的"铁壁合围"撕开裂口,护卫师部和边区党委成员,沿着崎岖的山路行进,到达了银屏山。次日清晨,曾山和曾希圣召集独立团团长熊应堂、政委罗保廉、副团长陈仁洪、参谋长徐绍荣等开会,分析日军进入巢无中心区以后的态势及我方的对策。会议认为敌已形成围攻银屏山区之势,有三四千人之多,正在寻找我主力决战。而银屏山位于巢无中心区的北部,是七师的后方战略基地。它面积 50 平方公里,群山起伏,山高林密,山路曲折,悬崖峭壁多,易于隐蔽埋伏,战斗条件于我有利。曾山、曾希圣冷静分析后认为:凭据实力和地理优势,我军完全可以歼敌一大部,但我主力独立团也将受到严重损失。而独立团是七师的精锐之师,连以上干部都是红军时期的老战士,军政素质好,装备也较好,配有全师唯一的机枪连。曾山、曾希圣从保护全师精锐部队考虑,提出保存实力,跳出敌人的包围圈,从外线袭击敌人的方案。独立团首长支持这个方案,提出要在敌人尚未进山之前,分路穿插下山,要吸取机关后勤人员行动迟缓的教训。曾山、曾希圣随即决定:解除独立团保卫师部和区党委的任务,具体负责警卫的特务连也和独立团一起突围出去。他们自己和其他党政干部及机关后勤人员,一律就地分散隐蔽。熊应堂团长从首长的安全出发,恳求他们随部队行动。但曾山、曾希圣主意已定,便亲自指挥中心县委和银屏区委做好留下人员的安插隐蔽,确定分批转移至山外的地点和护送人员。在向导的带领下,独立团兵分两路,很顺利地转移出去了。曾山和曾希圣则带着几个警卫和机要人员,进入八仙山下的仙人洞。仙人洞是个溶洞,洞深数华里,远近闻名。过了两天,日军就分数路进了银屏山区,占领了十几个村庄。银屏区委书记李德友便装扮成拾粪的村民,一路串村了解敌人驻扎的情况,并在童家山村找到了基干民兵童兆福、童兆松、童兆城三兄弟,乘夜来到仙人洞。李德友向首长汇报了日军进山情况,估计日军明天会来搜山,要求首长撤离山洞。曾山、曾希圣换上村民服装,在童氏兄弟带领下,走人迹罕至的羊肠小道,翻越悬崖峭壁,悄然前行,甚至冒险在敌兵眼皮底下越过,真是镇定自若。他们走了整整一夜,终于到达银屏山区最南端的柿子树村,跳出了敌人的包围圈。不久,日军的"扫荡"被粉碎。4月28日,曾山向华中局汇报新四军七师工作和反"扫荡"情况。

抗战五年来,新四军为了挽救民族危亡,浴血奋战,牺牲万余名将士,其中团以上干部达100多人。但国民党顽固派不断污蔑新四军"游而不击"。为了反击国民党的无耻诽谤,和对内部进行革命传统教育,陈毅指示由组织部编写一本《新四军殉国先烈纪念册》,先编写团以上干部。1943年夏天,国民党顽固派又发动第三次反共高潮。陈毅说:"现在出版发行《纪念册》的时机到来了。我们要以我军抗战殉国先烈的英雄事迹,来回击国民党反动派的造谣中伤。"陈毅亲笔《新四军殉难先烈纪念册》写了书名。《纪念册》分为四个部分:第一部分是张云逸、饶漱石、赖传珠、曾山等首长题字;第二部分是陈毅代军长序和饶漱石代政委序;第三部分是本军抗战殉国将校题名录;第四部分是本军抗战殉国先烈纪念文汇。陈毅在《纪念黄道同志》一文加了一个"附记",痛斥国民党顽固派的穷凶极恶。陈毅写道:"皖南事变之后,国民党军队进入闽北山区搜山时,竟将黄道同志的坟墓挖开,断其头首以去。哼!反动派勇于对内的报复精神可谓登峰造极!1943年9月,陈毅记。"该书于年底正式出版。

曾山为该书题字是:"为民族抗战壮烈牺牲",并写了《悼邓振询同志》一文。8月3日,苏皖区党委书记邓振询在横山曹家渡率领部队背水与敌作战,不幸牺牲。曾山得悉,十分悲痛,彻夜不眠。8月13日,他含泪写下了《悼邓振询同志》的祭文。邓振询是曾山并肩战斗10多年的老战友,结下了深厚的革命友谊。邓振询与曾山有许多共同点。邓振询是江西兴国县人。他和曾山一样,是手工业工人出身,1926年参加革命,曾任中华苏维埃共和国中央执行委员、劳动部部长。曾山任内务部部长。第五次反"围剿"战争失败后,曾山奉命留在江西领导游击战争,邓振询则随中央红军参加长征。抗日战争初期,曾山率邓振询、李坚真(邓振询夫人)、钟平、危秀英等20多位长征老干部,返回南昌。邓振询任东南分局民运部部长。他们亲密合作,协助项英、陈毅、张鼎丞、邓子恢、谭震林,顺利地完成了将赣南、闽西南游击队集中、改编为新四军的工作。曾山赞扬:"邓振询同志是长征的英雄,更是全国团结抗战的健将。"他在"七七事变后就奉党中央之命到东南局,被派到闽西南与赣南动员三年游击战争的部队到前线抗战。在他正确领导下,克服了当时赣南顽固派的阻挠,使瑞金与闽西南的游击队顺利地编入新四军,出动到前线参加抗战"。他后任苏皖区党委书记。"在敌顽夹击下极端困难,振询同志仍沉着应付,度过重重难关,使江南游击区域能巍然独立,保持到现在"。邓振询之死,不仅是我党的损失,而且是全民族解放事业的损失 。

四、参与部署浙东、河南的武装斗争

从抗日战争中期起,华中局就积极贯彻中共中央发展浙东游击战争的战略部署。曾山是华中局分管浙江工作的负责人,积极调派干部,参与部署、指导了浙东根据地的武装斗争。

1942 年夏天,日军发动了浙赣战役,浙江省大片土地沦陷。华中局决定进一步发展浙东敌后游击战争,并将长江以南、沪宁、沪杭路以东地区,成立区党委,以原皖南特委书记谭启龙为书记。5 月 31 日,曾山和陈毅联名打电报给粟裕转谭启龙,嘱"启龙应即去浦东转浙东主持","我浦东、浙东地区武装立即向浙江敌后发展,首先注意发展武装,发动游击战争"。6 月初,华中局又决定派一批干部去浙东。3 日,曾山又和陈毅、赖传珠致电粟裕、陈丕显转谭启龙,称:"由谭启龙率领张文碧、刘亨云及一师抽出之一批中初级干部即赴浦东转浙东","由启龙、张文碧、刘亨云组织浙东行动委员会,以谭为书记";"浙江党与部队目前工作方针是争取新生的有利时机,扩大与发展武装,创立敌后抗日根据地"。过了 3 天,陈毅、曾山又联名致电粟裕转谭启龙,指示谭所率干部及"所抽调的武装、电台,立即挺进到浙东敌后,提出配合国军作战与保家保乡口号,广泛开展敌后统战工作。采取各种各样名称和形式组织群众,特别是武装民众,达到发展党领导下的武装力量,创造敌后抗日根据地。"谭启龙等到达浙江后,于 7 月 18 日在慈溪宓家埭召开了浙东敌后第一次干部扩大会议,传达了中共中央、华中局和新四军军部的指示,部署在浙东开展敌后游击战争、建立敌后抗日根据地的有关工作。7 月 28 日,经华中局批准,中共浙东区党委成立,谭启龙任书记。根据华中局关于"灰色隐蔽"的方针,8 月,在慈北成立了"第

三战区'三北'（系指余姚、慈溪、镇海三县姚江以北地区——编者）游击司令部"，何克希任司令员，谭启龙兼政治委员，连柏生任副司令员，刘亨云任参谋长，张文碧任政治部主任。浙东部队统一编为第三、四、五支队，加上其他部队，共计1500余人。8月19日，陈毅、曾山复电谭启龙、何克希："同意以何克希、张文碧、刘亨云、连柏生四人组织军政委员会，何为书记，统一领导浙东部队。"

9月5日，陈毅、饶漱石、曾山及赖传珠致电谭启龙、何克希、刘亨云，就浙东游击区的斗争，给予重要指示："浙东工作应根据各种不同地区采取不同的活动方式。在我比较可以控制的地区，可以采取华中游击区、边区的工作方式，求得在长期斗争中稳定下来，变为自己的基本阵地。在接敌地区宜采用游击办法，并部分采取精干隐蔽政策。在国之后方地区，则应运用三年游击战争经验，采取长期的精干埋伏政策。我们的政策应根据具体情况来决定。浙东地方局面是多样的多变的，故我之政策以适应其地方特点为主，而我主观上所要求浙东的大举发展，宜以长期忍耐精神随时观察变化去决定前进步骤，冒进与迟疑不好。"

10月28日，陈毅、曾山再度致电粟裕、谭启龙，以谭启龙、何克希、顾德欢、杨思一等四人组成浙东区党委，谭启龙为书记。"对外应以一般的抗战面目出现，浙江党的组织仍应采取秘密组织形式，在我军活动地党的组织亦宜保留一部秘密，以便适应情况变化。"

在陈毅、曾山等的精心指导下，以四明山区为中心的浙东抗日根据地得以迅猛发展扩大。到1943年夏，中共领导的抗日武装，初步建立了包括四明、会稽、三北和浦东四个地区的浙东抗日根据地。新四军军部和一师、六师多次派遣干部到浙东工作，成为创建和发展浙东根据地的骨干力量。曾山为此做了大量工作。

1943年12月22日，华中局和新四军军部发布命令，将中共领导的抗日武装，统一编为新四军浙东游击纵队。1944年1月5日，浙东游击纵队组成,何克希任司令员,谭启龙任政治委员。1月8日,曾山等致电谭、何,"浙东部队新四军名义,不必对外作特殊的宣传"。同年1月,浙东敌后临时行政委员会成立,建立了"三北"等4个行政区和14个县级政权。浙东根据地的建设进入了一个新时期。

1944年4月,张云逸等领导人致电谭启龙等,指示浙东游击战争应以向敌后发展为中心,特别是向西北打通与十六旅及向东北打通与上海浦东地区的联系,具有重要的战略意义。于是,浙东游击队即派出部队开赴海北,在海宁、海盐等钱塘江北岸地区建立了游击支点。8月,日军发起浙东作战,占领了丽水、温州、福州等地,浙闽两省沿海地区沦陷。9月27日,中共中央致电华中局,做出南进部署,指示新四军主力一部南下。新四军一师师长粟裕向华中局建议,由他率部南进。经华中局报请中央同意,"由粟裕率两个团发展苏浙,必要时还可从第一、第二师中再抽调部队南下,所有苏南及浙江地区的新四军统由粟裕指挥"。12月26日,刘少奇、陈毅给饶漱石、张云逸等来电,提出了新四军将战略重心转移至江南的意见。1945年1月,张云逸、饶漱石、曾山、赖传珠召集新四军一、二、三、四师负责人在军部黄花塘开了几天会,专门研讨向江南发展和坚持原有根据地问题,决定三四月份再派谭震林、叶飞率部南下,还准备从江北抽调大批党政军民干部到江南工作,并用华中局名义上报中共中央。

根据华中局指示,粟裕率苏中主力三个团由车桥地区出发,渡江南下。1945年1月上旬,在浙江省长兴地区与第十六旅会合。1月13日,根据中央军委指示,苏浙军区成立,任命粟裕为司令员,谭震林为政委,因谭震林未到职,粟裕兼任政委。并将苏中南下部队、第十六旅及浙东游击纵队统一整编为4个纵队,12个支队(团)。

2月6日,粟裕向华中局提议向孝丰进兵。杭州西北的天目山脉是浙西的脊梁,绵亘百里以上,层峰叠峦,山势险峻,其北麓的孝丰城是浙西山区与平原的交界点之一,既是天目山北部门户,又是浙西与苏南、皖南来往的要冲,位置极为重要。当时,顽军置重兵于天目山。粟裕认为,我要进入敌后,必将遭到顽军的拦击,这样就不可避免要与之进行一场恶战。为进一步摸清情况,同时避免我主动攻入顽区在政治上的不利,并收声东击西之效,粟裕决定先以一个纵队控制莫干山、杭(州)嘉(兴)湖(州)敌后地区,顽军如由孝丰、安吉等地袭击我后方和指挥中心,我即乘势向孝丰地区反击,进而控制天目山。

2月中旬,正当我军向杭嘉湖敌后挺进,对日伪军展开进攻时,国民党第三战区司令长官顾祝同乘机令所部由孝丰向我后方进攻,企图消灭我军。我军被迫起而自卫,天目山地区反顽战役开始。顽六十二师、"忠义救国军"共五个团,攻击我第三纵队七支队,妄图切断挺进杭嘉湖我军的退路。粟裕指挥苏浙军区部队奋起自卫,激战五天,打垮了进攻的顽军,歼灭顽军1700余人,攻克孝丰县城,控制了天目东北部地区,取得了第一次反顽作战的胜利。3月3日,国民党出动12个团的兵力,妄图趁新四军在天目山立足未稳之际予以消灭。粟裕再次指挥苏浙军区部队进行反击,经连续十余日战斗,又歼敌1700余人,并乘胜占领了东、西天目山,拿下了临安县城,控制了浙西十余个县的广大地区,取得了第二次反顽作战的胜利。

4月7日,根据中共中央"叶部可即令其南渡,谭部仍留现地待机"的指示,叶飞率苏中军区2个团及教导旅和一批地方干部,渡江南下,下旬抵达长兴地区,与苏浙军区会合,叶飞任苏浙军区副司令员。

4月23日,粟裕致电张云逸、饶漱石、曾山,根据日军和顽军尚无进攻态势,提出巩固现有阵地,打通与浙东联系的部署的请求。张、饶、曾接到电报后,立即进行研究,并复电粟裕,同意部队休整待机。5月5日,华中局致电粟裕、叶飞、金明,苏南、浙西区党委组成人员即可开始工作,并授权"粟裕代表华中局指导苏南、浙西工作,并直接管理财经与城工工作。"

5月底至6月上旬,蒋介石指令国民党第三战区司令长官顾祝同、副司令长官上官云相,调集精锐部队 14 个师、42 个团 66000 余人,向天目山地区苏浙军区部队大举进攻。在敌我兵力悬殊的情况下,粟裕又采取巧设疑阵,诱敌冒进,集中兵力,各个击破的战法,在 5 月 29 日首战击溃顽军第七十九师,乘胜攻占新登城,并粉碎顽军 2200 余人后,于 6 月 4 日主动撤离新登,8 日继续从临安北撤。6 月 9 日,粟裕、叶飞致电张云逸、饶漱石、曾山、赖传珠,报告新登战况及部队疲劳情况,粮食紧缺,两天无粮停炊。10 日,张、饶、曾、赖复电粟、叶,在情况严重、粮食恐慌的情况下,可将主力转至敌后地区,但须留下部分武装,在天目山各地开展游击战争。15 日我军撤离天目山,将敌引向我预设战场。6 月 19 日夜至 20 日下午,集中兵力于孝丰西北,痛歼顽军左路兵团第五十二师主力和三十三旅一部;21 日晚至 23 日,又调转兵力于孝丰东南围歼了顽军右路兵团大部,共歼灭顽军 6800 余人。至此,三次反顽战役胜利结束,连同第二纵队在四明山区作战的战绩及顽军一个纵队起义,共消灭顽军 13000 余人,扩大了苏浙皖敌后新区,为发展东南沿海地区的抗日斗争扫除了障碍。

叶飞部南下不久,欧战结束。江南的新四军部队只有巩固阵地,以待形势发展变化。至 1945 年日寇投降时,浙东根据地发展到北起京沪铁路、南至安吉、孝丰,东起太湖,西至宣(城)芜(湖)公路,总面积 10 万平方公里,人口有 400 万的大根据地。

在这一阶段,曾山与张云逸、饶漱石、赖传珠对浙南、福建和西进河南的工作,作了积极的部署。

1945 年 3 月 21 日,华中局指示浙南特委书记龙跃,肯定浙南党艰苦坚持已取得了很大成绩,指出浙南是我党将来打通闽浙联络与配合盟军作战有重大战略意义的地区。目前浙南党的发展方向,主要是以长江以北沿海、沿山地区为发展方向,并用武工队的组织形式,以山地为依托逐步向北推进,通过建立广泛、隐蔽的游击基地和秘密组织的方式,打通与浙东的秘密交通线。6 月 8 日,曾山与饶漱石就浙南的发展方针,致电龙跃,强调:"你们一切工作部署仍应本着从坏处作打算,从好处努力的原则,采取隐蔽发展的方针。""你们应在浙南国民党地区,沿重要交通与重要山脉与一切群众条件较好的地区,以便衣武装工作队背靠山地,面向群众的方法,去建立地下党与群众工作,去尽量创造许多新的隐蔽游击根据地。对原有老基本地区,应采取一切可能的方法去保持联系群众,作为将来大发展之可靠基础。"电报还对整风中有关干部问题,要采取十分审慎的态度。浙南党组织认真贯彻了曾山与饶漱石的指示,工作很有起色。

福建方面,1944 年 4 月 2 日,曾山和饶漱石致电失去联系已久的福建省委书记曾镜冰,向福建的干部和同志表示亲切慰问,4 月 3 日,曾镜冰复电饶、曾:"对你们的关怀与慰问表示感谢","我们当坚决执行你们指示,并保证华中局交给我们的任务。因交通不便及这次初通电,不能给你们详细报告,你们一定如父母挂念远离的儿子一样"。5 月 17 日,华中局对福建的斗争方针和发展方向又作出指示:福建省委设法跳出国民党顽固派的包围圈,以向敌后、沿海一带及浙南为主要发展方向,以不过分刺激日顽的组织形式与斗争方法,在抗日救国保家乡、反对苛捐杂税等口号下,去动员和组织群众开展游击战争,加强日伪军工作及福州、厦门和敌后沿海地区的交通要道工作,建立隐蔽的游击根据地,扩大影响,发展壮大自身的力量,以迎接新四军主力的到来,使整个东南沿海地区的解放区连成一片。5 月 21 日,曾山与张云逸、饶漱石接见福建省委秘密联络员后,就闽北第三次反对国民党顽固派武装斗争经过,打电报向毛泽东、刘少奇汇报。电报还说明福建省委已与华中局恢复电台联络。国民党第三战区司令官顾祝同于 1943 年 4 月起,动用两万兵力,对闽北发动第三次大规模进攻,妄图使游击队"困死"、"无处躲藏"、"无物可吃"、"无路可走"、"无群众可依靠",彻底消灭之。但是福建党组织领导游击队,采取隐蔽转移,加强群众工作和统战工作,打入海上伪军等对策,坚持英勇顽强与敌斗争。"他们在过去三年中,常与二百倍于自己的力量之顽军相周旋,基本保存了有生力量(包括主要干部)"。1945年4月2日,华中局给福建省委指示斗争方针:"你们目前应设法突出顽包围圈外,以隐蔽游击的方式去组织群众,去求得生存和发展。"4月7日,华中局两次致电曾镜冰:"你们发展方向,主要是向敌后、向沿海一带、向浙南龙跃地区,其次是向方方地区。"

10月17日,曾山与饶漱石致电刘少奇,汇报闽浙工作:"去冬以来,我们与浙南和福建建立了经常的交通关系。"并将浙南、福建的敌我情况作了详尽报告。

西进河南:1944年5月11日,中共中央向华中局发出指示,应选派干部回河南进行群众工作,尽可能组织抗日游击队与人民武装。华中局进行了认真研究。6月23日,刘少奇、陈毅向新四军领导人发出指示,要第四师、第五师向河南敌后发展。7月3日,第五师郑位三、李先念、任质彬、陈少敏致电张云逸、饶漱石、曾山并报刘、陈,提出五师困难,半年内应以原地区工作为主。7月10日,中央同意五师意见。11日,张云逸、饶漱石、曾山与赖传珠,向毛泽东、刘少奇、陈毅发电报,汇报部队西进河南敌后的三套方案,并作好了由新四军第四师执行第二套方案的准备,即首先恢复豫皖苏边根据地,与睢杞太打成一片,沟通新四军与八路军的联系,第五师派兵北上,打通与八路军的全面联系。同时,从各根据地抽调河南一带的地方干部以及部分党政军民有经验的干部到华中局培训,随军出发。7月25日,中共中央复电华中局,基本同意这一方案,但"新四军第四师西进部队应配置百名以上的地方干部"。显然,抽调干部和培训干部的任务,就落在组织部长曾山肩上,曾山为此奔忙不息。

8月15日,彭雪枫师长亲率第四师主力西进,越过津浦铁路,于8月下旬到达萧永地区。部队在歼灭了阻截我西进的顽军刘子仁部、拔除了一批伪军据点后,开展了根据地建设。先后建立了萧县、永城、宿西 3 个县、15 个区的抗日政权,组织了千余人的地方武装。国民党顽军为夺回萧、永、宿地区,调集 4 个师和 2 个纵队,从南、北、东三面夹击我军西进部队。根据中央军委和新四军首长指示,第四师西进部队于 9 月 11 日、12 日在夏邑县太平集以东的八里庄、张庄及宿县东北地区国民党顽军 2000 余人,打乱了敌顽三面围攻新四军的计划。可惜,彭雪枫师长在指挥八里庄子战斗中,不幸被流弹击中,壮烈牺牲。曾山与彭雪枫是中央苏区时期的老战友,闻讯甚为痛惜。

彭雪枫牺牲后,曾山和华中局又为第四师和淮北根据地的干部配备而忙碌。根据中共中央决定,调第三师副师长张爱萍任第四师师长,韦国清任第四师副师长。韦国清在津浦路西指挥西进部队继续进行反日、伪、顽军作战,粉碎了日伪军 1000 余人对萧永地区的"扫荡"。10 月上旬,又在砀南刷集、关帝庙歼灭顽军 800 余人,打通了与陇海路北八路军的联系。但顽军不甘心失败,又派出暂编第十四师、骑兵第八师和苏北挺进军,从南、西、北三面向萧、永地区的我西进部队进攻。10 月 15 日至 30 日,我军发起反顽作战,击退了三路进犯之敌,歼敌 3600 余人,基本上恢复了豫皖苏抗日根据地。此时,正好八路军一部南下,与新四军会合。至 1944 年底,我西进部队经过 4 个多月奋战,共歼灭日伪军和国民党顽军 13000 多人,建立了 8 个县的抗日政权,成立了淮北行政公署第二专署和淮北军区第二军分区,组建了抗日团体和地方武装,完成了恢复豫苏皖边抗日根据地的任务。老百姓高兴极了。他们说:"你们快来吧,家里弄光了,也得给你们吃,这是心甘情愿。只要下一道命令,男女老少一齐去,要送军粮,只要说一声,叫送到哪就送到哪。"新四军和老百姓是一家人,重建根据地,是军队和人民一致的心声。

11 月 19 日,第四师政治委员邓子恢及刘瑞龙、张爱萍、吴芝圃,致电饶漱石、张云逸、曾山、赖传珠,提出淮北根据地的地区划分及干部配备名单的请示,曾山等人极为重视,谨慎研究。22 日,张、饶、曾即复电邓子恢、张爱萍,指出要加强路西工作,成立路西野战司令部,三、四分区不宜合并,其他部署无意见。时过三天,他们再次研究,认为四师所提意见有理。25 日,张、饶、曾又复电张、邓、刘、吴:"三、四分区合并,既能兼顾两条铁路沿线工作,我们同意。"1945 年 1 月 4 日,张、饶、曾、赖向毛泽东、刘少奇、朱德报告新四军第四师的干部配备情况,包括主力兵团及地方独立团、大队以上番号的主官名单。

五、参与筹划上海武装起义

在日本将要投降之时,新四军曾计划在上海举行武装起义。后为配合毛泽东去重庆谈判,起义中止。起义是由新四军主要领导人张云逸、饶漱石、曾山和赖传珠等共同谋划的。由于高度保密,此事至今鲜为人知。

1944 年下半年,华中局根据中共中央的指示精神,就提出准备在上海发动武装起义,配合新四军解放上海。早在 1944 年 5 月 21 日,毛泽东在中共六届七中全会的报告中说:"提出准备暴动,夺取大城市。……七大以后我们必须实行这个方针。1927 年我们曾经配合薛岳占领上海,但是随即受到国民党的袭击。现在我们要将薛岳进上海变为陈毅进上海。"1944 年 6 月 5 日,中共六届七中全会通过了毛泽东起草的《关于城市工作的指示》,进一步阐明了加强城市工作和准备武装起义的重要性。《指示》说:"不占领大城市与交通要道,不能驱逐日寇出中国。不争取在日寇压迫下的千百万劳苦群众与市民群众,瓦解伪军伪组织,并准备武装起义,不能配合军队与农村占领大城市与交通要道。"为此,中央要求各地必须改变过去不注重城市工作与交通要道工作的观点,强调在可能时,以里应外合的办法收复大城市。接着,中共中央又发出《关于建立城市工作部门的指示》,要求地委以上各级党组织立即建立城市工作部(简称城工部),专门负责城市及交通要道的工作。

据此，1944 年 6 月中旬至 8 月中旬，华中局召开了新四军各师领导人参加的高干会议，研究贯彻中央指示。期间，毛泽东与刘少奇、陈毅于 8 月 3 日致电华中局，要求抓紧部署开展上海、杭州等城市的工作及沪宁铁路两侧地区的工作。8 月 21 日，毛泽东又来电："请你们认真布置吴淞、宁波、杭州、南京间，特别是吴淞至宁波沿海及沪杭甬铁路沿线地区的工作，广泛地发展游击战争及准备大城市的武装起义。"

张云逸、饶漱石、曾山、赖传珠等结合华中局高干会议讨论的意见，决定由中共上海地下党和苏中、苏南、淮南、浙东四个区党委来分别完成任务。具体分工是：上海的工作主要由上海地下党负责；南京至镇江铁路沿线包括浦口沿江地区的工作，由淮南区党委负责；镇江至上海铁路沿线及沿江地区的工作，由苏中区党委负责；南京、杭州两市及附近地区的工作，由苏南区党委负责；宁波、浦东以及沪杭甬铁路沿线地区的工作，由浙东区党委负责。

8 月 26 日，华中局将以上部署电告各区党委，要求"除了选派干部，利用各种社会关系（如经商、做工、打入伪军、伪政权工作等），打入各城市及交通要道机关内部，建立秘密党与群众工作外，更应当派遣大批武装部队，组织武装工作队及游击部队，向沪、宁、杭、鄞近郊与沿沪宁、沪杭铁道及沿江、沿海一带，广泛开展游击战争，造成将来武装包围上海、南京、杭州、宁波城市，配合城市武装起义，里应外合收复上述城市的可靠基础"。

基于上海的重要性，1944 年 11 月，饶漱石、张云逸、曾山研究决定：为加强对上海城市工作的领导，上海城市工作由华中局直接负责。华中局城工部部长刘长胜提出：重建上海近郊地区的党委，放手发动群众，组织地下军，准备在日本投降后里应外合配合新四军夺取上海。这就意味着华中局对上海起义在酝酿之中。

为了作好起义准备工作，经饶漱石、张云逸、曾山及刘长胜研究，决定目前在上海的工作主要是发动群众，组织地下军，进行武装起义的准备;将来时机成熟时,再以里应外合的方式配合新四军解放上海。华中局城工部抽调上海地下党各系统负责人,到淮南抗日根据地接受培训;从原来由上海撤到淮南抗日根据地的干部中抽调人员派回上海,邀请了90多位在上海工人中有影响的老同志和失业人员,到淮南抗日根据地参观学习,回到上海后团结群众,配合组织地下军。

1945年2月后,淞沪支队主力在司令员朱亚民、政治委员陈伟达和顾复生等的率领下,陆续由浦东进入浦西青浦地区。

经过几个月的努力,上海地下党先后在工人较为集中的浦东、沪西、沪东等地组织起了数支地下军。至1945年上半年,发展到260余人。团结了上千名工人积极分子。

上海地下军开始大量收集日伪军的情报,通过伪军购买了一批枪支、弹药,积极准备举行起义。

上海地下党还利用读书会、兄弟会、互助会等方式,团结了两百名伪警。

以潘汉年为部长的华中局和新四军联络部,也为上海地下军的秘密组织做了大量工作。

与此同时,华中局努力打造有利于举行上海武装起义的外部环境。1945年8月3日,张云逸与饶漱石致电粟裕、叶飞等:"江南阵地不仅对于将来反攻收复上海、南京占有特殊地位,而且对于将来粉碎内战阴谋也有极大作用。"所以华中局、新四军军部"对向南发展,控制沪、杭、宁三角地区方针基本不变"。

日本投降后,上海武装起义箭在弦上。1945年8月8日,苏联对日本宣战,百万苏联红军进入东北。10日,日本政府向同盟国发出乞降照会。朱德总司令在延安连续发布七道命令,命令八路军、新四军对日举行全面反攻,扩大解放区。上海、南京是国共两党必争之地。当日,张云逸与饶漱石、曾山、赖传珠向中共中央发出请示电:"如果日寇即无条件投降,我们派大兵入上海、南京恐又生变,不派兵入城,又丧失有利影响。中央方针如何,盼即示遵行。"当晚,张、饶、曾、赖根据中共中央指示,召开有关部门负责人会议,研究发动上海起义问题。饶漱石在会上传达了中央指示,说日本可能很快投降,华中局决定新四军准备进攻华中地区大中城市,城工部干部立即回沪,发动群众,准备武装起义,里应外合。接着,曾山宣布成立中共上海市委,以刘长胜为书记,张执一、张承宗、陈伟达、陈祥生为委员,并决定由刘长胜任上海市市长。据张执一回忆,会议结束时,饶漱石和曾山找他谈话,宣布:"华中局决定派我以中共中央华中局和新四军代表名义,首先化装进入上海,负责组织上海人民武装起义,接应新四军解放上海。"上海起义的领导机关为上海党政军委员会,以张执一为书记。

8月11日,张云逸等命令苏浙军区以主力一部向沪宁线开进,策应上海武装起义。同日,张执一、张承宗赶到上海,向上海地下党传达了华中局关于准备举行武装起义的指示。随后,他们与上海工委负责人张棋到达青浦观音堂,与顾复生商讨青浦游击队从沪西配合上海起义。

8月12日,张云逸、饶漱石、曾山、赖传珠致电朱亚民、陈伟达和顾复生,要求乘日本宣布投降与上海秩序混乱之际,利用各种关系,首先派部分武装隐避进入上海市内,以工人区域为中心,在团结社会各阶层、摧毁日伪政权、恢复秩序、解决粮食问题等口号下,广泛组织工人自卫队,实行自卫,争取大批伪军伪警反正,并视群众条件与敌人力量的变化来提高斗争方式,直到没收汉奸粮食,缴除伪军、伪警武装,建立民主政权。电报并告张执一已动身来浦东。与此同时,新四军政治部还制定了《关于执行城市政策与严格纪律的命令》。

当时上海的力量对比,仍是敌强我弱。上海地下党有党员1000多人,地下军200多人,枪2000多支,另有近百颗手榴弹。而日军在上海及其周围有15万之多,伪军1万多。因此,张执一致电华中局,认为上海武装起义必须等到苏浙军区主力向上海发起进攻时才能举行,否则难以成功。

由于形势变化,中共中央调整了对新四军的部署。8月16日,中共中央致电华中局:暂缓执行上海武装起义计划,并指示上海地下党以群众面目和上海总工会筹备会的名义,发动广大工人和各阶层人民召开抗战胜利庆祝大会,成立上海总工会。在上海市张贴刘长胜为市长、张执一为副市长的布告。华中局指示上海地下党暂不发动起义,仍然采取隐蔽精干的政策,进行起义准备。

上海地下党根据上述指示,一面加紧地下军的组织工作,一面发动各行各业的群众进行公开斗争,准备迎接新四军。很多工厂都有"欢迎新四军"、"欢迎刘长胜市长"的标语。沪西、沪东工人分别召开了有数万人参加的庆祝抗战胜利大会,教师、学生、职员也都纷纷召开庆祝抗战胜利大会,成立筹委会。上海的群众高呼:"天亮了,大家起来砍萝卜头!(上海群众称日本鬼子为萝卜头)"这时,革命的洪流不可遏止。

根据上海形势的发展变化,18日,华中局认为上海武装起义的时机已经成熟,遂要求上海地下党迅速展开起义工作,准备从一个工人区到全部工人区,按照统一战线政策吸引各阶层人民参加起义,同时要求在上海近郊发动农民起义,以响应上海市区的工人起义。

为慎重起见,张云逸、饶漱石等人于8月18日夜又以华中局名义致电粟裕并告张执一:不管上海群众能否起义,党的组织均应采取隐蔽方针,以便长期坚持;上海武装起义后,应立即向外界公开刘长胜、张执一为正、副市长的消息,并广泛张贴安民布告,以号召群众参加起义。

8月19日上午,张云逸、饶漱石等综合各方面的情况,以华中局的名义发出举行上海武装起义的训令。其内容如下:

浙东、江浙、浦东:(粟转张陈诸陈)

(一)根据已有群众力量可即发动上海武装起义,即使不能长期坚持,亦可退至农村开展游击战争,胜利仍有把握,故无须顾虑。

(二)可用庆祝日本投降名义,首先在工人区域召集群众大会,举行示威游行等方式发动群众起义,起义后即占领工人区域并缴除附近伪军武装。

(三)华中局决定张执一、陈维[伟]达、陈祥生、浦东支队(按:即淞沪支队)及上海党各一负责人,共五人组织行动委员会,统一领导武装起义,张执一任书记,陈维[伟]达副之。

(四)起义的公开指挥机关由陈维[伟]达任总司令,并从各企业有威望老工人领袖中及反正伪军、伪警中有威望的领袖各提拔数人任副总司令,张执一任政委,陈祥生为上海总工会委员长。各大工厂、各区域、各重要街道均应有总指挥,当挑选工人中有威望领袖任总指挥官。

(五)已动员江南各地武装策应你们了。

华中局
八月十九日

为确保起义的成功,饶漱石、张云逸、曾山等决定派刘长胜到上海,加强对起义的领导。他们还研究了如何解决上海日军缴械投降的事宜。

与此同时,华中局向中共中央做了详细汇报。

中央:

(一)日本宣布投降后数小时内,我即派出大批干部出发到了上海。

(二)上海我可武装、控制力量总共廿万人,资本家不愿助我,怕内战。中间分子观望。敌人多集中主力,伪方只有税警团、保安队维持秩序,甚恐惶。

(三)根据目前主客观力量,可以发动群众武装起义,即使将来万一不能长期坚持,也可退到农村,发展游击战争取得胜利。

(四)因此,华中局于今晨正式发出训令,上海工人、市民与近郊游击队实行武装起义,缴除伪军、伪警武装,占领上海,但不主动向驻守不动的日军攻击,建立各阶级民主联合的上海市政府。

华中局

八月十九日

8 月 20 日,中共中央批准了举行上海武装起义的计划。

华中局:

你们发动上海起义的方针是完全正确的,望坚决彻底执行方针,并派我军有力部队入城援助。其他城市如有起义条件,照此办理。

中央

八月二十日十时

毛泽东在当天还给华中局另外发了一封电报,要求华中局迅速发动京、沪、杭三角地区数百万农民举行武装起义,并从江北、江南分别派出数十支武工队及大批军政干部,到各县作为起义的领导核心。

根据中共中央指示,张云逸等下令苏浙军区从浙东调两个团,从苏南调一个团,苏中四分区调一个团,星夜赶赴上海,支援上海群众的武装起义,要张执一坚决勇敢地发动上海群众举行起义。8 月 19 日,陈伟达、朱亚民致电华中局,认为上海市区缺乏起义的骨干武装,难以占领整个上海,请示是否等新四军主力到达后再发动起义。8 月 20 日夜,张云逸、饶漱石复电:"必须贯彻,不可动摇。"21 日,华中局又致电张执一、陈祥生:"万不可犹豫动摇,必须坚决贯彻。"同日,又告诉他们:"我们已速令浙东、江浙主力兼程开沪策应起义。"粟裕、叶飞根据华中局指示,制定了派部队策应上海群众武装起义的方案。

按照华中局的部署,张执一与上海工委书记张棋等拟定了起义的详细方案:由上海工委首先在沪西地区发动群众,配合上海地下军占领信义机器厂,作为发动起义的据点;接着,以戈登路伪警察局内的地下党员做内应,夺取其军械库的 2000 支枪;继而兵分两路,一路解决曹家渡的伪警察局,一路解决普陀伪警察局,然后向市中心进发。其他地区的工人地下军和中共地下组织在此基础上采取相应的行动,配合新四军解放上海。为了保密,张执一等用清算日伪罪行,要求复工作口号,动员群众到信义机器厂示威游行。

然而,这时情况急变。中共中央于 21 日给华中局发出两封电报,命令停止上海武装起义。中央在中午的电报中指出:"日本投降条约即将签字,蒋介石已委任上海官吏。在此形势下上海起义变为反对蒋介石,必被镇压下去,宜改为动员群众组织各种团体,发动清查汉奸斗争,立即建立群众性及新华日报上海版两种报纸,分开出版,而不建立政府。"在当日晚上的电报中,又强调指出:"关于上海起义问题,我们过细考虑结果,认为在目前起义对我们和人民是不利的。应即照本日午电停止起义,保存我们在工人中及其他人民群众中的组织基础,以便将来能够进行民主运动。目前应该组织工会及其他人民团体,迅速出版《新华日报》上海版及其他进步报纸刊物等。党的组织尽可能保持秘密状态,只有站不住脚的党员才准备撤退。关于浙东部队应准备在情况严重时转到浙南。"

接到中央指示后,饶漱石、张云逸、曾山即以华中局名义,于 21 日和 22 日晨,向上海和苏浙军区领导人发出电报,表明华中局立即取消上海武装起义的决定。将起义改为广泛建立各种群众团体,发动清算汉奸斗争,树立我党在上海群众的合法基础,以便将来进行合法斗争。浙东部队即停止出发,留原地活动。但由于交通联络不畅,华中局关于停止起义的电报,直至 23 日下午 3 时,才传到上海工委。

就在 8 月 23 日,上海群众武装起义行动开始了。沪西工人地下军

60 多人,高呼"没收汉奸财产"、"我们要吃饭"等口号,带领 2000 多工人冲进了信义机器厂,建立了起义指挥部,准备进攻普陀伪警察局。消息传开,沪西地下党动员了 7000 工人赶来增援。但到下午 4 时,上海工委书记张棋赶赴信义机器厂,向起义指挥部传达上级命令:停止起义,撤离群众。于是,7000 多群众列队走上街头,高呼"要工做"、"要饭吃"的口号。人们以为这是工人群众的复工游行,实际是停止起义的退兵之计。由于地下党员严守保密纪律,国民党忙于"接收",对上海起义情况毫无所知。

停止上海武装起义,是中共中央审时度势,权衡利弊,做出的正确决策。这时,毛泽东已经收到了蒋介石发来的两封电报,邀请他去重庆谈判。苏联、斯大林也要求毛泽东去重庆谈判。同时,蒋介石又派大军日夜兼程向上海开进,并委任大汉奸周佛海为"上海行动总队"司令,发布"公告",阻止新四军接收上海。如果我们发动起义,就变成了反对蒋介石,必然遭到镇压。加之上海敌我力量对比,于我不利。从全国形势看出,争取东北更为重要。中央不久就做出"向北发展,向南防御"的决策。为此,中央在批准了上海武装起义之后,旋即断然决定停止起义。

上海起义虽然最后中止了,但它在新四军的历史上仍有重大意义。它促进了上海人民力量的发展,锻炼了工人运动干部,积累了地下斗争的经验,为后来党领导上海人民开展革命斗争,以致最后解放上海,创造了有利条件。

六、参与指挥对日军事斗争

1943 年 11 月 25 日,陈毅奉中央命离开新四军军部去延安,华中局委员只有饶漱石、曾山二人。后来增补新四军副军长张云逸、参谋长赖传珠为委员。按照中共中央《关于统一抗日根据地党的领导及调整各组织间关系的决定》,中共中央代表机关(中央局、分局)及各级党委为各地区党、政、军、民组织的最高领导机关，并撤销各地的军政党委员会，实行一元化领导。因此，华中地区的党政军大事，均由饶、曾、张、赖商讨决定。向中央发电报或向新四军发指示，基本上多由他们四人签署。曾山直接参与了指挥新四军的军事作战。

1944 年，日军发动了豫湘桂作战。但在华中地区的总兵力仍保持 17 万人左右，并不断对华中各抗日根据地发动"扫荡"。将一些次要据点交由伪军守备。张云逸、饶漱石、曾山、赖传珠等于 1944 年至 1945 年上半年，领导华中根据地粉碎敌人"扫荡"和"清乡"，并不失时机地指挥新四军发起攻势作战，扩大解放区。

1944 年 12 月上旬，日军调集第六十五师团一部连同伪军共 6000 余人，向涟水、阜宁、滨海等地进行大规模"扫荡"。华中局决定以第三师兼苏北军区主力一部，配合地方武装进行反"扫荡"作战。至 12 月 10 日前后，新四军第三师兼苏北军区部队共歼灭日伪军 3000 余人，不但粉碎了敌人的"扫荡"，而且将南下的伪军孙良诚部压缩于阜宁、盐城一带。

发动攻势作战方面，1944 年新四军第一师展开了春季攻势和夏季攻势作战，并于 12 月间派出一部分兵力渡江南下，进军东南；新四军第四师发起恢复豫皖苏边；新四军第三师对日伪作战 6582 次，毙伤俘日伪军五万余人，迫使伪军反正 18000 余人。

此时，毛泽东发表《一九四五年的任务》的讲话。他指出：1945 年全中国唯一的任务是配合同盟国打倒日本侵略者，并强调解放区军民首要任务是"消灭敌伪，扩大解放区，缩小沦陷区"。

1945 年春，日军开始向京、沪、杭和华中沿海地区收缩兵力，将一些据点交由伪军守备。华中局决定，集中新四军部分主力向敌守备薄弱的城镇和交通要道发动进攻，以扩大解放区，缩小沦陷区。

新四军第三师趁伪军孙良诚部刚抵达苏北、立足未稳之际，主动发起攻势，从 1 月下旬至 3 月中旬，共歼灭该部 1200 余人，解放了灌河以北广大地区。4月下旬,又集中11个团的兵力发起阜宁战役,歼灭伪军2400余人。

苏中军区部队2月下旬向伪军据点进攻,歼敌900多人;4月下旬,又在高邮以东伏击日伪军,一举歼敌1800余人。

新四军第二师兼淮南军区和第四师兼淮北军区,在张云逸直接指挥下,发起攻势作战,共歼灭日伪军3000余人。

1945年5月8日,德国法西斯投降。侵华日军困守在大中城市、交通要道和沿海一带。5月底,日军进一步收缩在华兵力,使华中地区的兵力增加到62万余人,并将山东的伪军第三方面军调到蚌埠和淮南,增加了华中新四军的压力。这时,华中局新四军领导人决定,命令新四军继续对敌人守备薄弱的城镇据点进攻,进一步扩大解放区。战况如下:

新四军第四师兼淮北军区部队于5月下旬至7月1日,发起宿(县)南战役,歼灭伪军1900人;6月至7月,又进行了睢宁战役,攻克了县城,歼灭了伪军2200人。

新四军第三师兼苏北军区在苏北盐阜、淮海和淮安地区攻克敌人据点数十处,争取了近1000名伪军反正。

新四军第二师兼淮南军区攻克六合县东沟镇,歼伪军1个营400人。

新四军第七师兼皖江军区,收复了至德(今东至)县城,解放了彭泽、至德间的部分地区。

在1945年的春夏季攻势中,新四军共拔除日伪军据点100余处,歼灭日伪军三万余人,争取了4700名伪军反正。使日伪军进一步压缩在主要城镇和交通要道,扩大了华中解放区。

日本投降后,被我军包围的日伪军仍在继续顽抗。驻江苏南通的日伪军5000人,夺占了苏中军区部队解放了的海门县城。驻徐州的日伪军在徐州东南重新设立据点。驻浙东的日伪军在宁波等地增设据点,扬言要向浙东解放区"扫荡"。还有伪军占据淮阴、淮安、盐城、泰兴、高邮、扬州等城,准备配合国民党军侵犯解放区。

为打通淮南、淮北、苏北、苏中四个解放区,张云逸与饶漱石、曾山、赖传珠决定拔除淮阴、淮安、盐城等伪军据点,指挥新四军部队发起了两淮、盐城、高邮等战役战斗。

淮阴和淮安是苏北政治、经济、文化中心和交通要冲,战略地位重要。日本投降后,日军撤出了两淮,但两淮又被伪军占去。1945年8月23日,新四军领导人命第三师第十旅执行夺回两淮。第三师第十旅接到任务后,于26日和师直特务团由洪泽湖东岸北返,准备攻打淮阴。同时,第三师又命苏北军区射阳独立团、淮阴警卫团和涟水警卫团,从东、北两个方向配合第十旅作战。8月31日,淮阴外围的敌伪据点已被我军全部拔除。9月6日,我军向淮阴发起总攻,经两个小时激战,全歼守城伪军第二十八师师长以下8600人。

这时,黄克诚、谭震林就部队作战和调动问题,向新四军领导提出了建议。张云逸、饶漱石、曾山、赖传珠与他们进行了平等的商讨。9月6日,张、饶、曾、赖将自己意见专电刘少奇和中共中央,请予指示。次日,刘少奇电复张、饶、曾、赖,表示:"均以依照当前情况作适当之分散作战为有利,望你们考虑决定。"于是,张、饶、曾、赖决定:谭震林率第二师第四、第五旅返回津浦路东,扫除淮南路东解放区内残余的日伪军;黄克诚率第三师主力返回苏北,扫除苏北解放区内残余的日伪军;第四师继续留在津浦路西休整待机。第七师主力一部坚持皖中,一部赴淮南解放区。

淮阴解放后,中共中央华中局、新四军军部迁到淮阴。张、饶、曾、赖打算仍用这些部队攻打淮安和盐城。经与黄克诚师长商量,以第三师第七、第八旅和苏北军区部队攻打淮安;以第十旅和第三师特务团解决响水口至陈家港一线的伪军苏淮特区警备第一师徐继泰部,控制苏北盐场。9月22日上午8时,黄克诚师长命令攻城部队,向淮安守敌吴濑泉部发起总攻。一路通过地下坑道进至城西南,另一路在城东南,由突击队员攀云梯,在强大火力掩护下,迅速突入城内,激战2个小时,即摧毁了敌人精心设置的防线,至下午3时全歼守军5000余人。至此,淮安古城宣告解放,两淮战役胜利结束。新四军仅以牺牲300余人的代价,取得了歼灭敌人13000余人的胜利。

9月18日,第十旅与苏北军区地方武装一部又向盘踞在苏北解放区东北部的徐继泰部发起进攻,攻克了响水口、大伊山、新安镇(今属灌南县)、陈家港等地的据点,歼灭伪军近1000人,收复了运河,控制了苏北盐场。

盐城是一座历史古城。为攻打盐城,华中局成立了战役指挥部。以苏中军区司令员管文蔚为司令员、苏中军区政治委员陈丕显任政治委员。10月19日,华中局向苏中军区下达了盐城战役的作战命令。由苏中军区抽调三个旅和苏北军区部队共同攻打盐城。

10月30日晚,新四军向驻守盐城的伪军发起进攻,在占领了伍佑等地后,于11月8日对盐城发起总攻。在军事打击和政治争取之下,伪军第四军第四十师6000余人,在军长赵云祥的率领下于10日反正。次日,新四军举行了入城仪式,盐城遂告解放。

与此同时,华中局指挥第二、第四师对津浦铁路南段和陇海铁路东段进行了破击,以阻滞国民党军队向解放区的进犯,并乘机拔除铁路沿线的部分日伪军据点,消灭拒降的日伪军。从10月7日至13日,新四军第二师破坏了津浦路滁县东南之乌衣镇至凤阳东北之临淮关段;第四师破坏了津浦路宿县至五河县固镇段、宿县至铜山县三堡镇段以及陇海东段的部分地段,歼灭伪军近千人。此外,第四师及淮北军区部队还解放了灵璧、萧县县城及宿县东北多处据点,歼灭伪军4000余人,并争取了永城以西酂城地区的伪军第四方面军第十八师4000余人投诚。

从9月上旬至11月上旬的两个月中,共歼灭伪军1个军、6个师、3个旅及地方保安团、县大队等3.8万余人,破坏了津浦铁路南段及陇海铁路东段部分地区,解放了除徐州、蚌埠、扬州、高邮、南通等几座孤城外的江北广大城区,进一步巩固和扩大了华中解放区。

同年12月,新四军又集中15个团的兵力,发起高邮战役,一举攻克高邮及其以南30公里处的邵伯镇,共歼灭日军1200余人、伪军8000余人,解放了高邮城,排除了华中解放区在江北腹地的最后一个日伪军据点。高邮的解放,使淮北、淮南、苏北、苏中解放区连成一片。

抗日战争胜利前夕,即1945年4月23日至6月11日,中国共产党第七次全国代表大会在延安召开。出席大会的正式代表500多人,候补代表200多人。这是一次决定中国前途与命运的大会。毛泽东在会上作了《论联合政府》的政治报告,提出了"放手发动群众,壮大人民力量,在我党的领导下,打败日本侵略者,建设新中国"的政治路线。曾山是七大代表,在会上被选为中共中央委员。七大选出的中共七届中央委员只有44人,候补委员33人,都是老一辈职业革命家或八路军、新四军的高级将领,也有个别地下工作领导干部。其中,在华中和新四军工作被选为中央委员的有饶漱石、陈毅、张云逸、郑位三、曾山、邓子恢、张鼎丞、李先念、谭震林9人。中共七大是一次团结的大会,也是一次民主的大会。七大的选举是最民主的,七大中央委员的排列也是以票数为准。曾山因工作需要未能出席会议,但仍能以较高票数当选为中央委员,名列第30位,可见他在党内的威望之高。

曾山这一生

第八章　在大决战中

曾山负责财经后勤工作,功绩卓著。周恩来代表中央致电饶漱石、张云逸:中央及军委信托"曾山同志对华东财经后勤工作的领导"。又向各中央局推广曾山接管济南的经验。

一、留在华中

抗日战争胜利后,国共两党的斗争更为复杂。1945 年 9 月 19 日,中共中央确定了"向北发展,向南防御"的战略方针,决定"发展东北,巩固华北,坚持华中"。为此,中央决定山东分局大部及山东军区主力开赴东北;华中局移到山东,与山东分局合并成组成华东局,在苏皖地区另设华中分局,受华东局领导。新四军军部与山东军区合并。中央任命饶漱石任华东局书记兼山东军区政委,陈毅任新四军军长兼山东军区司令员。

为了落实中央的战略部署,10 月 6 日,作为组织部长的曾山,与华

中共中央华中分局旧址,位于江苏省淮安市楚州区淮安师范学校内。1945年10月,中共中央华中分局在淮安成立,曾中任华中分局常委、组织部长,在此办公。

中局代书记饶漱石、新四军代军长张云逸研究,对华中分局、华中军区的机构调整及华中野战军及地方武装的组成以及干部安排,提出了方案,建议"组织华中分局与苏皖军区,统一领导江北党政军工作"。为了精简机构,"取消区党委及军区一级,华中分局直辖九个地委,苏皖军区直辖九个军分区,各师主力脱离地方"。10 月 21 日,华中局将华中分局成员 23 人名单上报中央,邓子恢为书记及政委兼组织部长,谭震林为副书记、副政委兼(政治部)主任,粟裕为军区司令。26 日,张云逸、饶漱石、曾山、赖传珠电告中央:"华中分局及苏皖军区即日成立,华中局及军部机关于各方交代及部署完毕后,即起程赴山东。"27 日,华中局发出关于华中分局、苏皖军区组成的通知,传达中央 10 月 24 日电示:以邓子恢、谭震林、粟裕、张鼎丞、刘晓五同志组织华中分局常委,以邓子恢为书记,谭震林为副书记;成立苏皖军区,以粟裕为司令,张鼎丞为副司令,邓子恢为政委,谭震林为副政委兼政治部主任,钟期光为副主任。

对于机构合并以后曾山的职务安排,中央原意是曾山和饶漱石、陈毅、张云逸、赖传珠等华中局主要领导一起北上山东,由谭震林、邓子恢负责华中分局,粟裕负责华中军区。但谭震林、粟裕风格高,主动让贤。谭震林、邓子恢于10月初到达华中局,粟裕尚在前方。谭震林向张、饶、曾提出由邓子恢任书记,他自己任副职,张、饶、曾采纳了谭的意见,并报中央。10月27日,粟裕看到中央批复的名单以后,立即致电中共中央,建议以张鼎丞任华中军区司令员,并提出:"华中局原来负责人中须有一人留华中工作,请你们考虑是否留下曾山在华中。"29日,中共中央复电华中局,同意粟裕意见。华中局乃致电中央:如果曾山留下,建议担任华中分局书记。电文说:"映宾(即曾山——笔者注)同志似无留下之必要,如果要留下,曾同意留下。此间同志提议以曾山任书记,如何?盼速示。"但曾山谦虚,要求到基层去工作。在华中局发出电报的同一天,他以个人名义致电中央:"你们认为留我在华中有点帮助的话,我完全同意,一定能在邓、张、谭、粟同志领导下,努力工作。至于有同志谈到需留我并提议我在华中负主要责任,这是绝对不可的。"又说,"请求中央最好批准我到地委以下去工作,这是我诚恳的要求。"中央接到这两封电报后,又考虑到粟裕的建议,当日,中央回复华中局:"曾山可在华中多留一时期,仍任组织部长,不任书记。"

这时,新四军二师师长罗炳辉身体很不好,曾山十分关心他的健康。10月13日,他与饶漱石、张云逸、赖传珠致电陈毅:"因罗近来身体多病,不宜担任紧张繁重工作","罗拟调山东华东局任军区或其他对他健康较适当的工作为宜。"不久,中共中央复电华东局:"同意以罗炳辉为山东军区第二副司令员兼新四军第二副军长。"

10月28日,华中分局、华中军区在淮阴成立。邓子恢任分局书记兼军区政委,张鼎丞任军区司令员,粟裕任华中野战军司令员、谭震林任副书记兼野战军政委。同时成立了苏皖边区政府,李一氓任主席。这时,华中分局根据中共中央指示,在搞好收复失地、接管好城市和敌伪物资的同时,积极领导华中区军民开展练兵、土改和生产运动。曾山在华中分局任组织部长、财办主任,除负责机构调整、干部安排外,还负责财经、生产等方面的工作。财办具有政权机关性质,并且配有武装。曾山说:射湖渔民自卫队的武装及海委,就是直接归华中分局财委直接领导的武装,"他们海委与他们武装建制直归华中分局财委直接指挥,他们的任务是团结渔民,组织船只与船业工作,帮助海外贸易,打通上海与其他海上联系,主要是担负对外贸易与各公司联系事业。当然,地方上治安任务,他们也应担负"。

1946 年 4 月 1 日,曾山和邓子恢乘军调部提供的飞机赴北平,向"军事调处执行部"中共代表叶剑英汇报国民党军侵犯华中解放区的情况,研究有关"军调"事项。新四军副军长兼山东军区副司令员张云逸、华东局副书记黎玉同行。4 月 7 日,他们又转飞机去延安,向毛泽东、刘少奇汇报华中工作,请求指示。在延安期间,受到毛泽东、刘少奇及中央其他领导人多次接见,使他们对形势的认识更加清楚。毛、刘强调:"必须在今年内把全部群众完全发动起来,确实做到减租减息,建立群众优势,以便应付以后的合法斗争或突然事变。"邓子恢和曾山还参加了刘少奇主持的各解放区汇报会和中央工作会议,与毛泽东、刘少奇、任弼时、林伯渠、徐特立、康生、薄一波、黎玉、胡乔木一起,讨论和制定《中共中央关于土地问题的指示》(即《五四指示》)。其基本内容是把抗日战争时期的减租减息政策改变为实行"耕者有其田"的政策。曾山和邓子恢根据《五四指示》,结合华中情况,指导华中地区的土地改革。提出华中土改要以"清算旧账和没收汉奸土地"的方式进行。曾山与邓子恢赴延安前,中共中央根据《政协决议》和国民党、共产党、美国三方代表提出的《整军方案》,指示华中分局要精兵简政,减轻民负,第一期精减三分之一。邓子恢与曾山结合华中部队实际,在延安向中央汇报了华中整军计划。由于国民党挑起内战,解放区的整军复员工作被迫停止。邓、曾在延安期间,参加了中共中央在延安举行的"四八"烈士公祭大会,追悼因飞机失事而牺牲的王若飞、叶挺、博古、邓发等同志。

1946年春合影。左起:黎玉、滕代远、曾山、邓子恢。

1946年6月,国民党反动派撕破停战协议,悍然向中原解放区发动大规模进攻。全面内战由此爆发。7月,国民党军队27万人又向我华中苏皖解放区发动全面进攻。曾山时任华中分局组织部长、财经委员会主任。一方面为了动员一切人力、物力支援解放战争,保证部队供给,他指导土地改革,实行耕者有其田。农民群众"白天打游击,夜里分田地",仅3个月时间,就基本上完成了土地改革,并创造了"两头不动中间平"的经验,被中央肯定为"最坚决的土改路线"。随着土地改革的伟大胜利,苏皖解放区掀起了轰轰烈烈的支前运动,大批青年踊跃参加华东野战军。另一方面,他对具有财经工作专长的知识分子干部大胆提拔使用,发挥了他们的聪明才智,因而保证了大兵团作战的需要,有力地支援了自卫战争。

在土改工作中,曾山接到财委下属武装人员的来信,当地政府没有给他们分配土地。曾山为此以华中分局组织部长兼县委书记的名义,给射阳县委陈宏惠、钟国铨同志写信，十分严肃地说："射湖渔民自卫队的武装及海委"，"是直接归华中分局财委直接领导的武装"，"听说地方上对他们不优待，分田时也不分田，这是不妥当的。请你们立即通知当地区乡政府，对海委指挥的武装部队的指战员，要与地方武装一样的优待，当地指战员要同等一样分得土地，并请你们在政治上经常加以指导他们为盼。敬礼。华中分局组织部长兼县委书记曾山，九月十五日"。

1947年初，中共中央华中分局奉命撤销，分局人员除留少数在原地坚持斗争外，都转移到山东。当时，淮安地区形势险恶，曾山请求留在滨海地区一个县担任县委书记，发动群众在敌后打游击，但组织上没有批准。

1946年，曾山（左二）与邓子恢（左三）等人赴北平，向军事调处执行部中共代表叶剑英汇报国民党军队不断侵犯华中解放区的情况。期间，在颐和园留影。

2月，华中分局与华东局在山东临沂会合，曾山任华东局委员（不久任常委）兼财办主任。由于华东局没有设立同级政权机关，华东财办成了带有政权性质的行使权力的机关。它统管财经、工商、粮食、银行收支审核等,并有督促检查各战略区各纵队财经工作之责。

1947 年,是大转折的一年。人民解放军已经粉碎了国民党军全面进攻,并由战略防御转入战略进攻。新四军改称华东野战军。由于国民党军把战略进攻的重点,转移到陕北和山东(其中用于进攻山东解放区的兵力达 24 个师,60 个旅,共 45 万人),山东战场的形势严峻起来。大批的山东地方武装升编为正规的华东野战军,这就要求大大增加粮食和军需物资。1947 年 6 月,华东局紧急会议决定,华东后方机关、学校等,北渡黄河,转移到渤海。至下半年,华东解放区的财政经济出现了很大困难。华东局工委召开了高干会议,确定了"精简编制"、"降低供给标准"、"清理资财"三大方案。为贯彻执行三大方案,克服财政困难,支援革命战争,张云逸、邓子恢、曾山等带头把自己的小灶取消了,同大家一起吃大灶。经过 5 个月努力,渤海吃饭人员减少很多,清理资财 70 亿元,经费支出减少一半,从而渡过了难关。

曾山领导的华东财办,任务相当繁重。为了保证部队的物资供应,他全力以赴,千方百计发动群众,通过各种物资流通渠道,做好华东野战军的支前工作,保证了部队的物资供应,从而使华东野战军迅速取得了莱芜战役、孟良崮战役等一系列战役的胜利。特别是孟良崮战役,歼灭敌人 3 万多,消灭了蒋介石五大主力之一整编七十四师,击毙其师长张灵甫,使敌人闻风丧胆;也极大地鼓舞了我军的士气,增强了我军必胜的信心。在解放战争中,山东有 700 多万人参加了支前工作,将 8 亿多斤粮食和大量物资运到了前方。

二、解放潍坊

1948 年春,华东野战军山东兵团发起战略攻势。山东潍县位于胶东、渤海、鲁中三大战略区之间,战略地位重要,国民党称为"鲁中堡垒"。为了切断国民党军从济南至青岛的联系,并使我三大战略区联

潍县战役指挥部旧址,位于潍坊市寒亭区固堤街道办事处(原泊子乡)东常寨村。1948年4月,华东野战军山东兵团司令员许世友、政委谭震林,中央潍坊特别市委书记兼军管会主任曾山等人就在此运筹帷幄,指挥若定,夺取了潍县战役的伟大胜利。

成一片,华东野战军决定攻克潍县。潍县有10多万人口,驻有国民党军和地方武装4万7千余人。城高超过13米,分东西两城,白浪河横贯其间,工事坚固,利守不利攻。华东野战军内线兵团以22个团的兵力,在许世友、谭震林指挥下,4月8日起正式攻打潍县县城。经过近20天的激烈战斗,歼敌4万6千余人,于27日解放了潍县。

中央、华东局对解放潍坊、接管潍坊非常重视。华东局于4月1日决定潍县解放后改名为潍坊市,曾山为潍坊特别市市委书记兼军管会主任,还抽调了3000名干部准备接管潍坊。华东局为此专门给华东野战军山东兵团司令员许世友、政委谭震林电报。曾山受命后,在时间紧迫、条件艰苦的情况下,积极做好接管潍坊的准备工作。首先是深入调查潍县情况。他听取潍县地下党的负责人汇报后,叫他们写了《潍县初步调查材料》和《潍县的经济》,供接管干部参考;加上接管干部通过各种渠道获得的情报,使接管人员在进城前,就对潍县政治经济文化各方面的状况及其特点有较充分的了解,为顺利开展接管工作打下了基础。其次是培训干部。曾山把华东局从各单位调来的干部集中起来,学习党的城市政策和有关纪律,并印发了《中央对"自由资产阶级开明士绅"的政策指示》等文件。曾山还特别挑选了一批财经干部,参加接管工作。再次是设立机构。4 月中旬就成立了党政机构,按照城市特点,分市、区、街道三级制。军管会下设行政、财政、文教、交通、工矿、军粮、军械、军实等 8 个部门。

5 月 1 日,曾山率部进驻潍坊,坐镇指挥接管工作。解放军入城后,立即对潍坊实行军事管制,军管会分部门有条不紊地进行接管。曾山第二天下去检查工作时,就发现潍坊许多问题:工厂停工,商人停市,中小工商业者诚惶诚恐,敌特分子造谣破坏,市容满目疮痍,战争留下许多死尸,大街小巷垃圾成堆,到处都有许多衣不蔽体、食不果腹的灾民,据统计达 2 万多人。这些灾民是在解放军攻城期间,国民党将四关民房及两城之间的繁华街道烧毁造成的。为了争取广大群众,曾山向中央报告要立即结束军管。由于曾山坚持,市委决定结束军管,解除戒严,让人民自由进出往来。同时,曾山又指示从缴获的粮食中,拨出 50万斤救济灾民。仅北关市区就在 10 天内救济市民 1827 户,8376 人,发救济粮 43298 斤,用实际行动粉碎了敌人的造谣欺骗,得到了广大市民的拥护。市民们说:潍坊真解放了。

曾山进城的第三天,主持召开了潍坊工、农、兵、学、商各界群众代表的座谈会,有 300 人参加。会上宣布,姚仲明任潍坊市市长,潍坊市的党政机关正式宣告成立。曾山和姚仲明在会上宣传中国共产党和人民政府的方针、政策,仔细听取群众意见和要求。会后,市委立即召开有关负责人会议,采取有力措施,解决市民最迫切需要解决的无住、无食和市容问题。曾山亲自带领机关干部,和群众一起填平战壕,掩埋尸体,打扫街道,恢复家园。仅几天工夫,就掩埋了 2000 多具尸体,恢复了公共交通。市民非常满意。

为了安定社会秩序,曾山以军管会名义发布公告,命令一切国民党敌特组织及反动会道门派立即解散,其成员在限期内必须到公安机关登记、交代,政府按照"罪首必惩,随从不究,有功必奖"的政策,区别对待。对一些武装敌特的破坏活动,采取坚决措施,予以制裁,从而使社会治安得到巩固。

在接收与处理敌产问题上,曾山态度慎重,政策分明。只没收国民党政府、军队遗留下来的东西和官僚资产阶级的财产,合计上百亿元。但对情况不明的,未经市委批准,不得随意没收。这样,工矿部只没收了官办的工厂企业。对公私分不清、官民分不清工厂、商号、作坊,都不急于处理,待调查清楚后,该没收的再没收。潍坊民族工商业者称赞:解放军的接收不是"劫收"。与此同时,曾山高度重视接收档案。他交代有关单位"收集文件档案,应与收集金银同等看重"。事实证明,这些档案为日后处理各种问题以及破获潜伏的反动组织,提供了有力证据。

谭震林对潍坊的接管工作评价很高。他说:打潍县,我们严格执行城市政策,得到了很重要的收获:一是物资没有破坏,使我们的财政收入增加了一百万万元(北海币),也是给人民减轻了一百万万元的负担;二是机关没有搞乱,国民党的全部文件(包括敌人在山东的重要材料),都被我们得到了;三是由于我们没有乱捕、乱杀,不但在经济上稳定了城市,而且在政治上瓦解了敌人,增强了革命力量。

在接管工作告一段落以后,曾山就把恢复经济、发展生产当作中心工作来抓。首先是采取奖励措施,大力恢复和发展潍坊的公营企业。解放军攻克潍坊后,火车站当晚就通车;坊子煤矿在接收的当天就恢复生产;电厂只停了一天就开始发电;其他企业也在几天内完全复工。其次是鼓励私营企业迅速复工复业。曾山多次召开工商界人士座谈会，反复强调党对民族工商业的保护政策，如有没收错了的，立即发还；甚至被国民党抢占的民营资产，只要查证属实，也一律发还。曾山用政策和事实，调动了工商业者恢复和发展工商业的积极性。仅五六天，未受破坏的工厂就开始复工，遭受破坏的工厂也在修缮房屋、机器。5月份，各类大小工厂全部开工了。与此同时，进行金融整治，关闭属于官僚资本的银行。成立北海银行潍坊特别市直属支行，发行北海币。以北海币作为当地唯一合法的流通货币，打击了金融投机，稳定了金融秩序。经过近两个月的努力，潍坊的战争创伤逐渐得到恢复，经济开始快速发展，其丰富的粮棉和矿物资源，有力地支援了华东战场，促进了全国解放战争的胜利。曾山在潍坊工作十分繁忙，不分白天黑夜地干，身体累得不行。有一天，邓六金从大连赶来，发现曾山又黄又瘦，心里一阵酸痛。曾山伸出一个指头，问邓六金："你有钱么？买一斤肉来吃。"邓六金才知道，他已经几个月没有吃上肉了。曾山为潍坊的成功接管殚精竭虑，做出了不可磨灭的贡献，得到了中央的好评。

接管潍坊工作顺利完成后，华东局又调曾山返回华东局，任财办主任。由于他有大批的财经干部作为左右手，经过一番整理和艰苦努力，克服了许多困难，财经工作很快走上正轨，并把华东与山东的财经统一了起来。7月24日，曾山致电中央："山东财政已趋统一，已进到了相当程度。本位主义基本克服，到九月后，就可走上全省统一。"他估计，"只要今年山东不遭到干旱灾害，秋粮征收顺利，今年可能做到少亏空，甚至不亏空，使中央四九年便于统一山东，以利支援全国作战。"

中央对曾山在华东财经方面的卓著成绩十分满意。周恩来代表党中央给饶漱石、康生、张云逸的电报中，给予高度评价："曾山同志统一华中及统一华东两地财经，均有很大功绩，值得赞许。他积极拥护与坚决执行统一集中的方针，也为中央深悉，并予以信任。"电报重申中央及军委信托"曾山同志对于华东财经后勤的领导"。

三、接管济南

1948 年秋,解放战争的形势发生了根本变化。人民解放军已从 120 万人发展到 280 万人,装备上也有很大改善,并建立了强大的炮兵和工兵,士气旺盛。而国民党军则从 430 万人下降到了 365 万人,被压缩为 5 个战略集团,在 5 大战场"重点防御",士气低落。

9 月 6 日至 13 日,中共中央政治局在西柏坡召开了扩大会议。出席会议的有政治局委员 7 人,中央委员和候补中央委员 14 人,其他重要负责同志 10 人。会议提出要建设 500 万解放军,从 1946 年算起,在五年内从根本上打倒国民党。毛泽东在会上提出了"军队向前进,生产长一寸,加强纪律性,革命无不胜"的口号。曾山是七大选出的中央委员,出席了这次会议,并就毛泽东提出的四句话,结合华东的实际情况,作了精辟的发言。曾山说:军队向前进,在财政方面要作好充分准备,还要打扫好战场。他举例说:"潍坊、兖州二处打扫战场(得到)的炮弹、子弹,几乎等于(我们自己)生产一年的,内战时期也有同样的经验。"生产长一寸,山东的老百姓很高兴。领导者要很好组织劳动,发展生产,兴修水利。"今年山东生产,不但消灭了荒地,而且搞好了群众关系"。"投资 200 万斤粮食,可多 1 万万斤粮食。"除农业外,还要发展其他生产,"山东已发现十七、八种(矿),钨矿也有,有金矿,还有铜,但现在只注意了金矿,铁砂不会炼。感到人才缺乏。"曾山感慨地说:"人才总是不够,要设法培养。各种部门都要掌握,没有一定知识是不能胜任的。"这时,毛泽东起来插话:"要办大学,主要是工科,再设农业班,商业班。"曾山指出:加强纪律性,在财经干部中特别重要。3 个地区的统一,非常必要,否则,就会妨碍战争(毛泽东插话:统一于华北财经委员会)。华中那时如不统一,简直是不能应付。中央要组织 500 万野战军,非统一不可,首先是票子统一。山东原来是不统一的,又没有制度。山东财经经过整理,亏空不大,棉花可调剂市场。现在党政不统,只有财政统,大问题不会发生,小问题还可能发生。山东省作出决议,请华北人民政府下命令。曾山在政治局扩大会议的发言,受到中央的重视。

基于人民解放军同国民党军队进行战略决战时机已经成熟,中央决定发起济南战役。济南战役是战略决战的序幕。济南是山东的省会,是津浦铁路和胶济铁路的交汇处,也是连接华东、华北解放区的战略要地。蒋介石为了隔断华北与华东解放区的联系,下大决心防守这座大城市,构筑了"固若金汤"的城防,调集了 27 万重兵,由国民党军第二绥靖区司令官、山东省主席王耀武指挥。华东野战军组成了 14 万人的攻城兵团和 18 万人的阻援、打援兵团,决心"打下济南府,活捉王耀武",为战略决战开好头。为保障济南战役的胜利,华东局和曾山为华东野战军准备了充足的粮食和弹药,发给粟裕部队 5 个基数的弹药。9 月 16 日,华东野战军在粟裕代司令员指挥下,向济南城发起猛烈进攻,东兵团、西兵团联合夹击,经过 8 昼夜的攻坚战斗,全歼守敌 10 多万人,于 24 日解放了济南城,俘虏了王耀武。

为了做好接管济南的工作,华东局根据中央军委的指示,于 7 月 17 日召开专门会议,决定由曾山兼任济南特别市市委书记和济南军管会副主任(主任为谭震林),主持军管会工作,并配备了强有力的党、政、军领导班子。同时,又从各单位抽调了 8000 名干部参加接管。接着,曾山在青州组建了济南市委、市政府、市警备司令部联合筹备处,对外称"青州建设委员会",为接管济南做准备。他亲自主持城市情况调查、机构配套、人员培训等工作,编印了《济南概况》《济南概况补充调查》《济南人物调查》等有关材料,供攻城部队和接管干部阅读。他组织干部集中学习《入城守则》《约法七章》《三大纪律、八项注意》等文件,并以深入浅出的方式讲解。他还向接管干部专门作了学习郭沫若《甲申三百年祭》的报告,强调要防止干部进城后腐化变质。他语重心长地对接管干部交代:我们要爱护济南,建设济南。不但要保护人民的生命财产,还要尽可能完整地保护好这座历史名城。

9月26日凌晨,曾山冒着敌机轰炸进入济南城内,开始了繁忙的接管工作。接管干部按照曾山的布置,随攻城部队进入市区。部队打下一处,就接管一处,打下一片,就接管一片,跟不上时,就由部队留下战士先行看管。整个接管工作有条不紊。

济南解放之后,部队迅速南下,管理济南的任务就压在曾山为主要领导的市军管会、市委、市政府身上。美国人宣称:共产党可以打下济南,但没有能力管理济南。残存的敌人时刻准备进行破坏,社会秩序还不稳定,工商界、知识界人士对共产党的政策有顾虑,工厂没有复工、商店没有复业、学校没有复课,物价上涨,"一斤煤比一斤麦子还贵",广大市民对共产党也不甚了解,战争创伤严重,街头巷里到处都是死尸。

基于这种情况,曾山认为,必须首先稳定人心,维护好社会秩序。进城当日,他就和谭震林召开会议,宣布济南军管会成立,谭震林为主任,曾山为副主任、主持工作;下设工矿、公安、军械等9个部,分门别类开展接管工作。随后,谭震林、曾山联名,由军管会发布一系列布告,着令国民党、三青团及特务机关立即解散,停止活动;其人员迅速到公安机关登记,听候处理。军管会还组织干部战士打扫街道,清除炮弹,发动群众以工代赈掩埋死尸,解决部分群众生活困难,并从外地调集粮煤,稳定物价。接管人员全心全意依靠工人阶级,尽快恢复生产。济南解放的第五天,即9月29日,发电厂试机运行,10月1日,向广播电台、水厂供电;同日,水厂恢复供水;至10月2日,军管部门接收了粮食近千万斤,西药2500箱。这样,很快就恢复了城市的正常生活秩序。中央军委后勤部长杨立三也到济南参加了接收工作,获得了大量的军火。杨立三向中央军委各总部连续发了5封电报,详细汇报接收的弹药类、兵工类、交通运输类、军械类、电讯类的数量。因为数量大,请示处理办法。

在城市接管工作中,执行政策至关重要。曾山强调要调动一切积

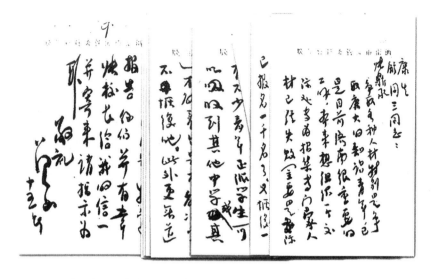

1948 年,曾山给康生、舒同、张鼎丞的报告,指出争取各种人才,特别是广大的知识青年,已是目前济南很重要的工作,并请华东局对在开办各种专门学校、恢复旧学校等工作中遇到的问题作出指示。

极因素,团结各阶层各界人士,特别是要照顾上层人物、知名人士,要保护他们的生命财产安全。当部队攻进齐鲁大学时,接管人员在炮火连天中,找到了该校校长杨锡范老先生。杨校长十分感动地说:"感谢共产党! 感谢共产党!"曾山还召集工商界人士座谈会,宣传党的统战政策和经济政策,听取他们的意见和反映,消除他们的疑虑。济南工商界深明大义,淮海战役时,支援了 80 亿元(北海币),做出了应有的贡献。在济南期间,曾山很注意培养人才。他专门给康生、舒同、张鼎丞写了报告,指出争取各种人才,特别是广大的知识青年,已是目前济南很重要的工作,并请华东局对在开办各种专门学校、恢复旧学校等工作中遇到的问题做出指示。

　　曾山经过短期努力,成功地接收了济南这座历史名城,并创造了接管大城市的一套经验。11 月 9 日,曾山向华东局和中央写了《关于接收济南经验的总结》。其要点是:(1)军管期间,军管会是最高权力机关,统一领导该城市党、政、军、财和警察、保卫工作。以此来保证党中

1948 年 11 月 21 日，由周恩来同志起草的中央对曾山关于接管济南的经验报告的批示，指出"关于接管济南经验的报告，已收阅，甚好，当转发各局，供他们参考"。后附曾山关于接管济南的经验中财部、华北财委会并转中央、毛泽东同志的报告。

央城市政策的贯彻，建立起新民主主义的城市秩序，方法是"分区接管与专业接收相结合"。（2）对攻城部队和接管干部要进行城市政策和三大纪律八项注意教育，严格各项具体的法规法纪，有功则奖，违犯必究。军管会下发了"济南城守则"，命令互相监督执行。（3）开展调查研究，事先弄清所接管的一切目标的详尽情况，争取旧政权人员反正，参与接管工作。（4）为安定人心，必须迅速清除战争遗迹，恢复供水、供电、救济失业、办好党报、宣传好党的政策。（5）正确处理敌伪人员及其家属，收缴武器，收容俘虏并集中管理。（6）妥善解决粮煤供应，确保国计民生需要。（7）在社会稍为安定以后，迅速复业、复工、复课。（8）必须十分重视搜集国民党当局遗留下来的档案文件。（9）接管敌产持慎重态度，必须确实查明其性质后，才能正式公布处理。（10）正确处理蒋币（国民党统治区货币）与北币（北海币）比值，采取"先低后高"策略，仅 15 天就在济南排除了"蒋币"。

曾山接管济南的经验,为充实党的城市政策和接管新解放的大中城市,提供了很好的依据和借鉴,很快就被中共中央推广。11月21日,周恩来代表中共中央亲自起草给曾山并给各中央局电文:"曾山同志并告各局:关于接收济南经验的报告已收阅,甚好。当转发各局供他们参考。……中央正根据你和各地的报告,利用准备进入平津的布置,起草与此有关的党内指示和军管期间的各种政策,以求解决这些问题。"于是,东北局运用接管济南的经验,顺利地接管了长春和沈阳两大城市,并创造了沈阳经验。薄一波说:"济南和沈阳的接管工作,创造了许多新经验。对我们做好平津的接管工作,大有裨益。"2月8日,中央军委电令华北局和华北军区:"此次接收平、津,影响中外,你们务必做到如同沈阳、济南那样的接收与管理成绩。"

四、统管华东支前

1948年9月28日,中央军委发出《关于淮海战役准备工作的指示》,以中原、华东两大野战军60万人,对国民党军精锐部队80万人,打一场规模空前的以少胜多的大战役。华东局提出"全力以赴支援前线"的支前方针,曾山拿出了支前工作的方案,要求10月20日之前,完成各种准备工作。11月6日,淮海战役打响。11月16日,华东局为适应淮海战役的需要,决定设立政务委员会,由曾山任主任。政务委员会负责掌管财经、粮食、职工及政府民政、司法、教育等工作,并负责处理财办、省政府、职工会等单位请求的问题,定期向常委会正副书记报告。淮海战役历时66天,1949年1月10日结束,取得了歼敌55.5万人的伟大胜利。

在淮海战役中,曾山以华东局常委兼财办主任和政务委员会主任的身份,担负领导华东和中原两大野战军的支前工作,夜以继日地在淮海战场上奔忙。据统计,"自1947年国民党军队向山东解放区发动所谓重点进攻,到华东全境获得解放,在将近三年的时间里,他负责指挥华东各省,特别是山东省的广大农民,每年贡献出近20亿斤粮食和大量其他物资"。在淮海战役紧张进行月余时,因部队连续作战,奋勇歼敌,常吃不到油盐,甚为疲劳。中央军委建议华东局、军区给予慰劳。曾山和有关同志研究决定:"凡我华东、中原参战部队前线人员,一律慰劳以每人猪肉一斤,香烟5包,凡不吸烟者,得以其他等价物品代之。"在缺乏现代运输工具的条件下,这些军粮和军用物资全靠数百万的人民群众,主要是农民群众,用肩挑、手推车和牲口驮等方法运往前线,其中的动员、组织和管理工作是极其繁重、艰巨的。张震上将说:"在淮海战役时,我参战的兵员和民工总数在100万人以上,而且大批俘虏也要吃饭,仅粮食每天就需要200万~300万斤,有时达400万斤。由于我们缺少现代化交通运输工具,主要靠人背、肩挑、车推、马驮、车船载。……仅动用民工达225万人,小车40多万辆,担架7万多副。民工与作战兵员的比例,达到了一比一,二比一甚至三比一。"陈毅元帅感叹地说:"淮海战役的胜利,是人民群众用小车推出来的。"他还在《记淮海战役前线见闻》一诗中,生动地描绘了当时的情景:"几十万,民夫走不通。骏马高车送粮食,随军旋转逐西东,前线争立功。担架队,几夜不曾睡,稳步轻行问伤病:同志带花最高贵,疼痛可减退?"曾山为组织、动员、协调解放区的人力、物力、财力支前做了大量的艰辛的工作,从后勤保障方面对淮海战役的胜利做出了重大贡献。淮海战役中,我军也付出了不少牺牲,曾山为死难烈士题字:"永垂不朽。"

淮海战役结束后,中央军委决定发起渡江战役。以二野、三野及四野一部共百万大军,打过长江去,解放全中国。于是,曾山又全身心地投入渡江战役的支前工作。这时,他以华东局常委兼财办主任的身份,统管华东财经、粮食、工商、银行、收支审核等方面工作,并督促检查各战略区、各部队的财经工作,责任重大。

1949年2月8日,中共中央华东局在徐州召开扩大会议,部署支前、生产、干部组织和渡江准备工作。参加会议的有:渡江战役总前委、第三野战军指挥部、中共中央华东局、华东军区领导人。他们在徐州大北望郝家大院有一张合影。站在前排的是刘伯承、饶漱石、邓小平、康生、陈毅、粟裕，站在后排的是曾山、谭震林、张际春。华东局有意要曾山兼任华东野战军后勤司令部政委，曾山认为华东财办实际上管了华野的钱粮和后勤保障，不必去兼职。由于渡江行动提前，支前任务十分繁重。吃饭问题很大。粟裕、谭震林对华东野战军后勤司令员刘瑞龙说：部队南下，"粮草仍是第一大问题，只有部队有得吃，其他事情才好办"。据刘瑞龙统计，仅华野各兵团部队就有 45 万人要吃饭，还有几十万民工也要吃饭。曾山表态："除现存粮食外，财办再拨 1 亿斤粮来，运到徐州以南，每天一列车运粮南下，运输，存粮，面袋子，一切作 3 个月行动打算。"12 日，曾山又和华东局书记饶漱石、副书记康生到徐州，

1949 年 2 月，渡江战役总前委、第三野战军指挥部、中共中央华东局、华东军区四大机构领导人参加中共中央华东局扩大会议后在徐州大北望郝家大院合影。前排左起：刘伯承、饶漱石、邓小平、康生、陈毅、粟裕；后排左起：曾山、谭震林、张际春。

听取华东支前司令部司令员傅秋涛和刘瑞龙的汇报,指示他们立即去前委总机关所在地蚌埠,支前后勤必须走在部队行动之前。渡江部队将于3月底到达长江边,两大野战军及有关前线人员共150万人。每人每天2斤粮计,每月就需9000万斤。曾山采取征粮、借粮、购粮等各种筹粮措施,制定相关政策,依靠群众,取之于民,公布于众,从而保证部队及支前民工的粮食供应。曾山办事很精细,不仅抓大事,小事也过问。他得知部队饭碗都不够,便打电报叫香港的地下工作人员,在香港购买60万个洋瓷碗。曾山尤其着急的是部队过江渡船远远不够,只有从民间征集的几百条小木船。他在从各地调来大量木材修造船只的同时,下决心破釜沉舟,花黄金1.3万两定造了一批机帆船。他又开动脑筋,把淮海战役缴获过来的许多汽车引擎利用起来,组装了几百部机帆船,从而保证了部队渡江作战的需要。

3月5日,中共七届二中全会在西北坡召开,曾山作为中央委员,出席了这次会议。会议决定党的工作重心由农村转向城市。会前20天,刘伯承、陈毅、邓小平、饶漱石和曾山联名致电中央军委,表示完全拥护这一方针。同时认为:"在具体执行先城市后农村方针时,必须从客观实际情况出发,对不同地区分别采取不同的方法。"这种实事求是的态度,得到中央肯定。曾山在会议期间,专门找了他的老战友李富春。李富春时任中共中央东北局副书记兼东北人民政府副主席。曾山谈及渡江战役部队需要大量汽油,要求东北给予帮助。李富春欣然答应代购5000至10000桶汽油,曾山满心欢喜。七届二中全会结束时,中央宣布了华东局和上海市委的领导班子的调整名单:邓小平任华东局第一书记,饶漱石为第二书记,陈毅为第三书记;饶漱石任上海市委第一书记,陈毅任上海市市长,曾山任华东局常委、上海市委常委、上海市副市长。

不久,邓小平、陈毅、粟裕、谭震林率二野司令部、三野司令部及总前委机关移到安徽省蚌埠,曾山与饶漱石、张云逸、舒同率华东局、华东军区机关也南下,汇聚蚌埠。在总前委会议上,曾山听说作战部队反映,粮食不够吃。为切实保障部队作战需要,3月27日,曾山召集华东财委研究决定:凡参加渡江战役的战斗人员,每人每天发给2斤米。次日,三野后勤司令部向东移,支援东集团渡江作战。渡江战役的东集团是由二野的四兵团、五兵团组成的。遵照中共中央"华东全力供给华东、中原两野战军"的指示,华东局责成华东财办、支前司令部、后勤司令部,要各负其责。鉴于华东各机关陆续南下及支前任务的繁重,华东局决定由曾山全权负责支前工作。3月29日,华东局通知山东分局、中野、华东军区并报中央军委:"华东局特根据目前需要,决定由常务委员曾山同志负责领导华东财办、华支及后勤司令部三方面工作,以加强互相联系及统一调剂支前物资。"自此,曾山全面担负渡江战役后勤保障的重任,更加明确。

兵马未动,粮草先行。百万雄师过大江,需要大量船只。曾山在从

位于安徽合肥瑶岗的中共中央华东局旧址。1949年3月中旬,邓小平、陈毅率总前委机关进驻瑶岗,统一指挥渡江战役。同时,饶漱石、张鼎丞、曾山等人率中共中央华东局机关和华东军区机关,也进驻于此。

各地调来大量木材造船的同时,破釜沉舟,不惜用 1 万 3 千两黄金定造机帆船,以供急需。在曾山的领导和精心组织下,经过各方面的积极努力,采取征粮、借粮、购粮等各种筹粮措施,至 4 月初,华东支前粮草准备就绪,部队枪弹充足,还组织了 2 万民兵和 178 万民工随军南下。4 月 12 日曾山并与傅秋涛到合肥向总前委汇报,并召开前线物资补给会议,决定再给二野调运 1400 万斤粮食和大批油盐,充分保障部队所需。

4 月 20 日夜,人民解放军发起了渡江战役,23 日,攻克国民党的首都南京,宣告了国民党反动统治的灭亡。曾山随军进入南京,参加了对南京的接管工作。

南京解放后,中央军委对解放上海作了军事部署。中央和华东局积极准备接管中国最大的城市上海。曾山奉命先行至江苏丹阳,做接管大上海的准备工作。

曾山这一生

第九章　华东三年

新中国成立伊始,曾山就任政务院委员、中共华东局常委、中共上海市委常委、上海市副市长、华东军政委员会副主席等要职,协助陈毅、饶漱石接管与治理大上海,恢复与发展华东经济,做出了卓越贡献。

一、接管大上海

上海是全国最大的城市,是蒋介石起家的地方,被称为"冒险家的乐园"。因此,要攻克上海和管好上海,极不容易。敌人早就放出狂言:你们不敢占领上海,因为你们无法管理上海。

上海解放前夕,华东局和上海市委就对接管上海的工作做了全面安排,即在军管会的统一领导下,分军事、政务、财经、文教四大部门有条不紊地进行。陈毅任军管会主任,曾山任财政经济接管委员会主任,许涤新、刘少文为副主任,下设财政、金融、贸易、工商管理、轻工业、重工业、农林等 15 个处,负责接管财经系统。上海是全国的经济中心和金融中心,接管财经系统的工作任务极其繁重。

1949 年 4 月底,参加接管上海的华东局、华东军区各部 3 万人以

1949 年 5 月 27 日,第三野战军解放上海,曾山率领财经接管委员会成员进
驻华懋饭店,开始对上海的接管工作。图为曾山(前排左一)与陈毅、饶漱石、粟
裕等人检阅入城部队。

及 3500 名干部在江苏丹阳集中,进行接管上海的准备工作。曾山率华
东局机关人员先期抵达丹阳。5 月 3 日,陈毅到达丹阳。华东局和上
海市委确定了接管上海的方针:稳步前进,量力而行,实事求是,从上海
实际出发,快"接"细"收","接""管"相联。据此,曾山组织财经接管
委员会的全体工作人员,认真学习中共七届二中全会精神和《中共中
央华东局关于接管江南城市的指示》《入城守则和纪律》等文件,在思
想、组织、政策、纪律等各个方面做好接管准备。5 月 18 日,成立华东
局财政经济委员会,时任华东局第一书记的邓小平任书记,曾山任副书
记。同时,以华东军区名义公布成立华东财经办事处,邓小平为主任,
曾山为副主任。

    5 月 25 日,陈毅、曾山与饶漱石、张鼎丞、刘晓等,乘坐火车直驶苏
州。26 日晨,陈毅、曾山、粟裕一行到达上海南翔车站,听取上海地下

党负责人汇报,旋即进驻圣约翰大学。27日,第三野战军解放上海。曾山与陈毅、饶漱石、粟裕等一起,检阅了入城部队。

同日,邓小平等到达上海,进驻金神父路(现瑞金二路)励志社,并召开华东局扩大会议。随即颁布上海市军事管制委员会公告,宣布上海军管会成立。

5月28日,上海市人民政府成立,陈毅任上海市市长,曾山、潘汉年、韦悫任副市长。同日,中国人民银行华东区行成立,曾山兼华东区行经理。

根据"按照系统,整套接收,调查研究,逐渐改造"的方针,各系统在军管会的领导下,立即开始了接管工作。政务接管委员会接管了国民党的上海市政府。28日下午,举行了接管仪式。国民党上海市政府代市长赵祖康将旧市政府关防印信上交陈毅市长,陈毅市长简短致辞,然后召开旧市政府所属各局、处负责人会议,要他们办好移交,共同做好接管工作。曾山参加了政务接管仪式。

曾山率领财经接管委员会人员进驻华懋饭店,开始进行接管工作。他首先派顾准等人到财政局进行接管,并派出人员接管市府会计处、地政局和国民党财政部、审计部在上海的所属单位。

财经接管委员会对官僚资本企业采取"自上而下,原封不动,按照系统,整套接收"的方针和"快接细收"的办法,以保证生产的正常进行,或者尽快恢复生产。5月29日,财经接管委员会轻工业处接管中纺公司及所属各厂。陈毅、曾山到原国民党资源委员会总会所在地资源大楼,会见资委会各部门主管、所属单位和工矿企业负责人。指出资委会是主管工、矿、电等企业的一个全国性的企业管理机构;毛泽东主席很重视这个机构。军事结束后,我国即将进入建设时期,希望资委会技术管理人员能安心留在原工作岗位,配合接管,积极工作,为人民做出贡献。会后,孙冶方将各军代表介绍给资委会各单位负责人,军代表开始了对资委会的接管工作。

6 月 17 日,曾山召集财经接管委员会会议,专门讨论、审议接管银行的方案。金融处接管官僚资本银行工作进入到"细收"阶段。他们组织 135 名职工协助点收,63 名职工协助稽查报表。

至 6 月底,上海接管工作第一阶段任务完成。财经系统接受银行、工厂、仓库 411 个单位,员工 15.3 万余人。接收黄金 2.46 万两,银圆 36 万枚,金圆券 21 亿元及大批物资。接管 157 家官僚资本主义企业,掌握了全市五分之二的纱锭,三分之一的机器制造设备,五分之一的钢铁冶炼设备,使社会主义的国营经济迅速建立起来。这就为治理大上海奠定了良好的物质基础。

接收工作结束后,曾山将财经接管委员会所属的财政、卫生、公务、工商、劳工和房地产管理等 7 个处划归市政府领导。

曾山在负责上海的接管工作中,严格要求所有财经干部,认真执行财经纪律。他自己以身作则,一尘不染。当时,接收和接管的大小仓库和无数金银财物,无论是吃的、穿的、用的、玩的,应有尽有,他从不利用职权拿取一丁半点。有些财经干部提议在接管物资中拿些急需用的小物品,如毛巾、牙膏、钢笔之类的分给大家使用。曾山不但不同意,而且进行严厉批评。他谆谆告诫说:"如果我们财经干部都可以利用职权,带头破坏财经制度和财经纪律,那就对不起党和人民对我们的信任,那就是严重的失职和犯罪。"由于曾山带头严格遵守财经制度和财经纪律,在接收和接管工作中,没有发现财经干部违犯财经制度和财经纪律。一位老同志说:曾山的组织能力很强,他组织接管上海相当成功。整个接管工作有条不紊,从方针政策到具体组织执行。接收工作当然靠党、靠军队,但财经方面的统帅是曾山。

在接管上海的过程中,国民党反动派采取各种手法,大肆进行破坏活动,甚至派出特务暗杀领导干部。他们狂妄叫嚣:"要让共产党白的进去,红的出来。"曾山就是他们阴谋杀害的对象之一。那时,曾山住在复兴路一栋小楼里。敌人先派了个女特务混入小楼,要挟曾山的生活管理员,要他用毒药毒害曾山。在下毒的过程中,一条狗被毒死,女特务见机不妙便逃跑了。不久,敌人又派出特务,深夜跳入小楼院子,妄图炸毁小楼刺杀曾山。但特务刚一行动,即被曾山的警卫发觉,特务仓皇逃跑了。

7月2日,华东局及上海市委召开"中国共产党成立28年纪念与上海党员会师大会",曾山与饶漱

曾山与邓六金在上海。

石、陈毅、刘长胜等出席并在会上讲话。大会指出:现在上海已经变成人民的上海,但许多困难放在面前,更尖锐的斗争还在后面。大会号召全体党员紧密团结,贯彻党的政策,用一切力量去战胜困难。

二、治理大上海

上海的投机势力不甘心失掉他们的"乐园"。他们在金融、物资供应等方面兴风作浪。曾山与陈毅等一道,日夜艰苦工作,积极投入到稳定上海与治理上海的斗争中。

当时,上海拥有 500 万人口,粮、煤供应十分紧张。上海解放以后,要保障城市人民生活需要,维护正常社会秩序和恢复工业生产,就必须保证粮煤有足够的供应。在丹阳期间,陈毅反复强调,上海一天要烧煤 12 万吨,几百万人天天要吃饭,要积极做好准备。曾山为此日夜奔波,调动物资,准备好粮食 1.2 亿斤,食油 700 万斤。淮南煤矿存煤 12 万吨,并每日可产煤 2500 吨,贾汪煤矿每日产煤 2000 吨。上海一解放,曾山便将事先储存的物资源源不断运进上海,稳住了局面。

为了进一步调集"两白一黑"(即大米、棉花、煤炭),曾山亲自深入地方基层了解情况,解决问题。没有煤,上海的工厂就要停止生产。为此,曾山多次向陈云反映情况。陈云指示从东北、山东给上海调运煤,但煤还是不够。曾山便采取"就近解决"。曾山直接下到淮南煤矿,深入矿井,与煤矿工人一道爬进不及人高的井巷。通过调查,发现矿井开采时坑木跟不上。于是,他组织调运大量坑木到淮南煤矿。原煤被大量开采出来,及时运往上海,解决了"黑"的问题。为解决"白"的问题,曾山又亲自到浙江、江苏、江西、湖南等地,调集粮食和棉花。他还动员和组织江西、湖南等地的粮商,将粮食运往上海销售。江西是个农业大省,盛产粮食,粮食需要外销。他写信给江西省人民政府主席邵式平说:江西外销的粮食,上海全要。

在解决粮煤棉供应问题的同时,曾山又以大力整治金融市场。上海解放的第一天,就发行人民币。军管会宣布自即日起,以人民币为计算单位。但因通货膨胀严重,人民币没有占领上海市场,市场上仍以银圆流通,有些商店商品用银圆标价,甚至拒用人民币。尤其是一些不法分子进行银圆投机,打击人民币。曾山经过调查得知,有一批金融投机势力以汉口路 422 号上海证券交易所为据点,操纵黄金、白银、美元价格,特别是投机贩卖银圆,猖狂进行扰乱金融的投机活动。从 5 月 28 日至 6 月 9 日的 12 天里,银圆价格总体上涨了 247%,平均每天上涨 10%,人民币的信用受到严重威胁,人民群众的生活受到严重影响。曾山提出,首先采用经济手段打击银圆投机,抛出 10 万银圆,但被投机分子全部吃了进去,人民币早上发出,晚上就被退回。在这种紧急情况下,曾山紧急报告华东局和上海市委,建议坚决打击上海银圆投机活动。6 月 5 日,《解放日报》发表题为"扰乱金融、操纵银圆的投机商赶快觉悟"的社论,向投机分子提出警告,但他们置若罔闻。银圆贩子从 6 月 5 日的 2 万人,发展到 8 日的 4 万多人。6 月 7 日晚,曾山向中共中央和华东局邓小平、陈毅等领导汇报,建议以政治手段打击投机分子,扭转形势。华东局领导果断做出查封证券大楼的决定,以取缔银圆投机。此举上报中央后,马上得到毛泽东亲自批准。

有了尚方宝剑,华东财委和军管会立即行动。在对银圆投机分子劝说无效后,6 月 10 日上午,上海市公安局长李士英(曾山接管济南时任济南市公安局长)率领 200 余名便装公安干警预先进入大楼,华东警卫旅一营兵力武装包围证券大楼。逮捕了 238 名投机首要分子,查封了证券交易所。政府还取缔了大楼以外的银圆投机贩卖活动,加强了对私营银行、钱庄的管理监督,取缔了地下钱庄。不到 10 天,4 万多名银圆贩子销声匿迹。人民币在上海市场上得以顺利运转。上海"银圆大战"胜利,为统一全国货币、物价取得了经验,也为世界瞩目。

打击金融投机斗争刚刚平息,上海投机势力又掀起一次物价大涨风。1949 年 6 月 23 日,美国和蒋介石集团封锁上海口岸,内外贸易受到严重影响。当时上海库存粮食不到 1 亿斤,物资供应紧张。上海的投机商便趁机大量囤积物资,大肆哄抬物价,掀起以粮食、纱布、煤球为主的"七月涨风"。7 月 11 日至 16 日,6 天中米价上涨 96%,从 6 月 23 日到 7 月 30 日,整个物价上涨一倍。于是,平定物价成为一场保障人民生活的严重斗争。曾山为稳定纱价、布价的方针给中财委主任陈云、副主任薄一波作了请示汇报。曾山和上海市委通过政府有关部门采取三项得力措施:一是向职工、公教人员配售平价米,价格相当于市场价三分之二,保障了职工的基本生活;二是抛售物资,7 月份,国营公司在市场上抛出大米 33734 石,占市场总交易量的 34%;三是加强市场管理,实行当日交割制度,限制投机活动。到 7 月底,物价转向平稳。

7 月 20 日,华东局、上海市委召开机关干部整编节约动员大会,曾山在会上做了报告。曾山提出要实行精简,减少亏空,恢复生产,增加财政收入,禁止浪费,将多余的干部派到农村去。

根据上海市的经济、金融和供应状况,中央财经委员于 7 月底至 8 月中旬在上海召开全国性的工作会议。会议由陈云主持,曾山参加了会议。会议经过详细研究,提出了整治金融市场,稳定物价的任务,借以稳定人心,恢复秩序,恢复经济。会议决定由中财委主持,从各地调拨物资,保证上海需要的粮食、棉花和煤炭,稳住上海。

不久,上海的投机势力,又掀起第二次涨风。他们不甘心"六月涨风"的失败,在旺季来到之时,以棉纱布为突破口,掀起了来势凶猛的"十月涨风"。从 10 月上旬到 11 月下旬,棉纱价上涨 3.8 倍,棉布价上涨了 3.5 倍,并波及其他商品,上海整个物价上涨 3.3 倍,范围遍及全国,时间长达 50 天,成为上海解放后最为严重的一次物价波动。上海国营贸易单位在 1 个月内抛出棉纱 2 万件,棉布 30 万匹,粮食抛售市场成交量的 10 倍,仍压不住物价的继续上涨。

中共中央对上海的经济形势极为重视,开展了由陈云亲自领导,曾山参与指挥,以上海重点,影响全国的平抑物价的斗争。经过一个月的时间准备,于 11 月 25 日这一天,在上海、天津、北京、沈阳、武汉和西安等全国各大城市同时抛售纱布、粮食等重要物资。上海国营花纱布公司边抛售边降价,而且一个小时跌一次价。当天,上海纱布价格就下跌了一半,使投机商遭到重创。与此同时,市人民政府运用经济治理手段,从金融、税收、价格、市场管理等几管齐下,配合打击投机活动:人民银行抽紧银根,对私营银行和私营企业不放贷款;税务部门征收税款;不准资本家关门闭厂,并要按时发放工人工资;加之收缴公债款,使投机商不得不吐出囤积物资。投机商经不住多重打击,只得以惨重失败而告终。一个大资本家说:"6 月银圆风潮,中共是用政治力量压下去的。这次仅用经济力量就能压住,是上海工商界所料想不到的。"

第三次涨风是 1950 年的"春节抢购风"。一些投资商认为农历新年红盘必涨,在节前借款抢购粮食和纱布,准备新年开盘后再掀风浪。由于曾山早有预料,指示上海有关部门提前做好储备,以充足物资作为后盾,在开盘后保持原价大量供应市场,使投机商元气大伤,不到三天就败下阵来。

经过三次较量以后,上海投机资本家受到致命打击,物价渐趋平稳,市场基本稳定。与此同时,曾山领导华东财委想方设法发展生产,掌握物资。官僚资产接收后,都改为公营企业,及时开工。还建立了各种国营公司如中纺公司,内贸公司,外贸公司,百货公司,土产公司,粮食公司,煤炭公司,茶叶公司等,领导所属企业正常生产,繁荣经济。从此,社会主义国营经济在上海市场成为领导力量。所谓"共产党军事100 分、政治 80 分、经济是 0 分"的谎言,自然遭到彻底破产。毛泽东对曾山参与决策和指挥的经济战线上的斗争评价极高,盛赞其功"不下于淮海战役"。

三、掌管华东财经

新中国成立初期,政务院是国家最高行政机构,周恩来任政务院总理。1949 年 10 月 19 日,经中央人民政府委员会第三次会议通过,任命董必武、陈云、郭沫若、黄炎培任政务院副总理;曾山等 15 人为政务委员。政务委员中,党外人士 9 人,占了一半多;共产党人只有 6 人,即谢觉哉、罗瑞卿、薄一波、曾山、滕代远、李立三,占一小半。同年 12 月,中央决定在各大行政区成立军政委员会。12 月 2 日,华东军政委员会成立,饶漱石为主席,曾山、粟裕、马寅初、颜惠庆 4 人任副主席。曾山兼财经委员会主任,掌管华东财经。

1950 年 3 月 3 日,政务院颁布《关于统一国家财政经济工作的决定》。当时,全国有900万军政公教人员,其中军队500万人,而税收只完成百分之六十,加上收支脱节,中央亏空很大。如果钞票发多了,又会引起物价飞涨。因此,统一全国财经,势在必行。其中,主要是统一财政收支,保证中央财政的需要。在统一收入方面,规定公粮、税收、库存物资和公营企业的利润一律收归国库,由中央掌握。在统一支出方面,规定统一的编制和供给标准,不准擅自招收人员,额外开支。还规定国营贸易的资金和物资的调用,统一于中央贸易部。机关、企事业单位的现金,要存入国家银行。

在全国来说,华东是比较富裕的地区,在经济上占的比重较大。华东的收入上交国库,对华东是"吃亏"的。但曾山和华东军政委员会没有站在本位主义的立场,而是从国家全局出发,坚决贯彻政务院的决定。华东军政委员会颁布了《关于保证执行〈中央人民政府政务统一国家财政经济工作的决定〉指示》。曾山和华东财委积极贯彻执行以上决定和指示,取得了显著成效。在整顿收入方面,征收公粮和城市税收都完成了计划。企业和私营企业都依法纳税。华东认购的公债超过了中央下达的任务。在统一收支与现金管理方面,全区都建立了金库,税款能及时入库。机关部队现金大都按规定存入人民银行。还建立了贸易、铁道等企业,使各企业资金,实行全国统一调拨。在节约支出方面,各机关核实了人数,需要增加人员列为编余人员。在清仓方面,将储存物资上缴财政抵数,便于中央调拨。在调整公私企业关系和发展农业生产方面,也取得良好成绩。主持中财委日常工作的薄一波副主任,对上海统一财经成绩很满意,表扬上海在1950年4月1日至15日的半个月内,银行存款增加了20%。他指出:1950年3月统一财经,同年4月财政状况开始好转,出现收支接近平衡,市场进一步稳定的可喜现象。

在全国经济形势开始好转的情况下,1950年6月,中共七届三中全会在北京召开,毛泽东在会上作题为"为争取国家财政经济状况的基本好转而斗争"的书面报告和《不要四面出击》的重要讲话。这是新中国成立以后召开的第一次中共中央委员会议。曾山出席了这次重要会议。会议结束后,曾山回到上海,坚决贯彻落实中央和毛泽东提出的任务。7月,在华东军政委员召开的第二次全体会议上,曾山作了《华东财经工作报告》。报告总结了华东区半年以来的财经工作情况,强调指出:今后华东财经工作的总任务,是贯彻毛泽东在七届三中全会报告的指示,巩固财政工作的统一管理和统一领导,巩固财政收支的平衡和物价的稳定。在此前提下,调整税收。酌量减轻人民负担,坚持统筹兼顾的方针,逐步消灭经济工作中的盲目性和无政府状态。合理调整现有工商业,切实妥善地改善公私关系和劳资关系,使各种社会成分,在具有社会主义性质的国营经济领导下,分工合作,各得其所,以促进整个社会经济的恢复和发展。他还提出了华东区今后财经方面的几项工作:一是调整税收,完成征粮;二是调整工商业,克服当前困难;三是

1950年6月,出席中共七届三中全会的代表,第四排右五为曾山。

掌握秋后城乡贸易,稳定市场物价,防止谷贱伤农;四是努力防汛抗旱,保证秋收秋种;五是整训财经干部,克服官僚主义和强迫命令的工作作风。

曾和曾山长期共事的原国务委员张劲夫说:曾山在领导经济工作中,始终坚持全局观点、发展生产观点和群众观点。华东在全国属于比较富裕的地区,在恢复国民经济,统一全国财经时期,华东的主要任务是出钱、出人(主要是向全国各地输送人才)、出轻工业产品供应市场。1951年7月,中财委领导陈云、薄一波亲自致电给曾山,请他设法抽调一批技术干部前往北京。1951年上半年,国家赤字严重,中央提出增收节支方针,以适应抗美援朝战争需要和稳定物价。曾山积极拥护增收节支,表示愿意多做贡献。6月9日,他致电中央:"从目前经济发展的趋势来看,税收工作进一步加深推广,加强领导可以争取完成中央要求的十五万亿,甚至超过。"7月20日,他又致电中央,报告华东税收情况良好,估计年内可保证完成十五亿元,争取到十七亿元。中央对曾山的工作十分满意。刘少奇、周恩来阅后,即以中共中央名义,将曾山的报告转发各中央局,给予表扬。

在华东局和曾山的领导下,华东财经工作卓有成效。到1952年上半年,上海和华东地区基本实现了财政、物资、信贷三方面的平衡,并开始在资本主义工商业中,试行了加工订货、代购代销,逐步引导资本主义工商业走上国家资本主义的道路。上海市全年工农业总产值达到71.49亿元,比1949年增长91.51%。国民收入52.64亿元,财政收入达19.30亿元。物价稳定,人民生活水平提高。职工工资比1949年增长75%。上海和华东的国民经济全面恢复,促进了全国财政经济状况的根本好转。这与曾山和华东财委的积极工作,艰苦努力是分不开的。

四、治淮委员会主任

华东地区辽阔,历来患有自然灾害,尤以水灾为多。1950年7月下旬,地跨安徽、江苏、河南三省的淮河流域发生严重水灾。受灾人口998万,重灾民690万,断炊需急救者268万,109万人无家可归。华东局对灾情十分重视。7月27日,华东局就向中央报告了皖北的严重灾情,并派曾山前去处置。28日,曾山率华东水利干部和医疗队乘火车经蚌埠转合肥,到灾情严重的皖北,指导抗洪救灾斗争。曾山到达皖北后,深入灾区,慰问灾民,召开座谈会,与地方党政干部一道制定抗洪救灾方案。7月31日,他向华东局和党中央、政务院、毛泽东写了《对皖北水情报告与请示》,如实反映当地严重灾情,请求中央指示。报告称:淮河"水势凶猛,一片汪洋大海。一眼望去,数十里村庄房屋被淹没。有的被崩倒冲去。抢救难民出来时,那喊叫哭声情景甚惨。有的鸣枪鸣锣呼救。有的挤在一块小高地,与毒蛇蚂蚁争生存。有的爬在树上用麻袋装小孩,吊在树上求生。也有因树木被崩而遭殃者……严重的灾情,使人人看到都会流泪"。他建议拿出几亿斤粮食作为灾民的救济粮、种子粮和治淮工程粮。鉴于灾区疾病流行,他又建议华东局在上海组织抢救医疗队并带上药品,赴灾区为农民治病。华东局接到曾山报告后,立即调拨数亿斤粮食、350亿现款和医疗队支援皖北灾区,并指示曾山要依靠当地群众,群策群力,渡过难关;同时又向中央提出要全面大规模、有计划、有步骤地根治好淮河。要求成立治淮委员会,统筹指挥并请中央派员主持。

毛泽东对淮北水灾极为关心。他看到一份电报中说到"被毒蛇咬死者"和"死亡统计489人",不禁流下了眼泪。七八月间,他接连给周恩来总理作了三个批示,督促治理淮河,并发出"一定要把淮河治好"的号召。曾山把毛泽东的号召传达到灾区以后,极大地鼓舞了灾区人民战胜洪灾、治好淮河的决心和信心。8月8日,曾山根据调查到的情况,提出克服困难、生产自救的措施:一是组织农业生产,水落以后抢种晚稻、荞麦及来年春种早熟作物;二是组织副业生产,三是组织治淮修埂挖沟,以工代赈,解决灾区人民粮食问题。皖北区党委、行署、军区组织了 6000 多名干部深入灾区基层,生产自救工作,卓有成效地解决了 650 万灾民的生活问题。

为落实毛泽东关于治淮的指示,8 月 25 日至 9 月 12 日,周恩来主持中财委、水利部、华东局、中南局及皖苏豫三省负责人,召开了治理淮河工作会议,确定了治

1950 年 10 月 27 日,中央人民政府政务院任命曾山为治淮委员会主任的任命通知书。

淮方针和具体步骤。10 月 14 日,政务院发布《关于治理淮河的决定》,对治淮方针和 1951 年治淮的工作方案做出了明确规定。那时,由于抗美援朝战争,国家财力十分紧张,但政府仍咬紧牙关,拨出治淮工程款及粮 4.5 亿斤、小麦 2000 万斤,以保证治淮工程需要。

10 月,中央决定成立治淮委员会。27 日,周恩来总理亲自签发任命书:"经政务院第五十六次政务会议通过,任命曾山为主任。"皖、苏、豫三省的省委书记或省长任治淮委员会副主任。曾山时任华东军政委员会副主席兼财办主任。他首先从财办系统抽调干部,建立工作班子。将属华东财委领导的华东水利部副部长汪明桢先生和钱正英,分别兼任治淮委员会工程部的部长和常务副部长,吴觉任秘书长,万金培任财务部长。成立治淮委党委。治淮委员会设在安徽省蚌埠。曾山为治淮事业倾注了大量心血。他经常来往于上海与蚌埠之间,和安徽省委书记曾希圣一起视察灾情、商量办法;钱正英也经常到上海向他请示汇报,重大问题由他做出决策。

在党中央、政务院和华东局的正确领导支持下，曾山依靠皖、豫、苏三省广大干部和群众，开展了声势浩大的治理淮河工作。1951年冬天，淮河上游、中游、下游共有80万民兵参加治淮，奋战80天，建成了一条长达168公里的灌溉总渠。

为了对淮河治理做出更科学更实际的规划，曾山组织苏联和国内外专家技术人员对淮河上、中、下游作了两个月的实地考察。经过测量和研究分析，制定了全面治理淮河的规划。1951年3月，曾山向毛泽东、周恩来、中财委、水利部及华东、中南军政委员会呈上《关于淮河上中下游工程计划报告》。报告提出，淮河上游以蓄水为主；中游蓄泄并重；下游加强泄送，淮河两岸上扩大植被。报告经中央批准后，治淮工程在1951年就全面启动。

在治淮工作中，曾山强调要尊重科学、尊重专家。治淮委员会成立的第一天，他就对大家说："要保证治好淮河，必须依靠全体干部、专家、技术人员和广大劳动群众的亲密团结，充分发挥他们的积极性和创

1950年，曾山（左）与曾希圣研究治淮的有关问题。

248

造性。"他为此写了《人民民主制度是治淮力量的源泉》一文,提出了"依靠群众,依靠科学,科学与群众结合"的口号。这在解放初期是十分难能可贵的。他不但尊重外国专家,也相信和尊重中国自己的专家。1951 年,他采纳了中国水利专家汪家桢的建议和施工方案,在淮河支流淠河上,建成了著名的佛子岭水库。经过多年的洪水考验,证明水库的质量很好,带来了巨大的经济效益。

曾山把知识分子看作国家的宝贵财富。治淮需要大批技术人员。他向中央要求从各地抽调技术骨干,又从社会上广招人才,并决定把华东水利学院水利系和土木系的毕业生,全部分配到治淮委员会工作,共云集了 16000 余人。1950 年冬,河南省白沙水库因管理不善,发生塌方。河南省治淮指挥部决定给各级技术负责人以严厉处分。曾山为此找一些领导干部谈话,指出这个处分决定不妥,没有正确贯彻党的知识分子政策。他说:"对知识分子要多鼓励,多团结,少责备,不要动不动就处分,这样会伤害他们的感情,不利于发挥他们的积极性,出了事故,我们当领导的要多承担责任。"他要求领导干部学习毛泽东《大量吸收知识分子》一文。在他的主持下,治淮委员会党委做出了一项关于团

1950 年冬,治淮工程正式开工后热火朝天的劳动景象。

结知识分子的决定,发到治淮系统的各个单位,为知识分子锻炼和成长创造了良好的环境,使知识分子敢说敢干,心情舒畅,使治淮事业人才辈出。

曾山一贯爱护干部、精心培养干部。他爱护干部有四个特点:政治上严格要求,思想上耐心帮助,工作上抓得很紧,生活上关怀备至。在他身边工作过的同志,都能敞开胸怀,各抒己见,大胆工作。当年27岁的"黄毛丫头",后来担任共和国水利部长、全国政协副主席的钱正英,就是在曾山培养下、在治淮工程中锻炼成长出来的一个范例。据钱正英回忆:1952年,正当治淮工作进入第三年的时候,她怀孕了。因为工作很紧张,她坚持要求人工流产。但做手术要经组织批准。曾山听她诉说后,微笑着摇摇头说:"不要做手术。我的爱人生过几个孩子,女同志生孩子的问题,我都知道。"接着,他又说,"按照你的体质,怀孕了虽然稍稍有些反应,但是不会影响工作,你可以一起工作到临产。产前休息没有什么意义,要把产假放在产后,一般应是两个月。相反,人工流产如果搞得不好,可能长期影响身体。"曾山给她从各个方面作了设想和分析,开导了一个多小时,说得她完全打消顾虑,才高高兴兴地走了。钱正英说:"至今,我还常给我的第一个孩子说,是曾山同志把她护送到人间的。"无论战争时期,还是和平年代,曾山对他手下的干部,都关爱备至,因而出了一大批出类拔萃的人才。钱正英在《人民日报》发表的《待到山花烂漫时》一文中说:"华东解放后,在他的领导下,华东地区涌现了大批经济工作能手。许多同志后来成为中央政府部门的骨干。大概有八位成为正部级以上的领导干部,还有多位同志成为卓有成效的经济专家。"当时华东财委的部长和副部长们,绝大多数是大学生出身,有些是相当知名的学者,有的人十分高傲,但是,"曾山同志以他的高度思想政治水平和人格魅力,成为这些知识分子当之无愧的领导人。大家信服他,信赖他,心情愉快地团结在他的周围,毫无保留地在他领导下努力工作。"

治理淮河工程,是新中国第一个全流域、多目标的水利工程。曾山领导治淮工作整整两年,治淮工作取得了重大成就,奠定了良好基础。1952 年曾山调北京后,谭震林接任治淮委员会主任。1953 年 1 月 14 日,中央人民政府第 21

1951 年,曾山与钱正英等人在治淮工地。

次会议,通过了对各大区军政委员会改名为行政委员会的领导人员任命,曾山仍任华东行政委员会副主席。曾山虽然人在北京,但仍然十分关切淮河的治理进展。经过八年努力奋斗,到 1957 年冬,治理淮河工程初见成效。国家总共投入资金 12.4 亿元,治理大小河道 175 条,修建水库 9 座,库容量 316 亿立方米,还修建堤防 4600 公里,极大地提高了防洪泄洪能力。

曾山这一生

第十章　共和国的老部长

在新中国头十七年的历史上，曾先后担任四个部的正部长的，只有曾山一人。因而人们习惯而尊敬地称他为"老部长"。

一、组建商业部

1949 年 10 月 1 日，中华人民共和国成立。10 月 9 日，中央人民政府委员会第三次会议通过任命曾山为政务委员。经周恩来提名，中央人民政府任命曾山为纺织工业部部长。由于他在上海和华东的工作繁重，他在北京纺织工业部视事的时间较少。上海的纺织厂较多，在全国占的比重较大。他以很多精力投入上海的纺织工业，经常下到上海的几个纺织厂走走看看，帮助解决一些实际问题，借此以点带面，指导全国。他将自己的两个女儿都放到离上海市区很远的纺织厂做女工，学纺织。

1952 年，当国民经济将要基本恢复的时候，为迎接大规模的经济建设，中央决定将各大区书记（高岗、邓小平、饶漱石、邓子恢、习仲勋）调到中央工作，这就是人们说的"五马进京"。

与此同时,为加强中央对财经工作的领导,毛泽东主席和陈云副总理亲自点将,从地方"借两个头(脑)到中央":一个是华东的曾山;一个是西北的贾拓夫。1952年8月7日,中央人民政府委员会第17次会议决定,成立中央人民政府商业部。曾山调任中央财政经济委员会副主任兼商业部部长。1954年,国务院成立八个办公室,分口管理全国政法、文教、重工、财贸、交通、农业、统战等各条战线。国务院第五办公室是管财贸的,陈云为主任,曾山任副主任、商业部部长。

1952年10月,曾山奉命到北京,就任中财委副主任兼商业部部长、党组书记。协助陈云主管商业财贸战线工作。次年2月,中央又决定曾山任全国工商联党组书记。新中国建立后,国家为了组织和领导全国的经济建设,在中央人民政府政务院和各级人民政府设立了财政经济委员会。中财委是代表中央人民政府管理整个国民经济的机关,对国家各个经济部门负有指导责任。当时,中财委的主要任务是,在党中央和政务院(1954年改称国务院)领导下,统一领导全国的经济工作,建立健全新的管理体制,全面恢复经济,为下一步的全面发展奠定良好的基础。中央给中财委配备的领导班子很强,主任由陈云副总理兼任,薄一波、李富春、马寅初、曾山、贾拓夫、叶季壮为副主任。中央还从各大行政区调一批有丰富经济工作经验的骨干到中财委工作。随曾山调来北京的有刘瑞龙、陈国栋、汪道涵、李人俊、许涤新6人。

曾山是首任商业部部长,副部长是姚依林。曾山上任后,在组建和完善商业部自身机构的同时,即着手组织实施对资本主义商业的社会主义改造。

商业部是从中央贸易部分出来的。中央人民政府成立之初,就在政务院设立了中央贸易部,由叶季壮任部长,统一管理和领导全国的国内商业和对外贸易。它是全国国营贸易、合作社贸易和私营贸易的国家总领导机关。但随着国民经济的恢复和重点建设的发展,为了适应国民经济第一个五年计划的实施,国家贸易领导机关需要作适当改组。

1952 年 8 月 7 日,中央人民政府第 17 次会议决定,成立中央商业部、成立中央对外贸易部,撤销中央贸易部。中央随即任命曾山为商业部部长、原中央贸易部副部长姚依林留任商业部副部长。曾山在商业部建立了各个行政管理部门之后,精心研究和设置了有关业务机构。

首先对国营商业管理体制进行了改革。为了适应大规模经济建设开始后工业器材的组织和供应任务加重的新形势,商业部接管了原中央贸易部下属的中国工业器材公司后,将其分为 3 个商业专业公司,分别成立了中国五金机械公司、中国交通电工器材公司、中国化学工业原料公司。为了加强产品的分配和产销结合,将财政部领导的中国专卖事业公司划归商业部;成立中国食品公司,以加强副食品经营和生猪的收购、销售、出口等业务。为了适应国家对农产品迅速增长的需要,成立了农产品采购部,根据城市副食品的采购和供应任务的加重,成立了城市服务部。商业社会主义改造基本完成以后,国营商业担负了合成安排市场的任务,商业部又增设了中国文化用品公司、中国针棉织品公司、中国钟表眼镜公司、中国食品杂货公司、中国糖业公司、中国石油公司、中国煤炭建筑器材公司、中国医药公司等。全国设立总公司,各省有分公司。

其次,对国营商业的组织形式进行了重大改革。这一改革的基本原则,是将国营商业的管理环节和业务环节分开设置,即专业总公司及其所属各省分公司只负责管理职能,不能直接经营业务;同时按照经济区划,分别设立全国性和地区性的批发机构,专门从事商品采购供应业务。按照经济区划建立批发机构,是按照商品流通规律办事,改变了按行政区划设置批发机构所造成的硬性调拨和商品流通环节过多的弊端,使大部分商品流向合理化。

第三,对国营商业的管理体制进行了改革。改革的基本内容,是由资金高度集中和商品统一调拨改为推行经济核算制,在国家计划下,实行企业化经营,提高管理水平。这是当时国营商业在思想上、组织上和

256

制度上的一项重大改革。从此,国营商业的商品流通计划扩大了,国营商业的组织机构和人员也大为增加。据统计,1955年底,国营商业机构已从1952年的31000个发展到97000个,从业人员由535000人增加到1122000人。国营商业基本上掌握了全部批发业务。

随着国民经济的恢复和发展,我国市场逐渐繁荣起来 。但从1953年大规模经济建设以后,由于职工人数和城镇人口的大量增加,职工工资和福利的提高,城市购买力大为增长,许多商品供不应求。要解决供需矛盾,必须大力发展生产,但农业产品难以立即增加。这就要求商业部门积极扩大工农业产品资源,合理组织城乡供应,以便调节供求关系,稳定物价,保证第一个五年计划的顺利实现。

在这种情况下,以曾山为首的商业部经过研究,认为要避免私商操纵市场、投机倒把和物价暴涨,国家必须把对于国计民生关系重大的商品控制起来,进行严格的统一分配,实行计划流通,适当限制消费。于是,国家制定了计划收购、计划销售政策,简称统购统销。从1953年11月起,首先实行了粮食统购统销。以后,又实行了对棉布等的统购。1953年至1954年的粮食年度末,国家收购的粮食超过上年的60%,保证了粮食的正常供应,消除了粮食市场上的紧张气氛,粮食价格稳定,人心也安定了。商业部门还努力开辟和扩大货源,保证城市和工矿区的副食品供应(含肉、蛋、蔬菜等)。

二、改造私营商业

1953年,毛泽东和党中央提出了党在过渡时期总路线,即要在一个相当长的时期内,逐步实现国家的社会主义工业化、逐步实现国家对农业、手工业和资本主义工商业的社会主义改造。曾山担任了全国工商联党组书记,参与资本主义工商业,特别是商业的改造工作。

1953年6月至8月,中央召开全国财经会议,为时两个月。会议由周恩来主持,并作了重要讲话。曾山参加了这次会议。会上,中共中央统战部部长李维汉作了《关于利用、限制、改造资本主义工商业问题》的报告。周恩来要曾山、杨立三、黄敬负责拟定一个具体方案。根据周恩来和陈云的指示，曾山和许涤新等人起草了《关于通过统购、包销、加工、订货，引导资本主义工商业向国家资本主义发展的初步意见》。意见发布后，全国政协召开了工商界委员座谈会，陈云作了关于工商业问题的报告，曾山就国营商业对私营工厂加工订货问题做了专门发言。曾山认为，应坚持贯彻让加工订货工厂有利可图的原则，在正常情况下，每年获得百分之十至三十的利润。要加强对加工订货计划的科学性，注意淡旺季生产的均衡安排，以满足人民群众不断变化的消费需要。实践表明，党和国家通过统购、统销、加工、订货这种初级形式，将资本主义工商业初步纳入国家资本主义轨道，为后来进一步实现资本主义工商业改造奠定了基础。

　　全国财经会议期间，曾山写了《关于商业工作给周总理并转毛主席、党中央的报告》。他认为，国营商业的任务是坚定不移地为工农业生产服务，为消费者服务，巩固与发展国营商业与合作社商业。要完成好这一任务，国营商业就必须实行经济核算制度和奖惩制度。奖金从工资额百分之五支付。报告还对上半年商业工作中发生的"泻肚子"的差错作了检查。"泻肚子"源因"三反""五反"运动结束后，生产停滞，市场萧条，工业生产下降，原料卖不出去，小资本家工厂倒闭。而第一个五年计划刚刚实施，需要大量资金。于是，中财委认为商业资金过多，提出让商业部压缩库存，紧缩资金，支援国家基本建设。商业部提出过意见，但未引起重视。商业部执行"泻肚子"措施的结果，是资本家得了便宜。国家抛出库存物资时，资本家趁机大量买进，囤积居奇，然后转手高价卖出，引起物价波动。曾山认识以后，主动向中央表示："特别是我身为部长应负责任。"9月，商业部召开科长以上干部会议，传达、贯彻全国财经会议精神，检查上半年商业工作的差错。曾山这种勇于承担责任的态度，令人钦佩。

1955 年 9 月 25 日,北京市百货公司王府井百货大楼正式营业。图为商业部部长曾山(二排左一)陪同国务院副总理邓小平(前排左一)参观王府井百货大楼。

1954 年 2 月,曾山出席了在北京召开的中共七届四中全会。9 月,出席了第一届全国人民代表大会第一次会议。会后,曾山仍被任命为商业部长。他还出席了第二届中国人民政治协商会议,被选为全国政协委员。1955 年 3 月,他出席了党的全国代表会议,并在会上就建国五年多来商业工作作了发言。同年 7 月,曾山出席了一届人大二次会议,曾山在大会发言中重点谈了关于商业工作第一个五年计划的设想,并提出了两点建议:(1)请求中央、各地党委、财委加强对商业工作的领导;(2)为适应国内市场的巨大变化,使国营商业成为全国商业活动各方面的领导力量。要求各地党委要加强各级商业行政机构,并充实干部,以改变目前各级商业行政机构同繁重的任务不相称的情况。为了以点带面,曾山亲自抓了王府井百货大楼的建设。1955 年国庆前夕,王府井百货大楼胜利落成。9 月 25 日,大楼正式开张营业。时过半个多世纪,王府井百货大楼仍是北京最好的商场之一。

从中共中央和毛泽东提出过渡时期的总路线以后,曾山用很大一部分精力放在了对资本主义商业的社会主义改造上。1953年12月,他作了《关于党在过渡时期总路线中对资本主义商业利用、限制、改造问题的若干意见》的报告。

1953年秋,国营商业扩大了工业品的加工订货和包销的范围。到年底,国家对全国10人以上的私营工业企业加工订货、包销、收购的价值,占了这类企业总产值的70%。同年10月起,国家对粮、棉、油等主要农产品及棉纱、棉布等人民生活必需的工业品,实行了统购统销政策,使我国整个市场关系发生了根本变化。国营商业的比重大大上升,国营批发比重已达70%。国营零售贸易,也上升到了42%。这样,国家基本上掌握了工业品和农产品的货源,保证了市场的稳定。

为配合第一个五年计划的实施,中财委于1954年1月召开了扩展公私合营工业计划会议,决定当年将651家较大的资本主义工业企业纳入公私合营。9月,政务院通过《公私合营工业企业暂行条例》。公私合营是半社会主义性质。国家对资本家采取的赎买政策是"四马分肥",即在企业利润分配时,国家、职工福利、企业公积金、资本家红利大体上各占四分之一。

商业方面实行公私合营不大困难,因为这时的商业是公进私退。私营商业因缺少货源,困难重重,有的甚至在做赔本生意。资本主义商业全行业公私合营,主要是零售商(因为统购统销以后,批发商已被国营所代替)。1954年以后,以北京为试点,开始对私营零售商公私合营和小商小贩进行安排。

1955年5月,随着对资本主义工商业改造步伐的加快,曾山专门到一些省市进行了私营商业情况的考察。5月底,他到南昌,对鸿泰百货专业代销店作调查。这个店原来经营棉布批发兼百货零售,解放时有资金3.9亿元,职工40人。新中国成立后,经营不善,棉布批发业务被国营商业所代替。1951年,职工减少到26人。1953年以后,由于群众不愿到私营商店买东西,致使营业额下降,店里亏损。1954 年,工资发不出,职工生活困难,资方也对企业失去信心,想丢掉职工"包袱"。后来职工看到上海丽华公司为国营百货公司代销营业好转,便要求资方经理向南昌市国营百货公司申请代销。经中共南昌市委批准后,1954 年 6 月开始代销,营业额逐步上升。9 月以后,稍有微利。1955 年虽进入淡季,但每月仍能保持 2 万元的营业额,略有盈余。经过代销,资方与职工信心都得到提高,经营情绪也很高涨。曾山回到北京后,给毛泽东、周恩来、陈云写了报告。他认为南昌鸿泰百货商店为国营商业公司代销的做法很有启发意义。建议"各地可作典型试验,经过研究总结,再逐步有计划地推进"。毛泽东阅后立即批示:"少奇、小平同志:此件很有用。……叫他们通知各地试办。"6 月 3 日,中共中央将曾山的报告转发给各省市委,并告商业部和合作总社党组。中央指出:"曾山同志 5 月 30 日报告很好,现转给你们参考。"同时,望商业部和合作总社党组将南昌鸿泰百货店的经验下达,并嘱各地效仿试验。是年 10 月,毛泽东约见全国工商界代表人物谈话,勉励民族资产阶级要认清社会发展规律,掌握自己的命运,走社会主义的道路。

1955 年 7 月 31 日,毛泽东在省市委书记会议上作了《关于农业合作化问题》的报告,批判"小脚女人走路",强调要加速农业合作化的步伐。11 月 16 日,中央政治局召开关于资本主义工商业改造的会议,提出了实行全行业公私合营的规划,讨论了《关于资本主义工商业改造问题的决议(草案)》。全行业公私合营,是社会主义性质。因为公私合营企业,仍然存在两种所有制的对立,公私、劳资方矛盾并未解决,并产生了一些新的矛盾。而没有合营的是些小企业,设备落后,无法完成国家分配的生产任务。只有打破企业界限,实行全行业公私合营,以大带小,以先进带落后,突破所有制界限,才能从根本上改变资本主义生产关系。针对有人认为资本家不愿意实行全行业公私合营的看法,毛泽东指出:民族资产阶级"一只半脚踏进社会主义,人家现在快要变工人阶级了,人家已经是半社会主义者了"。"它只有四分之一没有进来了"。接着,在中共中央第七届委员会第六次全体会议(扩大)上,通过了这个决议草案。在这次全会上,曾山对城市私营商业全面改造的规划问题做了发言。曾山认为,除了公私合营的形式外,通过代销把资本家商店直接改造成国营商业的形式也是可以采取的。他还谈了对私营商业企业改造和人的思想改造相结合的问题。曾山的发言,是他在组织对城市私营商业实行社会主义改造实践中,进行探索和思考的结果,至今仍具有启发意义。

中共七届六中全会后,1955 年冬天,全国农村都实现了合作化。在农业合作化高潮的推动下,对私营工商业的社会主义改造,很快进入全行业公私合营的新阶段。

1956 年 1 月,首先是北京,接着上海、天津、武汉、广州及全国各大城市先后实行了全部资本主义工商业的公私合营。到年底,全国工业企业户数和职工人数的百分之九十九,都实现了全行业公私合营。全国 7 万户私营商业企业,从业人员的百分之八十五,资本额的百分之九十三,都实现了全行业公私合营。

在社会震动很少的情况下,我国成功地实现了对资产阶级的和平赎买,胜利地完成了对资本主义工商业的社会主义改造。这是毛泽东和中国共产党在理论上和实践上对马克思列宁主义的丰富和发展。曾山作为这一创举的具体组织者和实践者之一,认真贯彻党的政策,深入实际调查研究,探索规律,总结经验,并及时向中央报告,为中央的决策提供了丰富的材料及有益的建议,做出了宝贵的贡献。按照中央原来的设想,完成三大改造的时间,是要经过三个五年计划,即 15 年左右。提前12 年完成,出乎党中央甚至毛泽东的预料。这除了党的政策正确之外,"资本家阶级中的进步分子和大多数人在接受改造方面也起了有益的配合作用"。但是,在对资本主义工商业的社会主义改造中,也出现了缺点和偏差。主要是要求过急,步伐太快,工作比较粗糙;片面追求单一公有制,对那些尚有活力的私人经济未能区别对待,政策界限不当;大批小商小贩被盲目公私合营;对原有的一些私营工商业集中合并过多,对一部分工商业者的使用和处理不甚恰当,未能很好地利用他们的管理经验。

1956年9月,中共第八次全国代表大会在北京召开。这是中国共产党在全国执政以后召开的第一次党代表大会,意义重大而深远。毛泽东致开幕词,刘少奇作《政治报告》,周恩来作《关于第一个五年计划执行情况和第二个五年计划的建议》的报告,邓小平作《关于修改党章的报告》。朱德等113位代表做了发言。陈云在《关于资本主义工商业改选以后的新问题》的发言中,提出了三个主体、三个补充的思想,即国营经营和集体经营是主体,个体经营是补充;计划生产是主体,自由生产是补充;国家市场是主体,自由市场是补充。曾山代表商业部作了题为"改进日用工业品的生产和分配工作"的发言。他首先表示完全拥护毛、刘、周、邓的报告。然后就商业工作问题发表意见。他肯定第一个五年计划所规定的国营商业任务,完全可以完成以至超额完成。但他用更多的篇幅谈商业部门所存在的问题,并提出改进的具体方法和措施。他指出,商业部门的主要问题是部分产品品种减少,若干产品质量下降,质次价高,某些产品供应不及时,花色品种不对路,不能适应人民日益增长的需要。他提出把日用工业品分成人民需要的大宗商品和花色品种复杂的零星工业品两大类,采取不同的经营方法,并设立专门机构管理价格,实行按质论价选购。曾山发言符合陈云的思想。9月26日《人民日报》刊登了曾山的发言。大会选举时,曾山再次当选为中央委员。

三、中共中央交通部部长

八大结束后,为了推动交通事业的发展,中央决定成立中共中央交通工作部,曾山任部长。这是党中央的一个经济工作部门,其职能是负责指导交通部、铁道部、邮电部三个部的有关工作。曾山上任后,首先抓交通部门党的领导体制工作。三大改选完成后,全国掀起了社会主义建设的高潮。曾山认为,如果交通事业不来一个大发展,必然会因交通工作的落后而形成社会主义经济的"狭窄地带",阻碍和限制生产的发展;因此,各级交通部门的领导同志,对今后加速发展水运、公路和民间运输事业应负起特别重要的责任。1958 年,曾山在铁道部领导技术革命和技术革新工作,从实际出发,在缺乏现代机械装备的条件下,采用了能够节约动力的"驼峰"调车场土法装载法,在原有基础上加快了火车车次运转,增加了货物装载量。他还提倡发掘交通运输方面的潜力。1958 年 11 月下旬,曾山亲自到大连、烟台、青岛等几个港口视察,了解海上运输情况。1959 年 10 月 14 日,曾山在给杨尚昆的一封信中谈到内蒙古的资源非常丰富,并把内蒙的古一幅资源图寄给中央书记处,请中央负责同志参看。他认为"这对将来开发和发展内蒙古以至全国社会主义建设可能会有好处"。

在担任中共中央交通工作部部长期间,曾山花了很大精力到全国各地考察。通过深入细致的调查研究,掌握第一手材料,给中央及有关部门写了极具价值的调查报告,引起了有关方面的高度重视。他所提出的建议和问题,不少都被采纳和被解决,为各地工业、交通运输、邮电通讯、民航事业的发展,起了积极的推进作用。

1959 年 4 月,曾山出席第二届全国人民代表大会第一次会议,被选为全国人大常务委员会委员,并担任第二届全国人民代表大会预算委员会主任委员。在与此同时召开的第三届中国人民政治协商会议上,当选为全国政协委员。1960 年 4 月,曾山在第二届全国人民代表大会第二次会议上,作关于 1959 年国家决算和 1960 年国家预算草案的审查报告,获得通过。

四、重任内务部部长

1960 年 11 月,中央任命曾山为国务院内务部部长、党组书记。这是他又一次出任内务部部长。早在 1934 年中央苏区时,他就担任过中华苏维埃共和国内务部部长。1934年是苏维埃共和国处于危难时期，1960年，是新中国陷入三年严重经济困难时期。从这个意义上说，曾山都是在非常时期受命于内务部长。但新中国的内务部，比当年苏区的内务部，管辖的范围大得多，事情繁杂得多，比现今国务院下属的民政部管的范围也要广些。比如，那时国务院没有人事部，只有人事局，放在内务部。内务部要管政权建设、优抚、救灾、救济、军人优抚安置、城市福利、行政区划、婚姻管理、殡葬管理等大量民政业务工作，任务繁重。曾山要完成自己的工作职责，对得起党和人民，实属不易。1960年11月26日，内务部召开大会，欢迎曾山就任内务部长。曾山在这个见面会上，谦虚地对内务部的同志们说："你们在内务部工作的时间很长，我要向你们学习，依靠群众，把内务部的工作做好。"

曾山讲到了内务部的主要任务，讲到了革命伤残军人和烈士家属的优待抚恤工作和复员军人的安置工作，讲到了社会救济和救灾工作，讲到了社会福利工作，讲到了政府机关的人事工作。曾山特别重视救灾工作。他强调要坚持"生产自救、节约度荒、群众互助并辅以政府必要救济"的方针；要求内务部要随时了解灾情实际和变化情况。他说："现在刚刚秋收，问题还不大，还有得吃，如果到了青黄不接的时候，有的地方没有吃的，而我们又不了解情况，那怎么得了？"他指出，有的地方灾情很严重，很困难，但经过地方党委和广大群众努力想办法，克服了困难，情况就变得好起来，救济款就不一定要那么多了；而灾情较轻的省份，也可能有些县灾情并不轻，要实事求是，根据实际情况相应处置。曾山面对繁重、艰巨的任务，凭着自己对党和人民的忠诚，凭着自己在数十年革命经验所积累的智慧，利用自己在长期革命斗争中形成的威望，依靠内务部的广大干部职工，为民政工作殚精竭虑，尽心尽力，出色地完成了自己的使命。

在"大跃进"刮浮夸风年代，全国农村都办公共食堂，吃大锅饭，实行吃饭不要钱，说是"社会主义的优越性"。有人趁势提出取消义务兵的优待工分，在内务部及军内造成了一定的混乱。但曾山保持着清醒的头脑，没有跟风。他亲自问当时的农业部长，亩产万斤有可能吗？他还派出调查组，用事实说话，刹住了这股风，稳定了军心。经内务部上报，国务院于1961年6月23日发出通知，指示各地对家居农村的义务兵，一律按在家人口计算，分给一份自留地。

不久，曾山出席中共八届九中全会。全会通过了周恩来、李富春提出的对国民经济实行"调整、巩固、充实、提高"的八字方针。毛泽东在会上号召大兴调查研究之风，曾山积极响应毛泽东的号召，深入灾区、老区和少数民族地区，进行实地调查，解决了许多实际问题。

1961年5月下旬，曾山深入到河北省沧县（今沧州市）风化店公社风化店生产大队和捷地公社捷地生产大队调查，了解群众对办公共食堂的真实看法。回来后，他给习仲勋副总理写报告说："停办绝大多数食堂符合实际情况"，这个报告呈送了周恩来总理、党中央。

中共中央《关于农村人民公社六十条》的文件下达后，公社规模体制和分配制度进行调整，实行"三级所有，队为基础"。但有一些地方在公共食堂停办后，把敬老院和儿童福利院也解散了。曾山为此召开了内务部部长办公会。曾山说：人人有父母，人人都会老。公社规模体制调整，不能简单地把敬老院、孤儿院解散。孤寡老人中，有不少是烈属、军属，无依无靠，他们的生活不能没有人管。部长们统一思想以后，内务部于1962年6月14日下发了《关于请各地民政部门注意研究农村人民公社敬老院问题的通知》，以解决农村孤寡老人和孤儿的问题。《通知》明确指出：对于已经办起来并且有条件继续办下去的敬老院，应该坚持办下去，不要停办。对于敬老院的老人已经分散处理的地方，能够恢复敬老院的，应该尽可能地恢复起来。特别是对于不能自己料理生活、需要别人照顾的孤老，应当尽量克服困难，把他们集中起来供养。对于不愿入院和可以分散供养的孤老，必须在生活上对他们做全面安排，妥善地帮助他们解决吃饭、用水、烧柴、磨面、住房、经营自留地等问题。在没有经过充分研究和想到妥善办法前,不要轻易解散。

从 1960 年至 1962 年,我国连续三年遭受严重自然灾害,有水灾、旱灾、虫灾、台风、冰雹等。仅 1961 年,全国受灾面积 9.2 亿亩,受灾人口达 1.6 亿人;1962 年,受灾面积 5.7 亿亩,受灾人口 8400 万人,遍及江西、福建、湖南、湖北、广东、广西等许多省份。江西省的水灾很大,赣抚平原犹如一片汪洋大海。曾山把抗灾救灾列为内务部工作的重点,发动广大人民群众,开展了全国性的抗灾救灾斗争。国家也拿出了很大一批物资及救灾款,但还是不能解决问题。曾山向中央汇报时提出:为了更妥善地安排群众生活,除了教育和发动群众,进行生产自救、节约度荒、群众互助以外,更重要的是要千方百计地保证对灾区缺粮人口的粮食供应,并逐户地安排落实,安定群众情绪,为灾区人民明年的农业生产高潮创造有利条件。

1962 年 7 月,甘肃、青海少数民族发生边界纠纷,影响民族团结,影响生产发展。中央派曾山为边界工作组组长,前往两省边界少数民族地区进行调研,解决纠纷。曾山到西安后,仔细听取了两省领导的情况介绍和处理建议,冷静思考了纠纷发生的原委及处理问题的出路,定出了本着有利于民族团结、有利于发展的原则。他在西安首先召开甘、青边界座谈会,经过七天仔细研究,确定了解决边界问题的几项原则:一、坚决地执行有利团结、有利生产的原则;二、提倡互助、互谅、互让精神,达到各民族的友爱合作,亲密团结的目的;三、从实际出发,既要照顾现实情况和需要,又要考虑历史和习惯,公平合理,实事求是地解决问题;四、充分协商,民主讨论,达成协议;五、坚持请示报告制度。在西北局领导下,组成甘青边界问题工作组,除两省委派人参加外,还吸收两省各一个或两个党外民族上层人士参加。曾山在西北陕、甘、青三省直到州、县,进行了两个多月艰苦细致的工作后。经过两省协商,达成共识,他制定出了切实可行且各方均能接受的方案,最后报邓小平批准执行,圆满地解决了两省边界纠纷。

拥军优属工作,关系到人民军队的巩固,曾山极为重视。1962年,曾山向全国人大常委会委员长会议作了专门汇报:当时全国烈属550万人,军属1290万人,残废军人72万人,复员退伍军人713万人。国家对烈属和残废军人进行了抚恤;对复员退伍军人进行了妥善安置;为烈属和残废军人举办了一些养老院、假肢工厂等抚恤事业;修建了烈士陵园和纪念设施;发动群众,在每年的八一建军节前后,开展热烈的拥军优属活动,从而使民拥军、军爱民成为一种社会时尚。同年冬天,中印边境自卫反击战结束后,曾山会同解放军总政治部积极建议组织慰问团,到西藏、新疆慰问参战部队,得到周恩来的批准。当时国家处于严重经济困难时期,慰问工作很难做。他从筹办慰问品到组成人员的确定,事必躬亲,花费了大量心血,但到最后临出发前病倒了。中央不得不临时决定改由余秋里担任慰问团团长。慰问团从大年初三由北京出发,直到5月3日才返回首都,历时3个多月,对鼓舞前线官兵的士气起了很大作用。

1963年8月初,河北、河南、山东、安徽、江苏等省的部分地区发生严重水灾。洪水威胁天津市、津浦铁路广大人民生命和财产的安全。中央派曾山率慰问团到山东灾区慰问灾民,并指导救灾工作。他往返于一片汪洋的京、津、鲁地区。他深入灾情严重的枣庄地区,总结和推广他们保护耕畜的经验。在党中央和国务院的领导下,分别在天津市的静海县和山东的恩县开凿了两条排洪渠道,疏导了大清河、子牙河、南运河三大河流的洪水入海,解除了天津市和津浦路的洪水威胁,从而保住了天津,使津浦铁路安然畅通。

曾山情系老区,思念家乡的父老乡亲。江西解放前夕,他发电报给即将上任的江西首任省委书记陈正人:"我是愿回江西,在你领导下做一部分经济建设工作,只要组织上批准,当遵照随你南下。"表达了他热爱家乡、建设家乡之情。1964年初,他到江西检查民政工作。他到了兴国、瑞金、赣县、南康、于都、宁都、广昌、会昌、吉安、泰和、遂川、井冈山、弋阳、横峰等县,历时1个月。他看到有些老革命根据地人民的生产和生活没有多大变化,深感内疚和不安。他向这些地区的负责同志认真传达中共中央和国务院的深切关怀,希望他们努力做好老区工作,把老区人民的生产和生活搞上去。曾山在赣南视察时,发现"水土流失相当严重,不少粮田减产以致变成沙地。粮食一年一年减产,口粮一年不如一年"。他即向国务院写了《关于赣南部分地区农业生产和人民生活情况的报告》。建议:"从 1964 年起,支援赣南苏区几年,每年经费 200 万元,主要用于保护赣南老苏区粮田,逐步改善被国民党摧残较重,到现在还没有恢复的山区人民的生活。"经李富春、谭震林、李先念、邓小平四位副总理签字同意,中央批准了曾山这个报告。赣南老区人民得到国家这笔扶助款后,积极投入生产,改变落后面貌。老区人民常说:"共产党好,社会主义好,曾山老表没有忘记我们。"

1964 年 5 至 6 月,曾山出席了中共中央工作会议,讨论农业、农村工作及第三个五年计划。曾山参加中南组讨论,并就治水、救灾问题做了发言。1965 年 9 至 10 月,曾山出席了中共中央工作会议,讨论 1966 年国民经济计划和长远规划。曾山参加西南组讨论,并就救灾备荒问题做了发言。

1966 年 3 月 8 日、22 日,河北省邢台地区发生三次强烈地震。震级分别为 6.8 级、6.7 级、7.2 级,5 个县的 30 个公社、34 万人受灾,死亡 8064 人,伤者达 38451 人,房屋倒塌 500 多万间,人们无家可归。面对如此严重灾情,党中央和国务院立即组织巨大的人力物力,赶往邢台地区救灾。周恩来在余震未停时,就亲自到地震中心地区慰问受灾群众,指导抢救工作。3 月 8 日,曾山率中央慰问团分成五路多次深入到灾区慰问。他自己率队到地震尚未停止,灾情非常严重的隆尧县白家寨地震中心区域慰问灾民。他所到的地方连续震动 1418 次,其中四至五级 9 次,五级以上两次。他和慰问团吃住都在防震棚子里。他深入群众中开展工作,向灾区干部、群众转达党中央、国务院对灾区人民的关怀和慰问,落实周恩来"奋发图强,自力更生,重建家园,发展生产"的指示。当地干

1966 年 3 月 13 日,曾山率领中央慰问团,向邢台地震灾区的群众转达党中央、毛主席和国务院的亲切慰问。(新华社记者　李长永摄)

部为了照顾他的安全,不让群众靠近他,被他制止了。他深入重灾区调查,及时地向中央报告灾区急需解决的住房、生产、孤老幼儿等实际困难问题,并提出了解决办法和建议。在党中央、国务院的亲切关怀和解放军的大力支持下,抗震救灾工作开展得及时顺利。3 月底,灾区人民开始了重建家园、生产自救运动。曾山对灾区人民说:我们要"三不怕":一不怕地震,二不怕无法生活,三不怕没有家园。他承诺要请北京建筑工程学院和东北建筑工程学院的教授,来给灾区设计"三防"的房子:防震、防洪、防冻。他说:我们完全相信,不久的将来,受灾地区的人民,经过努力劳动,不仅困难会迅速克服,而且农业生产也会有一个大的发展,美好的生活一定会到来。曾山在邢台抗震救灾工作中,做出了重大贡献。

　　曾山作为党政要员,曾以中国党和政府代表团正、副团长的身份,先后六次率领中国党和政府代表团,出访阿尔巴尼亚、德意志民主共和国、瑞典、挪威、奥地利、刚果(布)等国,为促进中国共产党与兄弟党的团结,增强中国与被访国间的友谊做出了积极贡献。1966 年 8 月,"文化大革命"已经开始,曾山奉命率中国政府代表团赴刚果(布),参加该国三周年国庆纪念活动,受到总统、总理、议长、外交部长、内政部长隆重接见,并由外交部长陪同到地方参观,而其他代表团都没有安排参

曾山（左一）在邢台地震灾区的隆尧县白家寨公社白家寨大
队视察灾情。（新华社记者　李长永摄）

观。不久，刚果（布）派出了由总理率领的政府代表团，参加中华人民
共和国建国十七周年纪念活动，对中国进行了友好访问。

　　新中国成立后，曾山的职务很高，待遇不薄，系国家行政四级。但
他始终保持着劳动人民的本色，过着艰苦朴素的生活。他热爱体力劳
动，利用休息时间，在所住的四合院里种植核桃树和花草、蔬菜，并把核
桃果实送给街坊邻居品赏，深受群众的尊敬。他当过十年中央局的组
织部长，但从来不拉关系、走后门。他对子女要求严格，总是鼓励他们
要自我奋斗，要热爱劳动人民。他没有向孩子们讲述自己的革命经历，
但经常对他们说："我们的一切都是劳动人民给的，我们永远属于劳动
人民。记住这点，比什么都重要。"

曾山这一生

第十一章　遭遇磨难

曾山和许多老一辈无产阶级革命家一样，在"文化大革命"中受到冲击。但他在极其困难的条件下，根据周恩来总理的指示，做了许多稳定大局、鲜为人知的工作。

一、大难临头

1966 年，"文化大革命"的灾难降临神州大地。以《中共中央通知》(简称五一六通知)为起点，全国掀起了一场史无前例的"文化大革命"，矛头直指"走资本主义道路的当权派"和"反动学术权威"。6 月 1 日，党中央机关报《人民日报》发表社论《横扫一切牛鬼蛇神》。运动开始时，曾山凭着对毛泽东的忠诚，响应毛泽东的号召，认真投身这场反修防修的"文化大革命"。他主动提出不要国家配的公务员、炊事员，不要小汽车，自己上班挤公共汽车，亲自打扫院子卫生。然而，他和很多老同志一样，"老革命遇到新问题"，对"文化大革命""很不理解，很不得力"，仍按老经验办事。7 月 18 日，曾山在内务部制定了一个"党组六条"，强调揭发材料一定要核实，按政策办事，打击面不要太大。8

月,曾山参加了中共中央八届十一中全会。会上通过了《中共中央关于无产阶级文化大革命的决定》(简称《十六条》)。但他对《十六条》并不理解。他公开说:内务部的"党组六条"没有违背中央的《十六条》。他规定内务部的批斗会不许喊口号,这个局的人不能参加另一个局的批斗会。他希望运动平平稳稳,不要伤害好人。

1966年8至11月,毛泽东在北京天安门先后八次接见红卫兵,曾山均应邀登上了天安门。但不久,国务院各部的部长基本上都被"打倒"了。周恩来总理要找部长级干部迎送外宾都很困难。有一天,周恩来直接打电话给曾山,问:"曾山,你被打倒了没有?"曾山说:"没有。"周恩来说:"好!你明天陪我去机场接外宾。"接外宾回来以后,曾山对家人说:"总理跟我握手时间很长。"总理还对人说:"我了解曾山,信任曾山。"

1967年,随着运动的发展,全国各地大串联,上百万红卫兵拥入北京城,各机关、单位、学校都住满了人。国家机关基本上处于瘫痪状态,政府工作无法正常进行。内务部机关各单位包括部长、副部长的办公室,都住进了人,共有1万多人。内务部成了接待站,要解决1万多红卫兵的吃饭问题。中共中央发出了"抓革命、促生产"的指示,但难以贯彻执行。这时,曾山境遇已经不好。但他不顾自己的安危,毅然挺身而出,在内务部机关院内召开了上万人的群众大会,宣传贯彻中央指示,要大家响应号召,回家闹革命。散会后,曾山被造反派纠缠不放。

由于曾山没有支持"群众的革命行动",1967年8月,他被造反派当作内务部"头号走资本主义道路的当权派"揪出来批斗,罪状是1957年接受《中国青年》记者采访时说过"阶级斗争的年代已经过去了",宣扬了刘少奇的"阶级斗争熄灭论";1962年曾提出"借地3年至5年甚至10年,使灾区难民不外流",支持了刘少奇的"三自一包"观点;内务部制定的"党组六条",压制了革命群众等等。他被多次批斗,再三地写检查,但总是"过不了关"。内务部402人,有7个造反派组织。其中,主要是两大派,一是"革命造反派联合总部"("革联");二是"红色革命者联合总部"("红联")。"革联"要打倒曾山;"红联"要保曾山。"革联"把大字报、标语到处贴,甚至贴到了曾山家里。经过多次批斗,曾山的身心受到了很大的摧残。内务部联络员孙宇亭在一篇文章中写道:"9月间的一天,'革联'(内务部造反组织)为显示自己的革命性,对曾山采取了'革命行动'。他们瞒过家属,避开'红联'(内务部造反组织),联络驻内务部机关的学生'红卫兵',秘密劫持曾山到劳动人民文化宫,轮番批斗,并进行肉体折磨(低头、弯腰、'喷气式')。家属不见曾山的踪影,着急向内务办求助。"经过内务办查找,批斗会散了以后,曾山一个人靠在金水桥的栏杆边,花白的头发散乱不堪,手捂着腰,流着虚汗,疼痛难忍,两眼发直,似有轻生念头。此情此景,使邓六金和家里人难过极了。

国务院内务办是"文化大革命"时,直属周恩来总理的办事机构,也是中央政法小组的办事机构,两块牌子,一套人马。它负责联系内务部、最高人民法院、最高人民检察院、中央统战部、民族事务委员会、华侨事务委员会。内务办主任是国务院副总理谢富治,副主任是原公安部副部长严佑民。严佑民查明情况后,立即电话报告了内务办主任谢富治和周恩来总理。据周恩来口述,中央作出指示,即《中共中央关于曾山同志的指示》:"一、对曾山同志的错误,可以批判,但性质应由中央来定;二、曾山同志的活动,听命于中央,造反组织不能干涉;三、外来学生不能干预内务部事务,要立即撤出;四、开批判会搞'喷气式'、大弯腰是错误的,是违反中央规定的,今后不准再搞体罚和变相体罚。"9月27日,内务办宣布了中共中央文件。

中央指示态度鲜明,措辞严厉,批评了造反派,保护了曾山,内务部逐渐平静下来了。可是,远在江西的老母亲因日夜牵挂独子曾山,积忧成疾。她的四位亲人都为革命牺牲了,曾山成为她的支柱。老人临终时,她还在喃喃道:"我儿子是好人!""我想见我儿子!"但老人直到闭上双眼,也未能如愿。噩耗传来,曾山心如刀绞。邓六金回忆说:"曾山接到电报以后,让我赶快收拾行装,他立即向组织请假,说'我妈去世了,我要回家奔丧送终,要请几天假。'没想到造反派那么不通人情,竟然不同意他回家。我老头子一听说不准回家,在自己的办公室就哭了。为不能回家为妈妈送终,曾山难受了很长时间。"

二、出席九大

1968年初,内蒙古呼和浩特学生组织和部队发生冲突,矛盾激化,惊动中央。周恩来派曾山去呼和浩特解决武斗问题。他召集部队、学生双方代表谈话,做耐心细致的说服工作,妥善地解决了矛盾。

1968年4月,中央派万海峰率军代表小组进驻内务部,执行"三支两军"任务。万海峰见到曾山时,看出他神情中透露出对党和国家命运的焦虑。万海峰说:"他全然不顾由于造反派的折磨造成的身体虚弱,向我诉说自己受点委屈不要紧,可这里是国家机关啊!不开展工作,自己又不能管,也不能问,这个局面如何收拾?曾山同志诚恳地对我说,自己的情况组织上是清楚的,对个人的去留得失在所不计,也作了回乡当个老农的思想准备。担心的是内务部的混乱局面将给党的事业带来难以挽回的损失。一个老共产党员的高风亮节溢于言表。"曾山在受到冲击、遭到批判的困难条件下,仍然不忘内务部的业务工作。他向万海峰提出要求,希望军代表关注盲文印刷厂的筹建工作。国庆节前夕,曾山接到中央通知,上天安门参加庆祝活动。但造反派不让他去,他身边的工作人员也劝他不要去,以免得罪造反派。曾山则说:"我必须去,这是中央对我的信任,是毛主席对我的信任。"在军代表的支持下,曾山上了天安门。

1968年10月,中共八届十二中全会在北京召开。这是一次不正常的中央全会。八届中央委员有97人,候补委员有78人,但出席会议的中央委员只有40人,候补委员22人,而列席会议的则有74人。许多中央委员被剥夺了参加会议的权利。因为参加会议的中央委员不到半数,便从候补委员中递补 10 人为中央委员。曾山没有被打倒,所以出席了这次会议。

根据中共八届十二中全会决定,1969 年召开中国共产党第九次代表大会。在内务部选举"九大"代表前夕,周恩来对内务部军代表万海峰说:"曾山在江西革命根据地的斗争中是有功的。他去苏联学习也是党安排的。曾山是个老同志,好同志,应该把他选出来参加党的九大。"基于曾山在内务部的崇高威信,加上军代表在群众中做了许多工作,曾山"全票当选"为内务部出席党的"九大"的代表。

在"九大"的会议上,曾山和陈毅被编在一个小组里。林彪、江青一伙指名要曾山出来批判陈毅,但他进行了抵制,没有落井下石。后来在选举中央委员时,由于毛泽东出来说话,曾山才被选为中央委员。毛泽东评价曾山说:"曾山对土地革命是有功的,对江西中央苏区的建设是有功的。"这给曾山以极大的安慰。

三、疏散湖南

1969 年 10 月,基于战备形势,中央决定将老干部疏散。10 月 17 日,曾山和许多位老一辈革命家一起,被邀请到首都体育馆看体育表演。晚会结束后,周恩来与老同志们谈话,并告知中央决定:为防止敌人突然袭击,在

1970 年,曾山、邓六金夫妇合影。

京老同志全部疏散到外地。曾山和叶剑英,安排到湖南;王震到江西。曾山提出回江西家乡当农民。王震是湖南人,要求到湖南。但中央办公厅答复说:"不好改变。"邓六金带一个小孙子及曾山的秘书王青争,随同曾山去湖南长沙。在长沙住了一个多月后,又奉命转移到湘潭,伙食也差,不让自由活动。曾山和叶剑英住在一个小院子里面,不能随意外出。他们要求到乡下去看看农村的大好形势,向贫下中农学习,搞点调查研究,也不同意。曾山与叶帅经常在一起谈话,表现出对党和国家前途、群众生活的担忧。有一次,曾山对叶剑英说:"经济现在这么混乱,都不抓生产怎么行?群众怎么生活?"但他们无能为力。

在湖南,不能享受应有的政治待遇。叶剑英虽是九届中央政治局委员,其政治待遇只有一份中央文件,一份《参考消息》;曾山是九届中央委员,仅有一份《参考消息》。1970年5月,曾山因患痔疮大出血,需要手术,经秘书王青争打电话请示周恩来批准,才从湖南回北京住院治疗。但造反派说不能给"走资派"看病。还是周恩来说了话,让曾山住进了北京医院,医生马上给曾山做手术,病情才得到好转。不久,叶剑英也从湖南回了北京。

曾山从湖南返京后,十分关心下放在湖北沙市的内务部干部。为使他们早日重返工作岗位,曾山亲自跑中共中央组织部,经多次商量,让同志们先后回到了北京,陆续分配了工作。

曾山回到北京后,大部分时间是在家读书。他主要读《毛泽东选集》和中央指定的《共产党宣言》《唯物主义与经验批判主义》《国家与革命》等六本著作,还阅读一些中外历史书籍,弥补以前没有时间读书的缺憾。他读过的这些书,做有很多记号,表明自己的心得。曾山这些书籍,现保存在中央档案馆。

1970年8月下旬,曾山到庐山参加中共九届二中全会。

1971年9月13日,林彪外逃,机毁人亡。不久,中共中央举办了一个"老同志学习班",又称"老同志座谈会",毛泽东称为"老中央委员班"，揭发批判林彪的反党罪行。参加座谈会的有朱德、刘伯承、陈毅、徐向前、聂荣臻、叶剑英等几位老帅和曾山、王震、邓颖超等一些在党内德高望重的老同志。10月6日，曾山在会上发言。他着重揭发批判了林彪历史上"左"的错误，说明林彪在战争中不都是忠于毛主席的。他说："1930年10月4日打吉安城时，黄公略同志对我说，总前委决定，毛主席指示打吉安城，要红三军从城西南进攻，红四军从城西北进攻，务要等两个军部队都到齐，同时进攻。而林彪指挥红四军，不等红三军到达就开始单独进攻。结果，打了一天多，伤亡不小，攻击并没有奏效。守城敌军邓英这个狡猾敌人，夜晚沿赣江逃跑了。反动派的武器弹药无所获。"曾山还以第三次反"围剿"中的高兴圩一仗为例，揭发林彪擅自提前行动，打乱了前委计划，造成我军重大损失。"当时总前委毛主席在会议上决定，主要打进攻苏区正在逃跑的敌军尾部，迫使敌军尽快退出苏区。这样更有利于苏区的恢复工作。而林彪离开前委回到前线部队，就下命令向高兴圩敌人攻击，大打起来，打得相持不下。最后还是毛主席到前线找到林彪"，"这一仗使我们部队伤亡3000人"。在那个年代，曾山维护毛泽东的绝对权威，对林彪的揭发是有力的。

曾山这一生

第十二章　暮年之时

一、探望老友陈毅

在"文化大革命"中,德高望重的陈毅元帅,也受到冲击和批判。陈毅和谭震林、叶剑英、徐向前、聂荣臻、李富春、李先念等老一辈革命家奋起抗争,与林彪、江青一伙进行了针锋相对的斗争,却被斥为"二月逆流",遭到更为严重的打击。到 1969 年党的"九大"时,陈毅继续受到批判;虽然被选为中共中央委员,但只是一个虚职,不是政治局委员,也没有恢复政府职务。同年 10 月,在北京的许多老一辈革命家被"战备疏散",如陈云到江西,董必武到广东,朱德去广东,叶剑英去湖南,聂荣臻去邯郸。原来安排陈毅到河南开封,徐向前到石家庄。徐向前考虑自己的身体比陈毅好些,认为石家庄的医疗条件较好,便主动向周恩来总理提出,自己去开封,让陈毅到石家庄。徐向前的要求得到批准。10 月中旬,陈毅到了石家庄。陈毅在石家庄待了整整一年,行动不自由,外出走动都要经过河北省革委会批准。陈毅在石家庄身体很不好,经常腹部隐痛和腹泻。1970 年 8 月九届二中全会结束时,陈毅和徐向前等几位老同志要求回北京检查身体,但没有得到解决。10 月 21 日,因陈毅病情加剧,陈毅夫人张茜写信给周恩来。经周恩来批准,陈毅回到北京治疗。

曾山和陈毅是几十年并肩战斗的老战友。在江西苏区时,曾山是江西省苏维埃政府主席,陈毅是江西军区总指挥;在抗日战争时期,陈毅是中央军委新四军军分会副书记、新四军代军长;曾山是东南局副书记兼组织部长、新四军军分会委员;解放战争时期,陈毅是新四军军长、华东野战军、第三野战军司令员、上海市市长;曾山是华东局常委兼财办主任、上海市副市长;新中国成立后,陈毅继续任上海市市长、华东军区司令员,曾山继续任上海市副市长、华东军政委员会副主席。1952 年和 1954 年先后调进北京,陈毅任副总理、后又兼外交部长、政治局委员、中央军委副主席;曾山任政务院政务委员、中财委副主任兼商业部长。虽然两人不在一个系统,工作又很繁忙,但经常来往,亲密无间,友谊笃厚。每到休息时,常在一起下棋娱乐。陈毅爱下围棋,一有空闲,就给曾山打电话“曾山,过来嘛! 我们杀一盘!”曾山一接到电话,就赶过来和陈毅“对战”。两人在棋盘上“杀”得不可开交,经常饭都顾不上吃。当外调的同志来了解情况时,陈毅又拨通曾山的电话:“曾山,江西的同志来了解峡江会议的情况,你给他们谈谈!”曾山立即回答:“好! 我就来!”邓六金回忆说:“我们和陈毅、张茜一起保持着很好的革命友谊。张茜生下老大(即陈昊苏),没奶,那时候我刚生下老二(即曾庆淮),奶很多,就把她的孩子抱过来吃,最后虽然给孩子找了奶妈,但还常吃我的奶,一直到两岁。”

但是,陈毅在石家庄病倒的事,曾山因在湖南并不知晓。1970 年 10 月下旬,陈毅返京治腹痛病,住在解放军 301 医院。陈毅虽然还是中央军委副主席,但医院并没有给他认真治疗。他从入院到出院,一共 56 天,医生只作了一般性的检查和治疗,没有进行过一次会诊。结果,病情被延误了。1971年1月16日,301医院为陈毅做阑尾炎手术,发现是肠癌,已有局部转移。手术后不久,经周恩来帮助,转北京日坛医院治疗。

住院期间,陈毅给曾山打电话:"曾山,我生病住院了,你不来看看我呀!"曾山听到陈毅发病的消息,心急如焚。他立即偕夫人邓六金赶往医院探望。张茜含泪向他们说了病情,曾山扭过头去流泪。他们安慰了张茜之后,才进陈毅病房。在病床前,曾山和陈毅长时间紧紧握手。邓六金说:他们俩在病房里谈了很多、很久。他们忧党忧国忧民忧军,关切国家的前途。在谈到老干部在"文化大革命"中受迫害的情况时,两人都很激动。陈毅说:"他们那一帮人迫害了我们那么多老干部、老同志,天要报应。"陈毅边说边掉眼泪,"我们俩现在都还活着,哪一天我们也同归于尽吧。"陈毅当时还不知道自己患了癌症,越说火气越大。曾山只好安慰他说:"你好好养病,身体最重要。"曾山看到陈毅骨瘦如柴,体重下降了40公斤,想到一个令敌人闻风丧胆的元帅竟成这样,心里难过得不知该说什么。周恩来对陈毅的病情非常关心,指示日坛医院想方设法提高治疗效果,保全陈毅生命。但是,陈毅病情恶化,医生也无力回天。

1971年"九一三"事件,林彪机毁人亡。陈毅得知,又打电话叫曾山来医院长谈。他们俩又高兴又激动,聊了很长时间,好像预感冬天即将过去,春天快要来临。9月间,中央举办老同志学习班。已经做了手术的陈毅,抱着病痛在会上作了两次长篇发言,全面系统地揭发林彪在红军创建初期的历史真实面目。

1972年1月6日,陈毅不幸病逝。1月10日,在八宝山举行了追悼会。当初对参加追悼会的人员限制很多,连国家副主席宋庆龄和柬埔寨的西哈努克亲王及许多著名爱国民主人士都不让参加,悼词只有600字。后因毛泽东临时决定参加陈毅的追悼会,周恩来立即通知中央办公厅扩大范围:"凡是提出要求参加陈毅同志追悼会的,都能去参加。"毛泽东参加陈毅追悼会是破例的。追悼会开始前,毛泽东在休息室里紧紧地和陈毅夫人张茜握手,表示亲切慰问。毛泽东说:"我也来悼念陈毅同志,陈毅同志是个好同志。"又对陈毅的孩子们说,"要努力奋斗啊!陈毅为中国革命、世界革命做出贡献,立了大功的,这已经作了结论了嘛!"毛泽东臂戴黑纱与陈毅夫人张茜亲切握手的照片,第二天就登在《人民日报》的头版,在当时国内外产生了很大反响。曾山参加了陈毅的追悼会,心情十分沉重。他对老战友陈毅之死,非常痛惜。陈毅之死,对曾山是个很大的刺激。

二、主持陈正人追悼会

1972 年 4 月 6 日,国务院第八机械工业部部长陈正人心肌梗死突发,不幸逝世。曾山和陈正人是江西吉安老乡(陈正人是江西遂川县人,属吉安地区),同是在曾延生的引导下参加革命,又是几十年患难与共的老战友。曾山任江西省苏维埃政府主席时,陈正人任副主席、党团书记,并曾一度代理省委书记。他们工作配合默契,个人感情笃厚。陈正人夫人、老红军彭儒曾对笔者说过:"曾山和陈正人像兄弟一样。"1952 年,曾山和陈正人都调到北京工作,常有来往。陈正人先后任建筑工程部部长、中央农村工作部副部长、农业机械部(后改称第八机械工业部)部长。可是,在"文化大革命"中,他们都遭到迫害。不过,曾山时运较好,中共"九大"上还当选为中央委员,疏散到湖南一年即回到北京。陈正人则在八机部横遭批斗,被关进"牛棚",被监禁了一年多,精神上受折磨,身体倍遭摧残,造成了致命的心脏病。后又从牛棚转移到黑龙江省依兰五七干校劳动,不久又弄到河南省信阳五七干校劳动,后来又去河南省博爱五七干校劳动。陈正人夫人彭儒被下放到五七干校劳动,子女也上山下乡。"文化大革命"期间,国务院机构调整、撤并,八机部被合并到了一机部。1971 年"九一三"事件后,周恩来在一次有关党史的报告中,称"陈正人同志"。当时情况下,称"同志",

就意味着属于人民内部矛盾,即将"解放"。11 月,陈正人回到北京。他通过王震请示周恩来,希望一机部能解决到北京医院住院、检查和治疗心脏病。但一机部军管会负责人答复说:国务院已转告他们要解决住院治疗问题,他们会办理的,但不能急。而实际上,直到逝世,陈正人也未能入院治疗。1972 年 1 月,陈毅逝世。陈正人要求参加追悼会,被军管会拒绝。1972 年 3 月底,毛泽东要看陈正人的"检查",以便"解放",安排工作。陈正人拖着病体,日夜赶写"检讨书"。4 月 5 日,曾山和邓六金到陈正人家探望,看到他病情严重,手直抖索,药都拿不稳。曾山和他谈了很多话,请他保重身体。4 月 6 日,曾山一起床,就打电话到陈正人家里,问:"陈正人身体怎么样?"不料,陈正人儿子接的电话,哭着说:"我爸爸晚上去世了,心肌梗死。"陈正人心脏病发作后,儿子跑到附近医院请求出诊,医生说要领导批准,因而未能得到及时抢救,等到急救车来送阜外医院,为时已晚,于 4 月 6 日凌晨陈正人辞世了。曾山对陈正人之死,异常悲痛,第一个往陈正人家里吊唁,慰问其家属。曾山说:他和陈正人是生死之交,当年在江西苏区,陈正人救过他的命,怎能就这样含冤去世呢!他当即打电话向周恩来总理报告,并帮助料理陈正人后事。一机部军管会打算草草了事。曾山非常气愤,再次向周恩来总理报告。周恩来发出指示:中央没有撤销陈正人的部长职务,他仍是部长,他的后事由国务院办理。周恩来自己要参加陈正人的追悼会,陈正人的骨灰安放在八宝山革命公墓第一室。曾山受党中央委托,以中共中央委员的身份,为陈正人致悼词。曾山没有在八机部、一机部任过职务,却为陈正人致悼词,也是打破常规的,表明中央对曾山的信任和对陈正人一生的肯定。在讨论悼词时,曾山义愤填膺地提出,要公正地评价陈正人同志,坚持写上"陈正人为共产主义事业奋斗终生",并为此和造反派吵了起来。造反派这时甚至还提出陈正人历史有疑点,曾山气愤地说:"人都死了,为什么还没有查清?我和陈毅同志都有证明材料,你们搞到哪里去了?"最后,曾山又去找周恩来总理,才在陈正人的悼词中加上"为共产主义事业贡献了自己的一生"。4月13日,陈正人的追悼会在八宝山举行。追悼会由余秋里主持,曾山致悼词。周恩来、李先念及王震等一批中央委员和党政军有关部门负责同志、陈正人生前友好参加了追悼会。在当时环境下,曾山为陈正人后事竭尽全力,能办到如此规模,已是难能可贵。

在陈正人的追悼会上,周恩来见到曾山特别高兴。他亲切地问曾山:"你身体怎样?"曾山拍着胸脯说,"我身体很好。"周恩来嘱咐他要保重好身体,准备出来工作。据传,在半个多月前,中共中央政治局委员、国务院副总理兼公安部长谢富治去世以后,周恩来曾就由谁来接公安部长一事向毛泽东请示,并打算暂由副部长李震主持工作。毛泽东没有否定周恩来的想法,但又说:曾山怎么样? 似有意要曾山担任公安部长。周恩来精明,安排曾山出来在陈正人的追悼会致悼词,就是让他"亮相":一是告诉大家,曾山要出来工作了;二是曾山不是一般地恢复工作,是要担任更重要的职务;三是周恩来将向毛泽东表态,积极支持曾山接任公安部长。但曾山对周恩来的用意不明,周恩来便将此事透露给曾山,再三叮嘱身体不要出问题。可惜,曾山没有等到这一天。

三、最后的日子

陈毅、陈正人两位老战友的去世,给曾山很大的打击。尤其是在处理陈正人的后事过程中,曾山受到很大刺激,非常伤感,身体也很疲惫。但他在陈正人追悼会上,见到一些多年不见的老战友,又倍感欣慰。他们都把仇恨集中到林彪一伙身上。曾山和萧克相约,三天后来家一叙,共同准备继续揭发林彪的材料。

1972年4月16日上午,驻内务部的一位军代表突然因心脏病住院。曾山闻讯后,连午饭都没有吃就赶去904医院探望,一直等到下午4点钟,待这位军代表经抢救脱险后,才离开医院。他回到家里,吃过晚饭不久,又有老战友萧克上将来访。两人久别重逢,非常高兴。萧克一进来，两个人就拥抱。两人在里面房间谈话，邓六金给他们倒了一杯水。他们谈了很长时间，谈得很激动。他们一起回忆当年江西的革命斗争，数落林彪在江西苏区违背毛主席的言行。后因曾山脸色不好，约定过几天再谈。萧克走后，邓六金把曾山扶在床上。曾山胸闷，一脸通红，说："热，热!"全身发抖。邓六金和曾庆红等子女赶紧请医生来，医生说："在家里不行，赶快送医院吧。"不料，到了晚上，曾山突然心肌梗死，由于当时高级干部医疗保健制度被破坏，抢救被耽搁。虽经医务人员多方努力，终究未能抢救过来，于当夜 23 时 15 分在北京医院不幸逝世，终年 73 岁。第二天，萧克还打电话来问曾山好了没有，当萧克听到曾山已不在人世了，惊讶得说不出话来。曾山的秘书王青争回忆说："过去我们从未听说他有心脏病，他是长期心情受到压抑，再加上劳累过度，积劳成疾，自身难保还去看望别人，只知道关心同志，爱护同志，不知道照顾自己，这才是真正共产党员的风格啊!"

陈毅、陈正人、曾山的相继去世，在全国引起很大震动。周恩来在外地打电话找曾山办事。当他听到曾山逝世的消息时，极为震惊。他生气地说："为什么不抢救?"在几天前陈正人的追悼会上，曾山还说身体很好，周恩来怎么也想不到曾山会过早离世。他立即让邓颖超赶往医院，看望曾山夫人邓六金。邓六金接受不了曾山去世的现实，很难承受这意想不到的打击。她精神恍惚，浑身无力，几乎站不起来。邓大姐劝导她说："长征时死了多少战友，战争时期牺牲了多少战友，你知道吗？你要站起来! 你要坚强起来，你还要革命，不能倒下去，你还有那么多孩子，孩子们需要你这个妈妈。"蔡畅、康克清、王定国等几位长征老战友也来看望邓六金，安慰她。叶剑英、聂荣臻元帅及一些老同志也来慰问她。经过一段时间，她终于恢复了常态。

周恩来对三位老一辈革命家的去世，非常惋惜和悲痛，同时也受到很大的刺激。为了保护老干部，周恩来下大决心，不顾"四人帮"的阻挠，指示有关部门，对在北京及疏散到全国各地的副部长以上的高级干部,不论是否"解放",一律立即接回到城市检查身体,改善他们的医疗条件,凡患病者,一律保证住院治疗。周恩来的这一指示,非常及时,非常英明,为许多受迫害、受折磨的老干部保住了性命,也为后来改革开放储备了干部力量。如果陈毅、陈正人、曾山在九泉之下有知,也会为此而感到欣慰。

中共中央和国务院对曾山的逝世极为关切,次日即对曾山的后事做出周密安排。17日,曾山遗体由北京医院进行解剖。18日,周恩来收到李先念等报送的关于为曾山同志治丧的请示报告后,在政治局委员参加追悼会的名单上,亲笔写上"恩来、朱德"的名字,在送花圈的名单上,亲笔写上"毛主席、周恩来同志",并酌字酌句审阅了请示报告和悼词。19日,中央有关领导同志和曾山生前友好在公安部礼堂向曾山遗体告别。告

1972年4月16日,曾山因心肌梗死不幸逝世。20日,曾山同志追悼会在八宝山革命公墓礼堂举行。图为《人民日报》发表的题为"曾山同志追悼会在京举行"的通讯。

追悼会礼堂前一排排列次序

第 一 排(15人)

傅作义 郭沫若 李富春 徐向前 李德生 李先念 叶剑英 朱德 周恩来 张春桥 纪登奎 汪东兴 聂荣臻 华国锋 吴德

曾山同志追悼会礼堂第一排领导同志排列次序。

别后,由曾山同志治丧小组陪同家属,将遗体送八宝山火化。

1972 年 4 月 20 日,叶剑英同志为曾山同志致悼词。

前来参加曾山同志追悼会的同志们在会场外。

　　1972 年 4 月 20 日,中共中央、国务院在八宝山革命公墓礼堂为曾山举行了隆重的追悼会。毛泽东送了花圈。周恩来特意从外地赶回北京,和朱德等党和国家领导人一道,参加追悼会。当时,许多领导同志都还被疏散在各地,未能回到北京参加追悼会。据《人民日报》报道,参加曾山追悼会的有中共中央政治局委员 7 人,全国人大常委会副委员长 3 人,全国政协副主席 2 人,中央军委副主席 2 人,在北京的中共中央委员 21 人,在北京的党政军负责同志 64 人以及中央机关和国务院机关(含内务部及公安部、最高人民法院、最高人民检院)的干部和群众代表 500 人,共计 600 多人。当时站在追悼会第一排的是:周恩来、朱德、叶剑英、李先念、李富春、徐向前、聂荣臻、华国锋、汪东兴、纪登奎、李德生、吴德、郭沫若、傅作义、张春桥。追悼会由汪东兴主持,叶剑英代表党中央致悼词。悼词称:曾山同志"几十年来在毛主席、党中央的领导下,在长期的革命斗争中,在社会主义革命和社会主义建设中,忠于党,忠于人民,艰苦朴素,联系群众,努力工作,勤勤恳恳地为人民服务,为中国人民的解放事业和共产主义事业贡献了自己的一生"。并特别强调:"曾山同志的逝世,是我党的一大损失。"追悼会结束后,曾山的骨灰盒在八宝山骨灰堂正厅安放,骨灰盒上覆盖中国共产党党旗。遗体火化后,骨灰放在八宝山。4月21日,《人民日报》发表了新华社写的《曾山同志追悼会在京举行》的通讯,并刊登了曾山的照片。

在"文化大革命"的非常年代,能开如此高规格的隆重的追悼会,并对老一辈革命家做出如此高的评价,是极其鲜见的,足以表明党中央对曾山的高度信任和曾山在人民群众中享有广泛盛誉。曾山追悼会结束后第三天,即4月23日,《人民日报》发表了《惩前毖后,治病救人》的社论。《社论》强调指出:经过长期革命斗争锻炼的老干部是党的宝贵财富。这篇社论是周恩来亲自修改审定的,体现出周恩来对老干部的大爱,有意为大批老干部复出铺路搭桥。后来担任国家副主席的王震著文写道:"曾山同志过早地离开了我们,但是,他崇高的革命精神,永远与我们党和人民的事业,与我们伟大的社会主义祖国同在。"这就是历史的公论。

四、如柏风范

曾山同志是一位杰出的老一辈革命家,久经考验的忠诚的共产主义战士,江西苏维埃运动的先驱和主要领导人,中华苏维埃共和国的奠基人之一。1930年任江西省苏维埃政府主席、中国苏维埃革命军事委员会委员。1931年任中共苏区中央局委员、中华苏维埃共和国中央执行委员会委员、是中华苏维埃第一次工农兵代表大会七位常务主席之一。抗日战争时期,任中共中央东南局副书记兼组织部部长、中共中央军委新四军分会委员,中共中央华中局委员兼组织部部长,是新四军和华中革命根据地的重要领导人。解放战争时期,任中共中央华东局常委兼财办主任、中共上海市委常委、上海市副市长兼财办主任。新中国建立后,历任政务院委员、中共上海市委常委、中共中央华东局常委、上海市副市长兼财办主任、华东军政委员会副主席兼财办主任。1952年奉调北京,任中财委副主任,国务院财贸办副主任,并先后担任过中央四个部的正部长——纺织工业部部长、商业部部长、中央交通部部长、内务部部长。系中共七届、八届、九届中央委员,第二届全国人大常委会委员、第二、三届全国政协委员。他是一位从基层锻练成长起来的革命活动家和新中国财经、政法战线卓越领导人。

曾山没有给我们留下鸿篇巨作,但他在革命实践中所表现出来的革命精神、优秀品德、优良作风和高风亮节,是留给我们的宝贵精神财富。老一辈人称赞他是"一个真正共产党人的典范"。

(一)忠于理想、革命到底的坚定信念

曾山是一位忠诚的共产主义战士,在任何艰难困苦的条件下,他的忠于理想、革命到底的信念都不动摇,坚信革命一定会胜利。在长期的革命斗争中,他曾多次遭到通缉。第一次是1927年大革命失败后,国民党江西省政府的通缉。他面对革命遭受挫折,面对白色恐剧,面对战友、亲人牺牲,没有畏惧和退缩,他坚信革命高潮一定会到来。他毅然决然地奔赴广州,进入教导团当兵,参加广州起义。

第二次是1934年9月第五次反"围剿"战争失败后,曾山奉命留在江西苏区坚持游击战争。敌人到处张贴悬赏布告,活捉到曾山奖三万元,击毙曾山奖两万元。曾山毫无畏惧。曾山在与公兴万特委书记胡海分散突围时,拿出写有"艰苦奋斗"四个大字的红旗,对胡海说:"这面红旗我们各拿一半,一则用艰苦奋斗的精神互相勉励;二则我们今后胜利会师时,重新把它缝合起来作为纪念。"游击队伍被强敌打散以后,曾山身边只剩三个人。曾山坚持要找党,继续干革命。后来,又牺牲了一个,一个回家不干了,有一个受了伤。曾山服侍伤者痊愈以后,准备上船去南昌时,受伤的人也提出要回家。在这种十分危难的情况下,曾山毅然决然只身一人,去上海寻找党组织。他千里迢迢,辗转来到上海,举目无亲,生活非常艰难。这时,上海的报纸又刊登通缉令,以八万元悬赏通缉曾山。但他依然坚信,上海是中国共产党的诞生地,一定能在上海找到党组织。经过三个多月的奔波,终于找到了党组织和陈云。

(二)实事求是、坚持真理的浩然正气

曾山是一位从基层上来的、经过实际锻炼的地方领袖。他最贴近群众,最了解实际。在1930年二七会议上,他敢于起来反对江西省委代表提出的富农路线,即以劳动力分配土地的主张,提出代表广大贫雇农利益的、以按人口分配土地的主张。面对党中央提出攻打大城市的"左"倾冒险主义错误,他支持毛泽东不打南昌、九江的主张,拥护毛泽东率领红军和地方武装一起攻克吉安。他作为地方代表熟悉民情地利,坚决拥护毛泽东"诱敌深入"的方针,对国民党军的大规模"围剿"。他在领导江西苏维埃运动中,政绩卓著,只是因为坚决拥护毛泽东的正确路线,受到王明"左"倾错误路线领导者的打击和排挤。王震说:"当时中央派驻的代表在江西推行王明路线,他们极力排挤打击毛泽东同志,逼迫曾山同志反对毛泽东同志,曾山同志不顾个人安危,旗帜鲜明地表明自己的看法,认为中央苏区的发展,红军队伍的壮大,是同毛泽东同志正确主张和指挥分不开的。曾山同志为此受到排挤和迫害,一度被调离江西省苏维埃政府的领导岗位。"然而,曾山并没有因为受到不公正待遇而放弃原则,他始终如一地做到不唯书、不唯上,只求实,坚持实事求是,为真理而斗争。

20世纪50年代初"三反"运动时,曾山负责领导上海财经系统的运动。有一个单位送来报告,说某财贸干部是"大贪污犯"、"大老虎",要求枪毙,请予审批。曾山经过调查,证明这位同志不是什么"贪污犯"、"大老虎"。由于他坚持实事求是、重调查研究,挽救了这位同志的生命,维护了党纪国法的严肃性。还有两位负责干部,在当时"左"的气氛下被撤销职务。曾山认为不公正,多方设法给他们另行安排工作。但很多单位对"三反"对象都不敢要,曾山便去找华东军政委员会建工部长李人俊。李部长了解曾山原则性很强,便给予了安排。后来事实证明,这两位干部都是对党忠诚、富有才干的好干部。

(三)廉洁奉公、勤政为民优秀品德

曾山的一生,是革命的一生,廉洁奉公、勤政为民的一生。在江西苏区时,他经常白天戴草帽、打赤脚下乡劳动,晚上在省苏维埃政府办公。他走村串户联系群众,帮助群众解决生产、生活中的问题,和群众打成一片,成为人民群众的贴心人,带出了苏区干部好作风。

上海解放前夕,华东局在江苏丹阳准备解放上海时,曾山调集了大量的各种各样的物资。他就是这些物资的"大管家"。然而,曾山自己点滴不占。当时,他和胡立教住在一起。胡立教回忆说:"我们自己的生活却是十分艰苦,曾山同志和我吃饭常常是一碗面条,连菜也没有。"上海解放后,曾山领导的财委接管了几百个国民党的仓库,吃的、穿的、用的、玩的东西,应有尽有,全部上交国库。他自己以身作则,一尘不染。有的同志要求拿点牙刷、牙膏、钢笔之类的小东西分给大家使用,曾山都不同意。他说:"如果我们财经干部可以利用职权,带头破坏财经制度和财经纪律,那就对不起党和人民对我们的信任,那就是严重的犯罪和失职。"

曾山任内务部部长期间,全国发生的自然灾害不少。他总是往最危险的地方去察看灾情,解决困难。1966 年 3 月,河北省邢台地区发生强烈地震。曾山立即率中央代表团,奔赴灾区慰问灾民。他全然不顾自身安危,一次又一次地到地震尚未停止、灾情最严重的隆尧县白家寨地震中心,指挥救灾,帮助灾区人民战胜困难,恢复生产,重建家园。

(四)服从组织,严于律己的坚强党性

曾山是一位党性很强的老共产党员,有高度的组织观念,一切听从组织安排。他把自己熔融于"组织"之中,将自己的一切交给"组织"。他从不考虑职务高低,只想到服从革命工作需要。1937 年曾山从苏联回国前,斯大林和共产国际总书记季米特洛夫接见了他,准备留他在共产国际负责中国党方面的工作。但他表示：我的祖国，正遭受日本帝国主义的侵略，我必须回国去工作，那里才是我的岗位。1946年，中央决定华中局北移山东，华中地区成立分局中。华中局打电报给党中央，建议由曾山任华中分局书记。曾山同日就致电中央，表示谦让，并愿意到条件艰苦的滨海地区去当一个县委书记，领导群众打游击。于是，中央回电："曾山仍任组织部长。"皖南事变后，国民党不给新四军发军饷，新四军的经济很困难。但党中央所在地延安财政更困难，八路军在华北也很困难。曾山负责财经工作，千方百计发展生产，搞活经济，克服自身困难，并拿出钱来上交党中央和支援八路军。解放初期，中央提出集中统一全国财政经济，华东比其他大区富裕，要上交的钱较多。有些干部甚至一些负责干部，觉得自力更生积累下来的钱不容易，舍不得全部上交，想留下一点小钱，作为机动之用。但曾山整体观念很强，总是顾全大局，坚决服从中央，并苦口婆心地对大家进行教育，说明集中统一的必要性。大家都心悦诚服后，曾山分文不留，全部上交中央。

曾山严于律己，对子女要求也很严格。他常对子女们说："我们的一切是劳动人民给的，我们永远属于劳动群众。"又说："你们的前途，要靠自己去艰苦奋斗。考不取大学，就去当工人；要参军，必须符合条件。"曾山当过十年中央局的组织部长，老战友、老部下很多，但他从不找他们为子女开后门。新中国成立之初，曾山把女儿送到上海郊区一个纺织厂去做女工。有人跟她说："你爸爸是副市长，你为什么不在家享福，而要到这里来做工？你是小姐呵！"女儿思想产生了动摇。曾山耐心地教育女儿说：不要以为爸爸当了官，就有特权，工作就可以挑挑拣拣。"你不愿意做工，那就回乡下种田去好了，我这里按规定只能留你三天。"女儿很听话，在工厂一直表现很好，并入了党。

（五）勤于学习，善于创新的进取精神

曾山革命一生，曾经在多个不同的岗位担任领导工作，职务也有变动。但他从不计较个人利益得失和地位高低，在每个岗位上都勤勤恳恳,任劳任怨,体现了共产党人的博大胸怀。

曾山之所以能够做到这样,与他的勤于学习、刻苦耐劳精神分不开。他早年投身革命,只读过两三年书,文化水平不高。但在革命斗争中,甚至在艰苦的战争年代,他都抓紧时间学习。他在实践中学习,也向书本学习,尤其是向懂行的同志学习。上海解放后,华东局机关办了一所文化学习班,给文化较低的干部补习文化。曾山虽然是上海屈指可数的领导干部,也进了文化学校。他和普通学员一样刻苦学习,认真听课记笔记,和大家一起讨论问题。特别是他领导的财经工作战线,有一大批行家里手,都是曾山尊重和学习的对象。经过几十年领导财经工作的实践,曾山不仅是我国财经战线的重要领导人,而且是共产党内为数不多的财经专家,毛泽东风趣地称他为"两个脑袋"之一。

曾山富有创新精神,干一行,爱一行,行行精通。早在江西苏区时,他就在富田创办了江西平民银行。这个银行的旧址仍在,已经对外开放。皖南事变后,国民党对新四军停发军费薪饷,使新四军和华中根据地的经济十分困难。曾山在根据地贯彻党的经济政策,组织根据地群众发展生产,又通过地下党在上海等地筹集经费,从敌占区秘密采购大批物资送往新四军。他直接领导的经济情报处,给华中局及时地提供情报,对根据地的经济发展,起了很大作用。为了与敌伪顽作经济斗争,免受沦陷区和国统区通货膨胀的影响,曾山部署华中各根据地发行自己的货币,创办了华中银行,设立了华中印钞厂。

解放战争时期,他千方百计,好不容易统一了华中、山东经济,受到中央赞许。他进驻潍坊,接管济南,创造了一套成功接管大城市的经验,为中央所推广。与此同时,曾山选拔、任用和积累了一大批知识分子干部,如陈国栋、汪道涵、孙冶方、骆耕漠、李人俊、顾准、陈穆、徐雪寒等,他们后来都是新中国经济财经战线上的领导干部,可见曾山的远见卓识,被人称为华中局组织工作的好"伯乐"。

(六)联系群众,关爱他人的优良作风

密切联系群众,是党的三大优良作风之一。曾山堪称楷模。据曾山

华中银行发行的在华中根据地统一流通的华中币。

的通讯员钟声楠回忆:"曾山主席(江西省苏维埃政府主席)身材高大,说话声音洪亮,对人慈祥,平易近人,衣着简朴,经常穿一件有补丁的棉布中山装,脚穿草鞋。他早上起得早,经常白天戴草帽、打赤脚下乡劳动,帮助红军家属和缺乏劳动力的贫苦农民耕田、铲草下肥,上山砍柴,晚上回到苏维埃政府办公。他不怕苦,不怕累,晚上常常工作到深夜,为扩大红军、支援前线、公债发行、起草会议文件等忙个不停。他走村串户,紧密联系群众,关心群众生活,从大到土地问题,小到柴米油盐,帮助群众解决生产、生活中的种种问题。他喜欢喝兴国南坑茶叶,通讯员给他泡上一杯茶,他有时也会给通讯员倒杯热茶,亲切地说:"小钟,你辛苦了。"两人聊起天来,无话不谈。他吃集体伙食,每人一份菜,一个用草袋子煮的三两米的米饭。这样,他和群众打成了一片,成为人民群众的贴心人,带出了苏区干部好作风。苏区群众编了一首歌:"苏区干部好作风,自带干粮来办公。日着草鞋干革命,夜打灯笼访贫农。"这首传遍中央苏区的脍炙人口的歌谣,就是当年苏区干部作风的真实写照。1952年夏天,曾山和胡立教一道回江西吉安老家探亲。在去曾山家乡白沙的余家河渡船上，听到船上群众议论曾山。有的说：乡亲们盼望曾山能回来看看，有的说：现在曾山官做大了，忘记我们了，不会来看我们了；有的说：曾山还是会来看我们的，他过去是江西省苏维埃主席！他能来对我们的工作作些指点多好。曾山听到这些议论，只好半遮着脸，向胡立教做了一个鬼脸。这些群众没有想到，衣着简朴的曾山，就在他们中间。1961年冬天，曾山一行来到江西省兴国县调研。他们抽闲去了一趟江西省苏维埃政府旧址，看门的老人就是当年省苏维埃政府的工作人员。他向曾山一行介绍当年苏区干部好作风，特别是讲曾山，讲得眉飞色舞。曾山问他："你认得曾山吗?"他说："认得。走到哪里都认得。"曾山把帽子一摘："我是谁?"老人高兴得大叫起来："您就是曾山!"曾山把老人带到招待所，两人亲切地谈到半夜。

曾山处处关爱他人，把困难留给自己。1945年，有一次过运河时，船夫说天气冷，曾山马上把大衣给船夫穿，自己却冻得感冒了，病了好几天。由于条件艰苦，营养不良，曾山得了胃病，几次晕倒过去。组织上为了照顾老弱病残，决定给他们发一点保健费。曾山身体情况和职务级别，完全符合领保健费的标准。但曾山每次都把自己的名字划掉。他对邓六金说："我主管这项工作，怎么能领这个？要把钱用到最需要的地方，我不能要，近水楼台不能先得月！"经过千辛万苦的长征老干部邓六金，完全理解丈夫的心情，极力表示支持。

新中国成立以后，曾山身居高位，但依然保持了密切联系群众的好作风。他没有忘记过去的战友，即使是普通战士、平民百姓。经他动员参加红军的小通讯员钟声楠，长征到达云贵高原时负了重伤。在当地老乡家养伤好了以后，找不到队伍，只好行乞回到家里。1965年，他在报纸上看到曾山的文章，便大胆地给曾山写了一封信，讲述自己的情况。1966年2月4日，还在春节期间，正是曾山从山东参加社教回来的时候，曾山就亲笔给钟声楠回了一封信，全文如下："钟声楠同志：你来信要求送你一张相片，现寄你一张，请查收。同时希望你在当地号召群众，努力搞好生产队集体生产，发展集体经济，为公社、为社会主义事业建设更好而奋斗。曾山二月四号。"钟声楠的后人已将这封信给了笔者。笔者已复印给江西革命烈士纪念堂和新四军南昌军部纪念馆，并在《铁军纵横》杂志发表。笔者一位中学同学阙贵善，其父亲当年也在江西省苏维埃政府工作过。1955 年，阙考上了北京大学法律系，其父告诉他可以去看望曾山部长。年方十八的小阙，没有胆量去见"大官"，但还是给曾山部长写了一封信，报告自己的情况。小阙没有想到，曾山很快就亲笔给他回了一封信，鼓励他努力学习，锻炼身体，学好本领，将来更好地为建设社会主义服务。

信中说："你是东固山区贫农的孩子，老红军的后代，能到北京大学来读书，我非常高兴。这只有在共产党领导下才有可能。希望你好好读书，锻炼身体，学好本领，将来成为社会主义建设的优秀人才。"信中还告诉小阙，他儿子曾庆红在北京 101 中学学习，可以找他，让他带到家里来做客。小阙见信，心里感到无比温暖。他没有敢去部长家里面听教诲，但一直将这封信保存着，信的内容至今铭记在心。小阙不负老前辈的厚望，北大毕业后，回到江西大茅山区，在基层磨炼了二三十年，从最底层的审判员干起，最后调到省城南昌，先后担任江西省高级人民法院副院长、江西省人民检察院检察长，成为我国司法战线上的一名优秀领导干部。2002 年退休。

（七）艰苦朴素，勤俭节约的传统美德

"艰苦朴素，勤俭节约"是中华民族的传统美德，在曾山身上特别明显。在江西省苏维埃主席任上，他的办公桌是一张破旧的二斗桌，墙上挂着一盏大号马灯，作为晚上外出时照明用。住房里面只有一张普通的木板床，一顶放衣物和文件书籍的农家衣橱。游击战争时期，曾山带领的红军游击队遇到的困难非常大，简直就是过野人般的生活。天当房，地当床，有时住山洞；有时几天吃不上一餐饭，只有吃山上的野果、草根。抗日战争时，新四军实行供给制，吃大锅饭。有一次，他病了，体质很虚弱，警卫班的同志凑钱买了一碗肉汤给他喝，他不肯喝，以为用了公家的钱。当警卫员解释以后，他一定要他们收下钱，他才喝汤。上海解放后，国民党狂言："上海是一座大染缸，共产党红的进来，黑的出去。"但曾山仍然像以前一样廉洁奉公,始终保持劳动人民的本色。组织上分配给他一幢小洋楼。但他只用三间,一间作卧室兼办公室,一间给五个孩子住,一间用来接待客人和吃饭。他不抽烟,不喝酒,穿着很简朴。他还是穿那件已经破了的旧棉袄,只是外面加了一件罩衣。为了便于接待工商界人士,领导上要给他做一套料子衣服,他只让做一套布的。他说:"我们不能和资本家比阔气。"调到北京后,被安排住在一个四合院。他觉得房子大了,请其他工作人员一起住。公家为他的办公室配了地毯,他亲自卷起来送回去 。他一生没有买过手表。参加第一届全国人民代表大会时,还是用战争年代的一块怀表,老战友李坚真看不下去,将自己的手表送给了他。他一直到去世,都是戴李坚真送的这块手表。1964 年,曾山已经65 岁,还和陈少敏一起,率队到山东曲阜县小雪公社北兴大队,参加"四清"运动,和农民同吃、同住、同劳动,天天吃按定量地瓜,最后累得病了才回到北京。他曾六次率领中国党、政代表团出国访问,没有买过洋货,而把节余的钱上交国家。他逝世以后,邓六金清理他的遗物,装了一网兜:里面有抗日战争系到去世的皮带;两双补了补丁的袜子;一顶缴获的日军皮帽子;一条旧浴巾;一件灰蓝色褪色呢子外套;一件米黄色毛料外套,一床自己编制、打了许多补丁的草席子。

张劲夫同志回忆说:"尤其令我敬佩的是,曾老始终保持劳动人民的本色,过着艰苦朴素的生活。他很早参加革命,以他的资历和职务级别,可以享受较高的待遇。但他一直严于律己,对家人子女要求也很严。他的老伴邓六金大姐也是一位老红军,和曾老一样,从不搞特殊化,从不以权谋私,受到同志们的称赞和敬重。"

曾山非常热爱自己的家乡。他情系江西老区,始终没有忘记老区的父老乡亲。他把国家的富强、人民的幸福与家乡建设联系起来,把关心老区建设当作自己的义务和责任。江西快解放时,他就打电报给江西省委书记陈正人,表示愿回江西作经济工作。新中国成立以后,他曾六次回江西考察,为老区排忧解难,帮助解决发展生产和群众生活中的一些问题。他每次来江西,都不会忘记看望军烈属。"文化大革命"中,他要求下放江西,愿意回家当农民。曾山同志是个孝子,非常孝敬母亲。解放初,他就把母亲接到上海。但她母亲在上海住不习惯,要求回家。经陈毅批准,曾山给她母亲买票派人送她回吉安。她母亲在家乡,多次评为劳动模范,还出席了江西职工社会主义建设积极分子大会。1962年曾山和邓六金来江西考察一个多月,最后回家看望母亲。当天晚上,他就和母亲没长没短地聊到天亮。民政厅长看到他家生活清苦,便按照三位烈士家属(母亲、大嫂、弟媳)各20元的标准,叫处长送了60元慰问金给老人家。曾山知道后,立即将60元钱退还给处长,并对民政厅长说:"你是民政厅长,应当关心全省的烈士家属。我是内务部长,应当关心全国的烈士家属。我家的困难,我自己会解决,你们不能给予特殊照顾。"据笔者访问得知,曾山把自己的工资分成三份,一份作为家里日常生活开支;一份给5个子孩子上学,还有一份就是寄回老家,供养老母亲和家人。

江西是个农业大省,盛产粮食,大米为大宗出口商品,成为江西的重要经济来源。1951年3月,江西省人民政府主席邵式平给曾山写信,要求上海多购买一些江西的大米。曾山接到信后,立即给邵式平复信,不仅答应购买按计划指标江西出口的大米,而且愿意将购买中南地区一亿斤大米指标也划归江西,帮助江西解决了一大难题。信中写道:"邵主席:我得到主席托人顺便到上海向我处建议要求华东多销售江西大米事,我已通知华东粮食公司加以格外照顾外,并已向中(央)贸(易)部建议,原拟定从中南区调一亿斤大米给华东,我们拟议全调江西粮。"

在改革开放的新时代,我们学习曾山的革命事迹和人格风范,并不要求我们去过他们那个时代的艰苦生活,而是继承那种精神。因为我们的时代,担负着我们时代的任务,也面临着过去时代没有遇到的困难,需要我们去克服困难,迎接挑战,开拓创新。我们学习曾山等革命先辈的那种精神,就是以他们为榜样,发扬革命传统,实践社会主义核心价值观,为建设全面小康社会的宏伟目标和深远的历史意义。和实现中华民族伟大复兴的中国梦而奋斗。因此,在当今改革开放进入深水区和发展社会主义市场经济的新历史条件下,弘扬曾山等老一辈革命家的革命精神和高风亮节,有着重要的现实意义。

曾山这一生

附录 邓六金这一生

邓六金同志是一位久经考验的坚强的共产主义战士,是参加中央红军长征全过程的 30 位女同志之一,是新四军和新中国杰出的妇女儿童工作者,是备受后人尊敬的伟大的母亲。她为中国人民的解放事业和新中国的建设事业付出了毕生的精力,做出了较大的贡献。十五年前,笔者在编写《曾山传》的过程中,曾多次访问过她,受益匪浅。

一、闽西飞出了金凤凰

邓六金同志 1912 年 9 月 16 日出生于福建省上杭县旧县乡新坊村的一个贫农家庭里。她排行老六,上有一个哥哥,四个姐姐,故名六金。她家境贫寒,没有田地,靠租地主的田地过日子,生活极端困苦,全家人一年忙到头还吃不饱饭。六金生下来十几天,就被送到邻村做人家的养女,叫"望郎媳"。后来在一场洪水中,生父不幸丧生,全家生活更加困难。姐姐只得早早嫁人,亲生母亲因养活不了这些孩子,又另外结了婚。六金的养父是理发师傅,家里也很穷,租了地主一亩地种。一家人住一间草房子,四面透风,冬天很冷,夏天蚊子多,下雨时四处漏雨,房里积有很多水。六金从五六岁起，就开始参加劳动，家里什么活都干，烧饭、洗衣、拔猪草，还跟随养父母一起在地里锄草。农闲时，养父挑着担子出去剃头，她就帮着他给人家倒水、洗头、刮胡子，后来也学会了理发。尽管一家人如此辛劳，依然赤贫如洗，给地主交完租子，就剩无几，只好又向地主老财借债为生。她家里粮食不够吃，总是糠菜半年粮。有一年除夕，养父母破例用粮食换了点豆腐和一点肉回来，准备吃年饭，他还说要把"半个儿子"请回来吃肉。不料刚刚端上桌的年饭被逼债的地主家狗腿子看见了。"有钱吃肉，没钱还债！"狗腿子恶狠狠地把年饭端走了。全家人望着空荡荡的饭桌，眼泪唰唰地流。小小年纪的邓六金怎么也想不通：为什么我们全家辛辛苦苦干了一年，连一次肉和豆腐都吃不上，为什么命运总在穷人头上作恶作剧？那些地主和走狗从来不干活却可以吃好的、穿好的，还欺负无辜的穷人！这件事对她的触动很大。

1929 年，"朱毛"红军入闽，改变了邓六金的命运。那年，毛泽东、朱德领导的红四军三次进入闽西，攻长汀，克龙岩，占永定，打上杭，取连城、武平，发动群众打土豪，分田地，开辟闽西革命根据地。"红旗跃过汀江，直下龙岩上杭，收拾金瓯一片，分田分地真忙"就是当年闽西土地革命景象的动人描述。但是，国民党反动派害怕群众跟着共产党干革命，就叫保甲长、地主老财到处搞反动宣传，说"朱毛红军来了，要杀人放火，要抢东西，共产共妻，抢女人。他们身上长红毛，毛很长很长，毛上还有箭，朱毛碰到人，毛就竖起来，会从毛上射出箭，射到谁身上，谁就会死"。乡下农民们没有文化，没有见过世面，信了国民党反动派的宣传，都到山上躲藏起来了。后来，群众看到红军不抢东西、不欺负女人，还挺和气，就慢慢就下山了。反动派的谣言不攻自破。闽西的人民群众在听了红军的宣传之后，明白了红军是解放穷苦群众的，是来建立革命根据地的，革命热情就高涨起来了。邓六金的村子里也驻有红军。她天天去听红军给村里人讲革命道理。红军说：他们是来替穷人办事的,以后穷人不能再给地主当牛作马了!穷人穷是地主反动派压迫造成的,财富都是我们穷人劳动创造的,我们要把地主的土地、财产分给穷人;妇女要解放,女人也是人,男女平等,婚姻自由。红军讲得很通俗,文化低的人能听得懂。邓六金听了这些道理,非常兴奋,觉得朱毛红军说出了他们一直想说的话,真是久旱逢甘露!她决定参加革命,为普天下的广大穷人而奋斗,成为"朱毛红军"的一分子。

红军在村子里很快就组织儿童团,少先队,妇女会。邓六金和本村的傅才秀一起,把村子里比较穷的妇女都组织起来,开会、识字、宣传"红军来啦,解救我们穷人来啦!"村里有个恶婆婆经常打她的童养媳,打得童养媳满身都是伤,还不给饭吃。邓六金和妇女会几个同志知道后,就到这个恶婆婆家里,严厉地批评了她,使她不得不低头认错,发誓再也不打人了。她家媳妇很高兴,后来也参加了革命。

邓六金在红军的教育下,1929年就参加了革命工作。她把自身的解放同争取民族的前途命运联系起来,毅然打破封建枷锁,在村里第一个剪掉辫子,全身心地投入到组织儿童团,少先队,妇女会的工作中,成为村里第一个"红军通"。在当地党组织的领导下,邓六金在妇女中宣传革命思想,组织妇女洗衣队,发动群众打土豪,分田地,被推选为乡妇女会主席。她一心扑在革命工作上,顾不了家。她的养父母劝她回去种田,说:"女孩子天天在外边,别人说闲话,田里的活也没有人做,赶快回家干活。"邓六金回答说:"我要干革命,别的管不了啦!"她在乡里干了半年,就调到上杭县旧县区当妇女干事。她经常背个包,爬山越岭,宣传妇女解放、穷人翻身、女子放脚,动员男子参军。由于工作表现出色,1931年9月加入中国共产主义青年团,1932年10月转为中共党员。直至晚年,她都记得入党宣誓的那个夜晚,在村外一个山沟里,喝完鸡血酒,由介绍人富彩秀带领她向党宣誓:"我志愿加入中国共产党,遵守纪律,严守秘密,服从组织,永不叛党,誓为共产主义奋斗到底"。那时加入共产党是秘密的,公开了就要被杀头。她是村子里最早加入共产党的女党员。从此,她由一个童养媳成了一名有坚定信仰的共产主义战士。

不久,邓六金调任中共福建省上杭县旧县区青年干事、上杭中心县委巡视员、县委妇女部长。1933年5月,又调到福建省苏维埃妇女部任巡视员、部长。在长汀、宁化、泉上、河田等县,来往穿梭,组织妇女识字、唱革命歌曲,动员妇女送郎、送子当红军,动员妇女慰问红军,做军鞋,抬担架,送粮食支援前线,发展生产,坚壁清野,同敌人进行坚决的斗争。

1932年,邓六金回了一次家,动员她的两个姐姐来金、风金参加革命。她们都活跃在闽西革命根据地。风金姐姐在连城当妇女部长,姐夫牺牲了。当时女子参加革命的还不多,邓六金和她的两个姐姐风金、来金相继参加革命,在闽西传为美谈,被称为闽西的"三凤"。老一辈无产阶级革命家、时任福建省苏维埃政府主席的张鼎丞,曾赞扬她们三姐妹是"土窝窝里飞出了三只金凤凰"。

1934年初,邓六金被组织送到瑞金中央党校学习。还没毕业,由于第五次反"围剿"的严峻形势,中革军委发出《扩大红军的紧急动员令》,提出要"扩大红军一百万"。中央机关和各个单位都分配了"扩红"任务。邓六金被任命为"扩红"突击队员,派回福建扩大红军。邓六金回到福建后,深入基层,开会动员,走门串户,发动群众,宣传为什么要当兵,当兵有什么好处,动员妈妈送儿子,妻子送丈夫去参加红军。结果不到半个月,她就提前超额完成了"扩红"100名的任务,胜利地回到瑞金,参加了中央召开的庆祝"扩红"胜利的大会,受到了表扬。

二、走完长征全过程的三十位女红军之一

1934年10月,中央红军主力8.6万人从江西瑞金、于都出发,开始长征。其中有三十位女红军。因为长征不但要跑路,还要打仗,要做地方工作,所以组织上对随军的女同志要求很高。除进行认真的政治审查外，还要进行严格的体格检查，只有被确认为身体健壮，能走、能背，政治上坚强可靠，有独立工作能力，会做群众工作的人，经过组织批准才能编入长征队伍。中央领导同志的夫人参加长征，则是由中央决定，不用检查身体。邓六金身强力壮，顺利通过体检，成为第一个身体合格准备参加长征的红军女战士。其余二十九人是：蔡畅、邓颖超、康克清、贺子珍、刘英、刘群先、李坚真、李伯钊、钱希均、陈慧清、廖似光、谢飞、周越华、金维映、危拱之、王泉媛、李桂英、甘棠、危秀英、谢小梅、钟月林、吴富莲、杨厚珍、肖月华、李建华、曾玉、刘彩香、邱一涵、吴仲廉。她们当中，也有少数几位生病、体弱、怀孕的女同志，因坚决要求随部队行动，被领导作为特例批准的。参加长征的女红军最初编在中央工作团，后来整编为总卫生部干部休养连。干部休养连是一个特殊的连队，有300多人，5个休养班：老同志班、伤员班、女同志班、机要人员班、流动班。休养连由董必武任党总支书记；侯政（原八军团卫生部部长）任连长；邓颖超、侯政、李坚真、吴仲廉为党总支委员。邓六金和危秀英、吴富莲、王泉媛、刘彩香、钱希钧、钟月林、邱一涵、谢飞、谢小梅、蔡纫湘等11人是"政治战士"。

"政治战士"的主要任务是照顾伤病员，分派担架，做伤病员和民工的政治思想工作。休养连有60副担架，他们每人要管三四副担架。有时还要参加筹粮，筹款。在长征中，"政治战士"和抬担架的民工同行。因为民工是临时请来的，体力不一样，行进速度也有快有慢。邓六金身强力壮，跟着担架走，前后照应。她跟着前面一副，又怕后面的掉队，跟着后面一副，前面又无人照管。她只有不断地来回跑，让一副副的担架都能跟上，使之前后鱼贯起来。休息时，民工可以打盹，她却不能眨眼。民工走不动了，她就唱支山歌或讲个故事给民工听，为他们鼓劲。民工吃不饱饭，她就把自己为数不多的粮食分给民工吃。遇到民工抬不起时，她就挺身而出，上去抬担架。董必武回忆说："有几次民工把担架从肩上放下来，躺在地上不动，无论如何都不肯走，她们中体力强的,就只好代民工扛肩。经常这样干的有四个女同志。她们是那样的不怕困难,那样去完成他们所负的任务,是许多男子所望尘莫及的!"邓六金就是其中的一个。

红军白天行军,经常会遭到敌机轰炸。有一次,董必武给李坚真、危秀英、邓六金等布置照顾伤员的任务。突然,一架敌机飞过来,扔下一颗炸弹。炸弹掀起的泥土,盖住了董必武的头,埋住了危秀英、邓六金的脚,溅了李坚真一身。幸亏这个炸弹是个"哑巴",没有爆炸。众人忙去帮危秀英、邓六金从泥土里把脚拽出来。大家笑着说:这是"菩萨保佑!"在过赤水河时,邓六金看到几个伤员在路边呻吟,便果断地扔掉自己的背包,背起一个伤员走上了赤水河上的浮桥。接着,危秀英、刘彩香也背着伤员上来了。浮桥很窄,几个人一上去,浮桥就摇摇晃晃,她们只好爬行。过了浮桥,她们又抬起担架,步履艰难地爬上了一座大山。邓六金的腿和手都磨烂了,但她凭着刚强的意志,一声不吭,一直坚持着。有一次,民工放下担架不愿意抬伤员,邓六金跟民工说:这是红军的一位干部,我们一定要抬着走!但还是有一个民工不干,邓六金就自己上,最后累得吐血。

1935 年 5 月下旬,干部休养连来到了泸定桥西头。看到泸定桥上几根摇来晃去的铁索,叫人胆战心惊。人要过去尚且困难,休养连的许多药箱怎么运过去,成了一大难题。指导员李坚真正为此事着急时,邓六金和吴富莲、王泉媛等七八名"政治战士"想出了办法。他们把药箱绑在背上,过桥时手抓铁索,匍匐前进,一趟一趟地把一个个的药箱全部背过去了。董必武十分高兴,又一次地表扬了这些机智精灵的女战士们。

红军出发时,每人只带十五斤口粮,沿途所需要靠打土豪和发动群众解决。当红军过了大渡河,到达藏民区时,筹粮非常困难,眼看就要断炊。一天,邓六金等 8 名"政治战士"在朱德带领下,去向藏民购买粮食,但找不到藏民。只见麦子都收割了,仅有一块稀拉的青稞麦地没有收割。他们把20块银圆留给了麦地的主人，然后割起了青稞麦。因为没有加工工具，只好用手搓麦。邓六金手掌上磨起了许多血泡，但找到了粮食，她心里比什么都高兴。

6月中旬，邓六金随着休养连向终年积雪的大雪山进发。山下气候炎热，穿着单衣还冒汗。但是到了山腰，气候骤然下降。再往上爬，积雪越深，狂风卷着大雪，人在冰雪中行进。为了鼓舞伤病员过雪山，她和战友们不顾过雪山时不准唱歌的规定，用沙哑的歌声激励大家。邓六金看到有的伤病员走不动，她就上前去扶着伤员一块走。由于用力过度，累得吐血，差点牺牲在雪山顶上。她凭着惊人的毅力，终于翻过了终年积雪的夹金山。又经过七天七夜的跋涉，才走过了茫茫600里的大草地。

在长期的艰苦行军中，许多指战员都病倒过。在云贵高原时，身体很棒的邓六金也病倒了，得了痢疾，发高烧，腹部疼痛，走不动路，又没有担架坐，赶不上队伍，而疯狂的敌人正在对红军前堵后追，处境十分危险。这时，战友危秀英主动向连长要求留下来护理她，跟在队伍后面走。危秀英帮她背东西，找水喝，还特地削了一根棍子当手杖，让她拄着走。晚上宿营时，危秀英就打开随身带的半条毛毯，紧挨邓六金睡在一起。邓六金对战友的照顾十分感动。当她看到身材矮小的危秀英累得满头大汗时，实在过意不去。她含着眼泪说："秀英，你走吧，把我留下。……要死就死我一个！"危秀英坚定地回答："不！我们都不能死！革命还没有成功。只要我在，我就不能把你一个人丢下！"这对红军姐妹，一个病，一个累，步履艰难，在蜿蜒的山路上蹒跚地行走。在饥饿、疾病、疲惫的袭击下，他们经过4天的艰难行军，终于赶上了部队。邓六金说："是秀英救了我的命。"战友们热情地欢迎他们，并表扬了他们这种互相帮助、战胜困难的精神。

1935年10月，邓六金和红军姐妹们一起，在毛泽东和党中央的领导下，胜利到达陕北革命根据地。她们在敌人的围追堵截和无数的自然障碍之下,整整走了 12 个月,走完了二万五千里全程。正如美国作家哈里森·索尔兹伯里所说:红军长征"从头到尾都是一场旷日持久的战斗",这不是在和平环境中的长途跋涉,而是在同敌人的激烈拼搏中的战斗行军;这不是在平坦的道路上行走,而是在崎岖山路上攀越穿行。她们在长征中坚韧不拔,克服了比男同志更多的困难,没有一个掉队,没有一个牺牲,创造了中国妇女运动史上的奇迹!

三、中央组织部妇女部部长

1935 年 11 月,中央红军与红十五军团联合作战,在直罗镇歼敌一个师和一个团,粉碎了敌人对陕北革命根据地的第三次"围剿",奠定了党中央设在陕北的基础。接着,中央机关迁往瓦窑堡。1936 年 1 月,蔡畅找邓六金谈话,说:"中央要建立全国性的妇女组织机构,组织打算要你担任妇女部长,你和危秀英两人到中央妇女部工作。"邓六金说:"我没有文化,当不了。"蔡大姐说:"你当不了也要当,不会当可以学嘛! 长征这么难,你不是也走过来了吗!"就这样,邓六金当上了中央组织部妇女部部长,危秀英任副部长,还有两三个青年当秘书和干事。她肩负起党的重托,出色地完成了党组织交付的各项任务。9 月,李富春调任中共陕甘宁省委书记,蔡畅调任中共甘肃省庆阳县委书记。李富春又找邓六金谈话,说:"蔡畅大姐到庆阳工作去了,她那里很需要干部,你到她那里去工作可以吗?"邓六金不计较职务高低,又很敬佩蔡畅,便满口答应。于是,邓六金便随蔡畅调到庆阳县委,担任组织部副部长。她协助蔡大姐在庆阳建立党的组织,发展党员,选拔干部,工作很开心,工作能力也得到较大提高。

由于妇女工作需要,1937 年 5 月,邓六金又被调回到中央女妇女部,担任巡视员。她经常下乡调查陕北妇女状况,积极开展妇女工作。陕北地处黄土高原,交通闭塞,土地贫瘠,老百姓生活很苦。农民们常年吃土豆、小米和野菜。邓六金和她们同在坑上吃,同在坑上住,天天吃土豆、高粱,把胃吃坏了,得了胃病。但她很快就摸清了陕北女妇女的基本情况:陕北妇女受封建势力压迫很严重,生活极为贫苦。她们从小就要缠脚,穿耳朵,不能随便出家门,外出时要戴面纱,婚姻不自由,"嫁鸡随鸡,嫁狗随狗"成了天经地义。陕北妇女很勤劳,主要是在家纺纱,不出门,不下地劳动,还迷信,说"妇女下地会遭雷打"。邓六金认识到,要把陕北妇女解放出来,任务非常艰巨。仅仅靠一般宣传工作解决不了问题。她从发动妇女参加生产劳动入手,促进妇女解放。1936年2月6日,邓六金在中华苏维埃共和国中央政府机关报《红色中华》上,发表了题为"妇女同志到生产战线上来!"的文章,鼓励妇女参加生产劳动。她指出:"我们要响亮地提出妇女参加生产,这是最光荣的事业,坚决地反对过去认为妇女种地是羞耻是污辱的不正确观点。"要求党团员带头学会耕种,成立妇女生产小组,学会各种农活。基于陕北妇女多为小脚,便进行劳动分工:小脚妇女做饭、送饭,带小孩;大脚妇女学习犁耙、撒种。邓六金和妇女部的同志还采取现身说法,给陕北妇女做耕种示范,带动她们一起下地进行生产劳动。同时,组织劳动竞赛,大大地激发和提高了她们的生产热情。到1936年夏秋时节,陕北革命根据地已经组织起2万多妇女参加生产学习小组。1937年春,陕北平均每一个青年人包括妇女在内,开荒地一亩。

反对妇女裹小脚,宣传放脚,是妇女工作重要任务之一。邓六金向她们反复说明,妇女裹小脚的害处多:一是小脚妇女不便走路,走起来一翘一翘,速度太慢;二是小脚妇女不能成为生产的主力,最多在家做饭、纺纱、做针线;三是小脚妇女病多、身体差;四是小脚妇女不能独立,只能依赖男人,不能做到男女平等。因此,妇女只有把脚放开,才可以参加生产劳动,实现男女平等,妇女才能等到真正解放。但有些陕北妇女思想很守旧,说"脚越小越漂亮,才能嫁上好人家;大脚不好看,嫁不出去"。邓六金又是以自己的经历告诉她们:我从小就没有裹脚,和男人一样能劳动,能走路,还能打仗。经过一段时间的耐心说服,陕北妇

314

女的思想慢慢解放,主动把脚放开,特别是不让小女孩子再裹脚。这是红军到了陕北以后,陕北文明的一大进步。

提倡婚姻自由,禁止包办婚姻,也是邓六金和妇女部在陕北进行的重要工作。陕北有一种很坏的封建习俗,就是女孩子在三四岁时,就由家长做主订了婚,到十五六岁时,就嫁过去。女孩子也认为自己没有选择对象的权利,父母认为可以就可以。而且女人不许出门,成天守在家里。如果出了门,上了街,串了门,别人就会说是去疯,去搞对象。一些守旧的男人散布封建迷信,说"女人不能出门上街,不然回家就要生病"。在这种情况下,邓六金和妇女部的同志们花了很大力气做工作。她们利用各级妇女组织,宣传婚姻自由,恋爱自由,说明自由婚姻的好处和包办婚姻的害处,举出许多包办婚姻造成悲剧的实例来教育妇女们,使陕北妇女逐渐树立起婚姻自由的思想观念。

扩大红军、支援前线,是一项经常性的工作。陕北地广人稀,扩大红军工作难度很大,尤其是妇女工作难做。邓六金通过讲革命道理、典型示范、表扬先进等办法,解除妇女的思想顾虑,使她们不拖丈夫和儿子的腿,让她们高高兴兴主动送亲人参加红军。她又组织妇女为红军缝军衣,做军鞋、军袜,组织妇女洗衣队。延川县禹居区的妇女在四天内就赶制3000套军服。延安县东区四乡一个妇女在扩大红军大会上,讲她送丈夫当红军的生动故事,带动全乡在五天内就完成了扩红任务。

此外,邓六金还组织陕北妇女,特别是女孩子学习文化知识。陕北文化落后,妇女大多数是文盲,而且对学习文化缺乏认识。她们说:"女孩子上学没用,上了学也要嫁人,不如不上学。""妇女在家做饭,伺候男人,生孩子,有文化也没有用。"邓六金则对她们说:有文化总比没文化好,识字总比文盲强。识字就不会被人愚弄,还可以推动发展生产。她又对一些守旧的男人做工作,批评他们不准妇女出门、不让女孩子上学的封建思想,要他们支持妇女进步。妇女部要求各级妇女组织开办识字班,每个妇女每天识一个字到两个字。邓六金当起了"义务教员"。她谦虚地说:"我现买现卖,把在党校学习的新知识都教给她们。"这样,妇女们的学习热情很快就高涨起来了。白天,在田间地头休息时,妇女们相互认字,晚上,妇女们抱着孩子坚持学习,争取早日摘掉文盲帽子。经过一段时间,一批妇女干部迅速成长起来,她们学会了读报、看文件,甚至会写信、写提纲。

四、与曾山结成伉俪

1938 年,邓六金被派到中央党校学习,分在第十四班。这个班都是些参加革命较早而文化水平较低的团以上干部。他们主要是学习文化,识字,也学理论、历史和社会知识,中央机关的领导干部给他们讲课,而讲文化课的则是到延安来参加革命的知识分子。邓六金说:"通过学习,我字认得多了,理论上也学了不少东西。对于马克思列宁主义、党的建设、社会发展史有了更多的认识。"她体会到:"一个革命干部必须有文化,能看书,能写字,工作才能做好。"正是她在中央党校学习前后,邓六金与曾山有了缘分。

六届六中全会结束后,曾山代表东南分局向中央要一批军政和民运、妇女干部 。时任中央组织部副部长的老战友李富春向曾山介绍了派去干部的情况。在谈到妇女干部时,李富春特别介绍了邓六金的情况,曾山十分赞赏。曾山斩钉截铁地对李富春说:"好!就要邓六金。东南分局需要这样坚强能干的女同志。请你找他谈谈。"

1938 年 10 月某日,李富春打电话给正在中央党校学习的邓六金,叫她来组织部谈话。李富春对她说:"现在抗日战争形势发展很快,但是华北、华中、华南的广大国土被国民党丢掉了。为了动员组织群众起来抗日,收复国土,中央决定抽调一部分干部去加强这些地区的工作。组织部决定让你去搞民运工作,你看到哪里合适呢?"

邓六金脱口而出:"我还没有学完呢!"邓六金从小没有读过书,参加革命后又忙于工作和战争,没有机会学习。经过长征来到延安,现在好不容易坐下来,有了一个学习的机会,这多么不容易啊！她爱延安,她珍惜难得的学习机会,不想马上出来工作,这是实实在在的心里话。但是,邓六金懂得,服从组织分配是共产党员的天职,组织决定了的事情没有讨价还价的。中央组织部长亲自找谈话,更是非同小可。她过去曾多次调动过工作,从来没有说过"不"字。想到这里,她觉得刚才对李富春的答话有些失礼。

李富春了解邓六金耿直的个性,也喜欢她的上进心。他没有批评她什么,只是笑着问:"难道你不服从组织?"邓六金响亮地回答:"坚决服从组织分配。"她对于工作去向没有多考虑,只是顺口说:"我去华北吧!"面对她的选择,李富春依然笑着说:"我看你到华中最合适,华中缺少妇女干部。"说完,看了看在座的曾山。邓六金觉得没有商量的余地,便表示了同意。李富春最后交代说:"你跟他(曾山)走。"

这时邓六金想起一年前第一次和曾山见面的情景。1937 年 11 月,曾山从苏联学习回到延安。红军姐妹危秀英对邓六金说:"我们去看看曾山!"邓六金说:"哪个是曾山?"危秀英说:"曾山是我的老领导,江西省苏维埃政府主席,是个大好人,现在从苏联回来了,我们去看看他。"邓六金在瑞金时,就曾听说过曾山这个英雄的名字和传奇的革命经历,但是未能见过面。她随危秀英去看望曾山,是带礼节性的,话语不多。但曾山给邓六金留下了良好的印象:他穿戴整齐,眉目清秀,身体魁梧,待人和蔼,里里外外流露出刚强、坚毅,俨然一位大人物的形象。但那时谁都没有其他的想法。后来,在贾拓夫同志办公室里,曾山与邓六金又见过一次。1938 年 8 月,曾山从江西到延安,参加中共中央六届六中全会。有一天,他到了中央党校。贾拓夫把邓六金找到他的办公室,让她和曾山见面。贾拓夫向邓六金介绍曾山,她拘谨地表示已经认识。曾山温和地告诉邓六金,他是来延安开会的,并讲了一些在南方将红军游击队组建为新四军的情况。然后,他们随便聊了几句。她觉察到,贾拓夫是有意安排,让她和曾山建立朋友关系。这次见面,也使她对曾山也产生了朦胧的好感。

1937 年 12 月,曾山率领中央组织部挑选的 20 多名干部,包括饶守坤、陈先等军政骨干,从延安出发,准备奔赴东南前线。其中只有一位女同志,就是邓六金。曾山一行到达西安以后,由于国民党拖着不发护照,致使他们在西安滞留了一个月之久。

就在这时,同行的部分热心同志当起红娘,为曾山和邓六金牵起了红线。他们用曾山和邓六金的名义给中央打了一个申请结婚的报告。没有两天,陈云同志就代表中共中央组织部就发来电报:"同意曾山、邓六金同志结婚。"曾山与邓六金志同道合,相互了解,彼此倾心,结婚是情理中的事。但邓六金在这场终身大事面前流泪了。她说:"我不想结婚,我还要工作!"邓六金在长征路上亲眼见过贺子珍、陈慧清(邓发夫人)几位大姐生孩子的苦楚。他们生了孩子无法带,只有求老百姓收养,找不到收养的人,只好包裹好孩子,放在马路边;孩子哇哇哭,母亲一步三回头往前走。她想:生了孩子就要带孩子,这于革命工作不利。她曾经暗暗发誓:"我不结婚,一定要干出一番事业来。"但是,她爱曾山。在同志们的"促成"和组织上的"包办"之下,他们结合了。她晚年曾向笔者说过当年结婚时的情景:"组织上是有意撮合,但主要还是我们两个人互相都有好感,能说到一起。曾山这个人,一见就能感觉到,他善良,稳重可靠,思想好,值得托付终身。那时我们共产党人都很穷,他连一件小小的结婚纪念品都没有送给我。我们是干革命的,组织上的同意和战友的祝愿就是最好的礼物。以后几十年,我们经历了风风雨雨,但都能互相体谅和理解,我很高兴自己当年的选择。"曾山和邓六金在八路军驻西安办事处举行了简朴而庄严的结婚仪式。他们在西安一家饭馆订了两桌粗茶淡饭,请了八路军驻西安办事处主任林伯渠和同行的 20 多位同志吃,作为答谢。从此,他们开始了相濡以沫、风雨同舟、并肩战斗的人生旅程。

邓六金和曾山新婚没有几天,曾山即奉中央指示,由西安乘飞机至重庆,再由重庆经贵阳转赴南昌,传达中共六届六中全会精神。邓六金和其他派往华中的同志继续在西安等候护照。待手续办妥之后,他们即由西安乘卡车经武汉、沙市到长沙,再乘火车到南昌,与曾山会合。曾山安排他们在南昌稍事休息之后,即带领他们向皖南进发,于1939年1月16日到达皖南云岭,受到东南分局和新四军军部的热烈欢迎。

五、在东南局妇女部

中共六届六中全会决定东南分局改称东南局,仍以项英为书记,曾山任副书记兼组织部长。东南局驻地在皖南云岭丁家山,距新四军军部不远,对外称"新四军民运部"。

邓六金分配到东南局妇女部任巡视员,部长是李坚贞,副部长是章蕴。先后在妇女部工作的还有程桂芬、周婉如、林心平、王曼、胡敏慎、严永洁、谢志诚、曾志平等人。按照年龄排队,秘书称李坚贞为大姐,章蕴为二姐,邓六金为三姐。后被称为"新四军的三大姐"。由于曾山是东南分局的副书记兼组织部长,和干部接触较多,许多人见到邓六金就叫"三姐",不叫名字。这样,邓六金"三姐"的名字,也就广泛传开了。

东南局妇女部的工作范围很大,领导安徽、江苏、浙江、福建、江西等八个省的妇女工作。邓六金先后在皖南、皖中、苏北、山东等地,以妇女部巡视员的身份,开展抗日救国工作。在东南局的领导下,发动妇女参加抗日救亡,在各地成立抗敌会、妇女协会、妇女救国会等抗日组织,在县、区普遍建立了基层妇救会组织,并因地制宜开办识字班、夜校,组织缝衣队、洗衣队,调动广大妇女的抗日积极性,开展形式多样的抗日救亡活动。

邓六金和妇女部的同志们,积极动员抗日民主根据地的广大妇女,响应抗日民主政府的号召,开展大规模的拥军支前活动。根据地的家家户户都成了新四军的后勤加工厂,妇女们日日夜夜为新四军赶制棉衣、被服、鞋袜等军用品。如江苏省海启县德元村,全村百户人家,三年间就做军衣 1500 件,军鞋 900 双,织布 1350 匹 ,有力地支援了新四军。她们还经常开展各种宣传活动,动员妇女们送亲人参加新四军。在淮海区,曾进行过四五次扩军,每次都有近千人参军。根据地到处都出现了母亲送儿子、妻子送丈夫、姐妹送兄弟的动人景象,使新四军的兵力得到源源不断地补充。

因为男人们上了前线抗日,邓六金和妇女部就组织妇女们在后方开荒种地,播种收割,承担起原本由男人们干的重体力劳动,还在家里纺纱织布,养猪养鸡,尽一切努力支援前线,还有缝衣队、洗衣队、慰问看护队,经常到新四军驻地进行劳军活动。还组织起女民兵,从事抗战勤务,坚壁清野,站岗放哨。作战时,女民兵也勇上前线,组织担架队,进行战地救护,转运伤员,并担任炊事、通讯、侦察等工作,发挥了独特的作用。打了胜仗,妇女救国会就组织慰劳队,杀猪宰羊,敲锣打鼓,到部队去慰问。

邓六金在皖南和在陕北一样,为宣传妇女解放,实行婚姻自由而奔波。她和二姐章蕴经常下乡,讲解抗日根据地民主政府关于"男女平等,婚姻自主"的政策条款,反对包办婚姻,不许虐待妇女。其主要内容是:实行婚姻自由、自主、自愿,坚决反对封建包办、买卖、强迫婚姻;严禁童养媳及童养婿;严格实行一夫一妻制,不允许纳妾;寡妇再嫁,他人不得干涉;等等。这些规定,比在陕北更具体、更明确,邓六金等人下去工作更好做,成效也更大。特别是严禁了各种不合理的婚姻形式,如买卖婚姻,索要财礼;抢婚,用暴力抢劫妇女;收童养媳或童养婿;阻止寡妇改嫁,男人纳妾、妻妾并存等等。在反对妇女裹脚方面,也大有进展。18 岁以下妇女,一律禁止缠足;40 岁以下缠足妇女应立即放足;40岁以上缠足妇女劝令放足,不加强迫。从而使成千上万的妇女,扔掉了又长又臭的裹脚布,穿着"解放鞋"站起来了,投入生产、支前等各种活动,成为浩浩荡荡的革命大军。

为了培养妇女干部,东南局妇女部举办了几期妇女干部培训班。

一方面学习识字,提高文化水平,达到能够看懂标语口号,进而能够看书读报;另一方面学习革命理论,请东南局领导同志讲课。经过培训出来的干部,后来都成为了各级妇救会的领导骨干。那时学习条件差,学员们分布在几个村子,缺少黑板和纸张笔墨,也没有课桌椅子,老师们在地上用树枝当笔写字,但大家的学习热情很高。

皖南的生活相当艰苦。她和曾山住的是半间房子,有一张桌子,一张木板床,床上铺的是稻草。吃的是糙米,加上红薯、芋头、野菜等,油水很少。当时东南局的几位领导吃小灶,专门有一个炊事员做饭,不用排队,但邓六金非常自觉,从来没有上小食堂去吃过饭。曾山对自己要求很严格,处处以身作则。他身体不好,营养缺乏,组织上屡次发保健费,他都没有收。他说:"我们现在经济困难,要把钱用在最需要的地方,我不能要(保健费),近水楼台不能先得月。"有一次过运河时,他看到船夫冷,便把自己的大衣给船夫穿,自己却被冻得病了好几天。他总是把好处让给别人,把困难留给自己。

1939年农历七月十五日,邓六金在安徽皖南泾县丁家山生下了第一个孩子,小名丁儿,按曾家辈分,属庆字辈,叫曾庆洪,后改名曾庆红。由于国民党破坏统一战线,不断制造反共摩擦事件,形势开始变得紧张。有一天,东南局书记项英很关切地找邓六金谈话,说:"部队要行军,孩子没法带,你要早一点想办法安排好孩子。"曾山就和邓六金商量,把孩子送回老家,由奶奶带。4个月后,邓六金就将他送回江西吉安老家抚养。曾山老母亲听说儿媳带孙子回来,特别高兴。她按照家乡风俗,专门叫大媳妇请轿子到吉安城迎接六金母子。进村后,又要轿子从一堆火上抬过,以保平安。六金母子回到家里,全家都很高兴。邓六金在家住了一个月,天天挑水、扫地、煮饭、做家务,老奶奶说:"讨了这么好一个媳妇。"又"送来这么好一个孙儿"。但好人往往碰到厄运。庆红6岁时,日本快要投降了,但日本军队仍在中国作恶,以至侵犯到了吉安永和,烧杀抢掠,无所不为。婶母刘桂香为了保护庆红,特意将他安排到赣江东岸暂避。那里是婶母娘家,山多,属东固山区,比较安全。当时雇了一个人背着庆红走,过赣江以后,天色已晚,发现庆红脚上掉了一只鞋子。被雇的人害怕担责,独自跑了。庆红就沿途在田间到处寻找丢失的鞋子。找到鞋子以后,便在一棵大树洞里躲藏起来,显得非常机灵。第二天天亮以后,乡亲们都很担心庆红的安危,倾村出动寻找庆红。后来还是婶母年轻眼利,在树林中发现了庆红躲在大树洞里,便把他背了回来,一块心中的石头才落了地。

　　曾山与东南局、新四军军部领导人工作联系很多,关系也好,尤其与陈毅感情笃厚。在中央苏区时,曾山是江西省苏维埃政府主席,陈毅是江西军区总指挥,工作配合默契,共同战斗了五个春秋。中央红军长征以后,两人都留下来打游击。可惜那时被敌人分割,联系不上。曾山所部原计划突围到项英、陈毅直接领导的赣粤边游击区,但没有成功。陈毅也数次打听曾山的消息,但杳无音信。直到 1938 年初,曾山率东南分局干部来到南昌,才和陈毅久别重逢。陈毅一见到曾山,就惊喜地大声说:"哎呀! 同志哥! 您是从天上掉下来的嘛? 1935 年初,我和老项(指项英)几次派人到小布一带山区找你们,音信杳无,多叫人心焦呀!"九死一生,曾山也无限感慨。陈毅在新四军威信很高,能文能武,性格豪爽,与干部战士、地方绅士、文化人、外国友人都很谈得拢。曾山很尊重陈毅,说他是军事家,是新四军不可缺少的领导人。陈毅也很尊重曾山,说曾山是党的农民活动家,工作经验丰富,在苏联留过学,理论水平高。陈毅与张茜相爱以后,曾山为他们安排婚事。1942 年 5 月,张茜生下第二个儿子,奶水不够。而邓六金身体好,奶水充足,就让张茜的二儿子吃邓六金的奶。后来,曾山夫妇还为这孩子找了个奶妈,但这孩子还是喜欢吃邓六金的奶,可见两家亲如一家。

六、在反"扫荡"斗争中

　　1941 年 1 月,发生了震惊中外的皖南事变。幸好曾山在 1940 年

12月中旬,就按东南局的部署,带领华东局机关、党校的100多位同志,先行撤离了皖南,脱离了危险。而此前,邓六金则因胃痛剧烈,被诊断为胃里长"瘤子",组织上安排军部卫生处的童紫护送到上海治病。经过两个医院检查,医生都说邓六金没有长"瘤子",而是怀了孩子,且快要临产。组织上便叮嘱邓六金在上海生完孩子再回(皖南)。因童紫是上海人,她便住在童紫家。不久,曾山和新四军的其他领导人来到上海,找到了童紫家里,向她们详细通报了皖南事变的真实情况。她们抱头痛哭一场。童紫看到曾山当时穿一件打了补丁的裤子,容易暴露目标,便找了一件好衣服给曾山穿,让他打扮成为商人模样,趁晚上天黑离开上海。十多天后,邓六金在组织安排的一家教会医院里,生下了第二个孩子,即曾庆淮。

　　庆淮出生不久,身体就不大好。有一天,庆淮发高烧,邓六金抱着他坐人力车上医院,被另一辆人力车上的特务跟踪。邓六金急中生智,让人力车拐到红十字会医院去打针。打完了针,邓六金发现那个特务也跟踪来到了打针的地方,在门口张望等候。邓六金便赶紧从红十字会医院后门出去,七转八转,穿过一个弄堂,找了另一辆人力车,走另一条路回去,摆脱了危险。当她向地下党组织报告以后,地下党认为这个联络站可能已被敌人发现,必须马上撤离。正好这时曾山来上海安排地下党的工作,上海的同志要他立即转移。曾山谈完工作以后,连饭都没有吃,就返回新四军军部新的所在地盐城。接着,地下党组织又安排邓六金和新四军军法处处长汤光恢一道,返回苏北盐城。

　　那时,新的新四军军部在盐城刚刚成立,东南局与中原局正式合并,改为中共中央华中局。刘少奇任华中局书记、新四军政治委员,陈毅任新四军代军长、华中局委员,曾山任华中局委员兼组织部部长。曾山协助刘少奇、陈毅做机构调整、人员安排、干部调动等多方面工作,十分繁忙。邓六金要求曾山给她安排工作,投入到斗争中去。但曾山没有同意,说:"孩子太小,来日方长。"

因为新四军新的军部设在盐城，日伪军便集中数万兵力，向盐城发起大规模进攻，对苏北进行空前规模的"大扫荡"。华中局和新四军军部在陈毅、刘少奇指挥下奋起反击，打退了敌人的多次进攻。但为保存实力，新四军乃主动撤出盐城，华中局和新四军的领导机关由城市转入乡村。

新四军撤出盐城以后，实行机动灵活的运动战和游击战，条件有利时，就集中兵力打一仗，速战速决，歼灭敌人。但为了保存有生力量，新四军军部多次转移。有时首长们在开会，突然敌人来了，就立即转移。为了保证部队能迅速、机动、灵活地转移和作战，华中局安排邓六金和新四军副军长张云逸夫人韩冰、新四军参谋长赖传珠夫人孙湘等华中局、新四军领导干部的夫人，带着孩子们到深山埋伏。打"埋伏"，就是到深山里面的找老实可靠的农民家里住下来，躲过敌人的"扫荡"。可是，深山里的农民很穷困，缺衣缺粮，还缺睡觉的床。邓六金她们就在地上铺上一层草，再垫上一个被单，当作床铺睡觉。没有油，没有盐，没有米，天天吃白薯和野菜，也就没有奶水，小孩子没有奶吃，只有喂野菜汤。这对于经过长征考验的邓六金来说，打埋伏的苦难挺得住。她最感难熬的是离部队很远，根本不知道华中局在哪里，也打听不到部队的任何消息，好像与抗日斗争隔绝一样。她们在山里一待就是两三个月。形势稍微平静以后，军部就会派人来找她们。而当日军又要进行"扫荡"时，又叫她们去山里面打"埋伏"。这样来来回回好几次，这实际上也是一种锤炼和考验。

打完"埋伏"，回到华中局。邓六金认为不能因为孩子而影响革命，更不能落伍，便向组织要求安排工作。1942年，邓六金进入中共中央华中局党校学习。为了不影响学习，她下决心把庆淮送给一对没有孩子的夫妇抚养。不料庆淮身体不好，得了抽风病，老乡吓得不敢收养，把孩子送回来了。等庆淮病稍好以后，邓六金又将庆淮送回那对夫妻，请他们继续带。但过了不久，孩子又病了，发热、抽风，老乡再次把孩子送了回来,说:"我们带不了,还是你自己带吧!"后来,邓六金没有办法,又将庆淮送到芜湖,托人抚养。这事被陈毅知道以后,陈毅狠狠地批评了邓六金:"学习、学习,你就知道学习,孩子都不要了! 你学习出来当皇帝呀!"

1943 年初,华中局派曾山到新四军七师指导工作,因不知时间长短,带了邓六金和孩子随行。从军部盱眙县黄花塘到皖南无为县七师所在地,路程很长,还要通过敌占区,冲过多道封锁线。行军时,必须绝对隐蔽,不能有声音,否则就会被敌人发现。由于有地下党做内应,并争取到了一些伪军,所以有些封锁线能通得过去,但大多数封锁线都有日伪军的巡逻队守卫,必须小心翼翼。邓六金带着孩子过封锁线时,就很困难。她千方百计不让孩子有哭声,孩子似乎懂得妈妈的心情,多个封锁线都顺利通过了。但有一天晚上在过封锁线时,日伪军巡逻队检查很严,孩子突然大哭起来,邓六金赶紧用手帕捂住孩子的嘴。但他还是在哭,队伍里有人就低声骂:"小汉奸,今天大家都要死在你手里。"邓六金急了,立即把奶头塞进孩子嘴里,孩子才不哭,幸好敌人没有听见哭声,才顺利地通过了敌人的封锁线。

七师面临的形势也很严峻,日伪军对皖中根据地实行大"扫荡"。

曾山刚抵达安徽芜湖附近七师师部,就遭到日伪军的包围袭击,形势十分危急。在突破日伪军的包围圈时,遭到日军机枪疯狂扫射,幸而他机敏地从马上滚下山沟,然后化装潜行,脱离了险境。

3 月 17 日,曾山出席了皖鄂赣边区党委扩大会议,又遇到重大险情。当时,七师师部和部分地委、中心县委及中心区委的负责人都参加了会议。曾山在会上发表在皖中视察后的重要讲话。七师政委曾希圣对作了工作部署。会议在进行过程中,忽然接到十万火急的情报:日军调集一一六师团主力,加上十五师团一部,计 6000 余兵力,蜂拥而来,悄然进入皖中抗日根据地巢湖中心区周围。

曾山马上对邓六金说:"鬼子来了,快抱孩子,带上保密文件,快走!"邓六金便抱着孩子,和警卫员一起,趁着黑夜,沿着崎岖山路急走。刚走了三里路,就听见炮声隆隆,七师师部被日军包围了。邓六金母子也与曾山失去联络。

这时,新四军七师主力实行地方化,师部只留下一个独立团。在兵力非常悬殊的情况下,独立团经过4个小时的浴血奋战,终于护卫师部和边区党委成员,到达了银屏山。次日清晨,曾山和曾希圣分析形势,认为敌人已形成围攻银屏山区之势,有三四千人之多,正在寻找我主力决战。而银屏山位于巢无中心区的北部,是七师的后方战略基地。曾山提出保存实力,跳出敌人的包围圈,从外线袭击敌人的方案。要独立团立即突围出去,其他人员就地分散隐蔽。独立团转移出去后,曾山和曾希圣则带着几个警卫和机要人员,进入八仙山下的仙人洞。仅仅过了两天,日军侵入银屏山区,占领了十几个村庄。银屏区委书记李德友装扮成拾粪的村民,乘夜来到仙人洞,汇报日军已经进山的紧急情况,要求首长马上撤离山洞。于是,曾山和曾希圣换上农民服装,走人迹罕至的羊肠小道,翻越悬崖峭壁,悄然前行,终于到达银屏山区最南端的柿子树村,跳出了敌人的包围圈。不久,日军的"扫荡"被粉碎。

邓六金母子随警卫员突围出来后,找到了安徽芜湖党的秘密联络站。随后,曾山也来到芜湖,一家人见面后,返回新四军军部新的所在地黄花塘。

这时,华中局机关变动很大,邓六金不可能回到妇女部,但她要求马上投入到抗日斗争中去。她向组织部长曾山提出分配新的工作,曾山不答应。曾山说要避嫌:"因为我是组织部长,所以,我不能给你分配工作。"邓六金只好去找淮南区党委书记谭震林,要求安排工作。谭震林说:"你要工作,好!干什么?到哪里?"邓六金回答:"听从组织安排,需要干什么就干什么,需要到哪里就到哪里。"谭震林看到她的态度很坚决,就分配她到一个乡里去当党委书记。她高兴得跳了起来,便立即赶到那个乡里,开展抗日救国工作。她在乡里一干就是一年多。

主要是贯彻党的土地政策,发动群众,支援前线,宣传妇女解放,发展党的组织,建立健全群众团体等等,工作搞得轰轰烈烈,邓六金非常开心。

1945年,第三个孩子曾庆洋也在淮南黄花塘降生。

七、海上早产

抗日战争胜利后,曾山和邓子恢一道,应召到延安汇报,并参加制定新的土地政策(即五四指示)的会议。他们回来以后,在华中大力开展土地改革运动,创造了"中间不动两头平"的土改经验,简便易行,受到广大农民拥护,毛泽东称赞为"最坚决的土改路线"。

但是,1946年6月,蒋介石要抢夺人民的抗战胜利果实,竟胆敢冒天下之大不韪,悍然发动全面内战。华中局和新四军军部奉命北移山东,组成华东局和新四军兼山东军区。华中地区设立华中分局、华中军区。曾山留在华中分局,任常委兼组织部长。1947年春,华中分局北上山东临沂,合并于华东局,曾山任常委兼财办主任。解放军经过一年奋战,粉碎了国民党反动派的全面进攻。

1947年7月,国民党军队向山东解放区发动重点进攻。华东地区的形势骤然严峻起来。华东解放军采取大踏步转移,在运动中歼灭敌人的方针。华东局机关往后方撤退。邓六金怀有身孕,结果在大海上早产。

当时,华东局考虑到女同志带孩子随军行动不方便,便决定由妇女部长李坚真负责,将在山东的一些主要党政军领导干部的家属转移到大连(那时由苏联红军管辖)。其中有陈毅的夫人和孩子,邓子恢的夫人和孩子,粟裕的孩子,袁国平的两个孩子,方毅的夫人和孩子,江渭清的夫人和孩子,还有邓六金和孩子庆淮、庆洋。当时邓六金身怀六甲,临近产期。李坚真率领她们一行从山东莱阳出发,经过文登,比较顺利地到了石岛。由于国民党的军舰严密封锁了海面,切断了山东到大连的路。她们在石岛的小船上住了一个月。时间不能再拖延。李坚真她们经过研究,准备先到威海,再从威海走海路到大连。为照顾邓六金,李坚真决定将邓六金留在当地老乡家里埋伏,而由李坚真自己带庆淮、庆洋兄弟先到威海,然后再想办法返回来接邓六金。为了不拖累大家,邓六金表示同意。

但是第二天,当李坚真带队离开石岛后,邓六金想到离预产期还有两三个月,不能脱离队伍,便谢绝了老乡的挽留,沿着荒凉的小土路,往威海方向赶队伍。但走了不久,她便觉得肚子痛,血顺着腿往下流。她咬咬牙,忍住疼痛,继续往前走,终因流血太多昏迷在路上。幸亏被几个路过的老乡发现。邓六金对老乡说:"我是解放军,要到威海码头去。"善良的山东老乡,马上砍了树枝,扎成一副担架,硬把她抬到威海码头,找到了李大姐,赶上了这支特殊的队伍。邓六金每说起此事,都十分感激山东老乡。

接着,李坚真又带着她们在威海又上了小船,并想方设法冲出敌舰封锁,但接连四次都没有成功。船只不敢靠岸,在海面上漂浮。海上天气变化无常,一会儿狂风大作,一会儿浓雾弥漫,大家都被折腾得不停地呕吐。几天以后,邓六金筋疲力尽,昏过去了,还大出血,终于提前生产。李坚真大姐和宋阿姨两人亲自接生,把孩子拉下来,保全了她们母女性命。孩子生下来才七个月,物资供应不上,急坏了邓六金。小船的周围有敌舰巡逻。邓六金怕孩子的哭声会被敌人听见。为了大家的安全,她要求舍弃这个孩子。但大家都不同意,都来劝慰她。邓六金还是固执地喊"扔掉"时,只见李大姐立即对邓六金说:"六金,你别喊了,我去扔!"转身就往船舱外走。

其实,李大姐是把这个孩子带在自己的身边细心照顾,使小孩不会哭闹而平安无事。过了几天,小船终于冲破封锁,到达大连。这时,李大姐抱着孩子上岸了。李大姐把孩子交给邓六金:"看看吧,你的孩子。"邓六金看到孩子没有扔掉,十分感动。她抱着孩子瞧个不停。李坚真说:"这是你的孩子,也是我的孩子,叫海生!"后来李坚真大姐把海生当亲女儿对待。

八、革命后代的"妈妈"

1948 年夏天,人民解放战争将要进入决战阶段。中央军委指示华东野战军,积极准备发起济南战役和淮海战役。那时,中共中央华东局、华东军区领导机关进驻山东省青州市城南弥河镇闵家庄村。大战在即,部队干部的孩子,革命烈士子女如何安置,成为一个难题。为了解决干部的后顾之忧, 使干部安心在前线英勇作战,华东局决定创办华东保育院,把孩子集中起来教育管理。这时,邓六金正好从大连来到华东局,等待分配工作。华东局便决定由她和李静一筹办保育院,带好100 多个孩子。华东局秘书长魏文伯找邓六金等几位女同志谈话。他说:"大军马上就要南下,还有更大的仗要打。现在有这么多孩子,有该上学的,有两三岁的,有刚出生的,部队带着他们太危险。你们想想办法,能不能把这些孩子集中起来带。"邓六金很心疼孩子,热爱孩子。她对战争年代一些女同志出于无奈,丢掉孩子,有切肤之痛。于是,她毫不犹豫地接受了这一艰巨任务。她当即向魏文伯表示:"这些孩子的父母,有的是为革命光荣牺牲的烈士,有的是在前线冲锋陷阵的部队干部战士,有的是指挥我们千军万马的将军,能把他们的孩子们再扔到树底下、草堆上、小路边,让孩子们生死听天由命吗? 不管有多大困难,我们一定要把保育院办起来,把孩子们带好,带大,让他们成为革命的下一代。"于是,华东局任命李静一任华东保育院院长,邓六金任协理员(后任副院长、院长),归华东局办公厅直接领导。邓六金由搞轰轰烈烈的群众工作,到抚育一大群孩子,成为她革命征途上的一个转折点。从此,她把全部精力和心血,贡献给了革命后代。

当初,办保育院困难重重,没有房子、没有教师、没有阿姨,经费也很困难。100 多个离开父母的孩子,原先是跟着部队走,现在却等着邓六金等人去安顿。

曾山这一生

328

在华东局、华东野战军领导的支持下,特别是在陈毅、粟裕等同志的关怀下,邓六金与李静一院长密切配合,按照"保证工作,一切从简"的办院方针,克服种种困难,仅用两个月的时间,就把华东保育院办起来了。她们首先为保育院到处找房子,都不大合适,最后选择在大官营村(现青州大关营村),利用没收来的一家大地主的院子和公房,作为华东保育院的院址。大官营村距华东局机关驻地二里路,距青州县城20里路,便于保育院随时听取华东局领导的指示,也有利于以后南下搬迁时,孩子们在益都火车站乘坐火车。孩子们的寝室、课堂等,都在这个院子里,大家都过集体生活。课堂里有小桌椅、黑板;活动场有秋千、滑梯、跷跷板。小玩具有几个小皮球和自制的布娃娃,还收集了一些小木块用来作积木,最难能可贵的是弄到了一架破旧的钢琴。

华东保育院开办时,就确定了教学方针:实验新民主主义的儿童教育,培养集体生活习惯,提高生活能力,发展智力,提高文化,锻炼体格,培养服务精神,奠定参加新中国建设事业的思想基础。

办保育院,教育孩子,必须依靠教师。在上级的关怀下,老师从华东局和华东军区卫生部初级卫生人员训练班调来,又在当地招了一批初中生和师范生,共20多人,还从华东局机关调来一些行政总务人员,政治文化素质都较高。据统计,从1948年6月开办到1949年6月向上海搬迁之前,华东保育院共接收1至10岁的小孩137人,包括陈毅、粟裕、谭震林、刘瑞龙等将帅的子女。他们把孩子按年龄大小编成三个班:小学班,6岁以上至10岁的22人,为小学班4岁半至6岁的22人,为幼稚大班和3至4岁的18人幼稚小班。后来,各班的人数逐渐增加,到1949年初,又增加了一个幼儿班。当时没有小学课本,也没有幼儿教材,只有一本借来的《游戏100种》。邓六金和李静一就组织教师们编写语文、算术、识字课本。

保育院的老师们根据本院教育方针和儿童的年龄、智力发展水平,分工执笔,自编教材。保育院十分重视对孩子的德育培养,组织老师给孩子讲革命故事。保教人员还经常带孩子们到户外去活动,让孩子在大自然和社会中学习、锻炼、成长。孩子们看到农民耕种田地、干农活,知道粮食蔬菜是农民辛苦劳动所得,来之不易,吃饭时就会注意节约。老师们还常常把钢琴搬到户外活动场上,教孩子们唱歌、跳舞、扭秧歌、做游戏,培养他们的各种兴趣和爱好。

保育院的孩子正是长身体的时候,必须有一定的营养作保证。但那时的条件有限,孩子们的生活很艰苦。因为粮食要首先支援前线,后方的粮食很紧缺,上级配给保育院的只有白薯粉。孩子们天天都是吃白薯和白薯煎饼,许多孩子营养不良,有些孩子本来就面黄肌瘦,体弱多病。于是,邓六金想尽一切办法,解决孩子们的营养问题。为了让孩子们吃饱吃好,她到处化缘,说明这些孩子都是革命的后代,父母已经南下,有的还为革命牺牲了。在他们的努力下,一些单位给保育院送来了大米、白面、猪肉。让孩子们每个星期能够吃上一次肉。她们又从华东军区卫生部要来5头奶牛,4头奶羊,让孩子们喝上了牛奶、羊奶。她们又让总务部门把一些粮食换成豆子,磨成豆浆,做成豆腐,以改善伙食,增加营养。他们还想方设法将粗粮细做、制订食谱、变换花样、调剂饭菜,增加孩子们的食欲。对身体较差或体弱多病的孩子,他们还按"病号菜金"标准做"病号饭"并增加牛羊奶的供应。

在邓六金和李静一的努力下,孩子们的营养改善了,脸色红润了,个子长高了,文化知识也学到了,个个健康活泼,在风雨中茁壮成长。

与此同时,华东保育院为了保证孩子们的健康,制定了一系列卫生保健制度,如餐具顿顿消毒,饭前饭后洗手擦嘴,毛巾手帕常洗蒸煮,被褥定期晾晒拆洗,床单枕巾定期洗涤,定期洗澡、理发、剪指甲,按季节注射预防针等。

但在战争环境下,由于缺医少药,难免有传染病来袭。有一次,一个班的孩子全得了麻疹,在保育员们的精心护理下,多数孩子很快就痊愈了,唯有一个1岁多的小女孩并发了肺炎,高烧几天不退,昏迷不醒。

在当时的医疗条件下，只有青霉素能救小女孩，但在青州却一支青霉素都找不到。这就使邓六金万分焦急。她听说济南可能有青霉素，便当机立断，要了两匹马，带领一名医务员，连夜从大官营出发，一口气跑了300多里路，来到刚刚解放的济南，在一个教会医院买到了两盒青霉素，并连夜返回保育院给病重的小女孩注射，使小女孩不久便转危为安。

据资料记载，华东保育院在大官营村期间，共发生过3次流行性传染病，生病儿童87人，在邓六金和全院教职工的努力下，孩子们最终全部康复。

1949年1月，淮海战役结束。3月，华东局、华东军区从山东南下，同时成立了代号为"女子学校"的留守处，华东保育院由留守处领导。同时，保育院迁到了青州城里的天主教堂，孩子们睡觉、上课、活动都在教堂内。

1949年5月27日，上海解放。6月，邓六金奉华东局之命，率领华东保育院从山东青州往上海搬迁。当时，保育院有一百四五十个孩子，三四十个工作人员，孩子们身穿白衬衫，外罩列宁装，由阿姨和教师们抱着，牵着，由农村驻地走到青州，再从青州乘大卡车到济南，孩子们睁大眼睛看着陌生的城市。之后，邓六金一声号令，教师和阿姨们抱着小的，拉着大的，让大些的孩子们互相手拉着手，随着拥挤的人流，走进济南火车站，踏上南下的列车。由于铁路交通没有恢复正常，火车开了三天三夜才到达长江北岸浦口，在浦口住了一晚。天明后，邓六金又指挥孩子们分组分批登船渡江，用整整一天时间，全部人马才渡过了长江。当100多个孩子一个不少地抵达上海站时，邓六金才觉得轻松下来。孩子们回到了父母或亲人身边。上海车站一片沸腾。这次为时一个月，行程1000多公里的长途行军，终于胜利完成，它犹如一支"特别部队"完成了一次特别的战役。邓六金至今为此感到欣慰。华东局也为邓六金等迁址有功人员评了功，发了"功"字奖章，开了庆功大会。

保育院到了上海以后,正式定名为华东保育院。用思定路、建国西路两处大资本家的房子,孩子们睡在地板上。华东局给了一些钱,拨了一批战利品;宋庆龄的中国儿童基金会又送来一些衣服和药品。孩子们的生活也有明显改善,几乎每个孩子的体重都增加了,院里各种设施慢慢健全起来。这时,保育院的孩子更多了,达300多人,烈士子女就有100多人,华东局的许多干部子弟都放在保育院。陈毅、曾山等每半个月就来一次保育院,看望孩子们。陈毅指示说:"你们要把保育院办好,把孩子带好。保育院的老师素质要高,才能教出品质、品德、学识都好的学生。"曾山对保育院几位领导说:"对烈士的孩子要更加关心,各方面都要照顾好。要让孩子吃饱穿暖,教育孩子好好学习,不能出任何问题。要让孩子们热爱劳动,保持劳动人民的本色。"在上海,保育院的教学逐渐正规起来。为办好保育院,邓六金专门到宋庆龄办的保育院参观取经。她看到这个保育院的孩子个个都长得白白胖胖,就向宋庆龄求教。宋庆龄介绍说:"我们讲两点,一个是营养要好,我们这里的孩子每顿饭都有一个荤菜、一个素菜、一个汤。还要经常给他们变点花样,营养好,孩子就显得活泼,长得好。一个是教育要好,要孩子们学文化,学艺术,讲文明,讲修养。这样,孩子们才能全面发展。"于是,邓六金体会到,办保育院也是一门很深的学问。后来,她又参加了亚洲妇女代表大会,学到了很多先进经验,使保育院越办越办越好。华东保育院前前后后总共培育了革命后代近千人之多,包括刘瑞龙将军之女、国务院副总理刘延东以及陈毅、粟裕、谭震林等许多开国元帅、将军的子女。当年的孩子们现在多已成为革命事业接班人,且不乏国家栋梁之材。他们逢年过节,常会看望白发苍苍的邓妈妈,感激邓妈妈对他们的培育之恩。

九、北京岁月

1952年10月,曾山奉调北京,先后担任政务院委员、纺织工业部部长、中财委副主任兼商业部部长、中共中央交通部部长、国务院内务部部长。系中共七届、八届、九届中央委员,全国人大常委会委员。

1953 年,邓六金调到北京,举家搬到北京东四九条的一个院子里,一住就是四十年。她先后任中央财经委员会人事处副处长、中央人民政府机关事务管理局人事处副处长、国务院机关事务管理局总务处副处长、办公室副主任、中共中央监察委员会驻国务院机关事务管理局监察组副组长、国务院机关事务管理局顾问等职,并担任了全国妇联第四届执行委员、全国政协第五届委员会委员。她依然以极大的热情,从事幼儿工作,为"大家"带孩子。她说:"自从在山东办了保育院开始,孩子们和我的工作联系了起来,我就再也离不开孩子们。"她担任国务院机关事务管理局办公室副主任时,分工管三个幼儿园的工作。三个幼儿园很分散,一个在北郊,一个在南郊,一个在东郊,共有三百多个孩子。北京城市很大,她四处奔波,帮助解决各种问题,为培育祖国的下一代而忙碌不停。她经常对孩子们进行理想信念教育,要孩子们有理想、有高尚的追求。她讲得最多的就是"艰苦奋斗"四个字。她说:"奋斗"就是要为共产主义奋斗,为人民群众的利益去奋斗;"艰苦"就是不贪图享受,不慕虚荣,心甘情愿地在艰苦环境下工作。而没有艰苦,就没有奋斗,只有艰苦奋斗才能成就我们伟大的理想。

邓六金很爱孩子们,孩子们也很爱她。她说:"开始时,孩子们叫我邓阿姨,以后叫我邓奶奶,再以后,叫我邓老奶奶。孩子们不管怎么叫都好听,把我的心都叫年轻了,看到他们胖胖的小手,笑眯眯的小脸,我就高兴。"

邓六金与曾山一生恩爱,有四男一女,即庆红、庆淮、庆洋、庆源、海生(女)。庆红、庆淮、庆洋、海生都是在战争环境下出生的,从小就吃够了苦。只有庆源是新中国成立后出生的,生在新社会,长在红旗下,家庭条件比较好。邓六金和曾山都很喜爱自己的孩子,但又不溺爱和娇惯孩子。他们对孩子要求严格,又关怀细微。他们让孩子从小就过集体生活（从进保育院到上小学、中学），以培养集体观念和增强组织纪律性，每个星期只能回家一次。孩子回家时，曾山从来不用车接送，而是交代哥哥带着弟妹乘公共汽车回来，不让他们脱离群众和有优越感。海生在育英小学上学，每周就给2角钱，正好是从万寿路到东四的公共汽车票钱。有时孩子想吃一块糖，花了几分钱，那就得多走一站路。如果把2角钱花完了，那就只有走十里的路回家。曾山经常对孩子们进行劳动教育，说："我们的一切是劳动人民给的，我们永远属于劳动人民的。记住这点，比什么都重要。"还在20世纪50年代，他就鼓励庆淮到北京化工厂当工人："当工人是光荣的，但又是很辛苦劳累的。你过去没有吃过苦，能不能干得好，还不一定。"庆淮听了父亲的话，在北京化工厂抢大锤，一干就是20多年。1958年，庆红考上了北京工业学院，这是家里的第一个大学生，全家都十分高兴。曾山对庆红说："建设社会主义需要知识，你一定要好好学习，掌握本领，将来更好地建设祖国。"庆红牢记父母的教导，在学校表现出色，品学兼优，全面发展。

庆洋在北京经过高考被分配到西安某军事院校。曾山将发给中央委员的第一批《毛泽东选集》合订本，送给了庆洋，庆洋爱不释手，成为他父亲留给他的最珍贵的纪念品。

庆源当兵以后，曾山给庆源写信说："我们家是革命的家庭，光荣的家庭。望你好好学习马列、毛主席的书，当一个好兵回来见我。"

爱女海生在北大荒劳动，条件非常艰苦。曾山写信鼓励她说："你是在艰苦环境下，在海船上出生的。能生活到今天来之不易。一定要跟党走，干一辈子革命。"

邓六金和曾山从来不在家里谈论工作上的事，也没有系统地向孩子们讲述自己的革命斗争历史。孩子们是从一些老同志到家中来闲谈时，偶然听到过一些父母的事迹。他们主要不是从父亲的"说教"中，而是从父亲的行动举止上，受到一种潜移默化的影响和教育，知道应该怎样处世做人,怎样成为父辈所希望的革命事业接班人。

1978 年至 1983 年,邓六金担任中国人民政治协商会议第五届全国委员会委员和中华全国妇女联合会第四届执行委员会委员。邓六金作为政协委员参加了会议,并和王定国(谢觉哉夫人)、陈兰(邓子恢夫人)、谢邦贤等几位老同志一起集体写提案,积极参加政协活动。

邓六金离休以后,依然在全国妇联为儿童福利事业尽心尽力。她是中国关心下一代工作委员会委员和中国儿童福利基金会理事,她以八十高龄东奔西走,为基金会筹集基金 40 多万元人民币。

邓六金心系革命老区,关爱老区人民。1983 年夏天,她和李人俊、陈兰等老战友一道,回到安徽皖南、江苏苏北等当年新四军活动的地方,一个月跑了两个省 20 多个县,行程上千公里,看望老区群众,关心老区建设,为解决老区贫困问题和发展老区生产积极贡献力量。她对江西、福建等省感情笃深。1984 年 11 月,她又和陈兰、伍洪祥等老同志到闽西老区的上杭、长汀等县调查访问。她回到这片养育过自己的土地,心潮澎湃,久久不得平静。她说:"在一个山村里,我看见一个呆傻的母亲带着两个孩子,在的有十多岁,小的不过六七岁,孩子们穿的衣服已经破成一条一条的,呆呆地望着我们,那个母亲只知道傻笑。看着看着,我不由得心头一酸,赶紧伸手抱住了两个孩子,有说不出的难受。"回到北京以后,为帮助老区解决缺衣少药和教育经费不足等问题,她和陈兰等老同志联名向中央写报告,如实反映老区人民的实际情况,要求给皖南老区派医疗队,给闽西老区增拨教育经费,挽救失学儿童。中央领导同志很快就在他们的报告上作了批示。邓六金得知问题解决以后,感到十分欣慰。1996 年 10 月,邓六金和童小鹏、伍洪祥、陈兰等老红军,应邀回闽西参加纪念红军长征胜利 70 周年活动。她们又不辞劳苦地深入工厂、农村、学校,了解情况,听取汇报,与当地干部、群众共商发展生产等民生大计。当时,闽西部分县(市)遭受特大洪水灾害,乡亲们的生产、生活遇到很大困难。邓六金等不顾年老体弱,深入灾区第一线,详细询问灾情,研究解决办法。她们回到北京后,就马不停蹄,向国家有关部委反映,代表老区人民提出要求。结果得到大力支持,使闽西灾区获得了更多的经费资助,让乡亲们迅速渡过难关,恢复生产,重建家园。在她们的提议下,经有关部门同意,还建成了一条旧白公路,便利了老区人民的生产、生活,促进了老区交通事业的发展。邓六金还担任了中国儿童福利基金会的理事,一有机会,就为孩子们化缘,经过几年努力,为基金会募集到了几十万元资金,为儿童事业尽了自己最大的努力。

1999年12月12日,是曾山百年诞生日。中共江西省委在南昌举行了"纪念曾山同志诞辰100周年座谈会",邀请邓六金及其子女、亲属参加 。邓六金不顾年高体弱,患有绝症,仍不远千里,亲率庆绣、庆绘、庆红、庆淮、庆洋、海生、庆源等来到南昌参加会议,表达她对曾山的深切怀念。会后,他还率领全家人坐几个小时的汽车,专程到曾山老家吉安县永和白沙锦原村为革命先烈扫墓。曾山的父亲曾采芹、大哥曾延生、大嫂蒋竞英、弟弟曾炳生,都先后牺牲在江西这块红色的土地上。邓六金告诉儿孙们,早在1930年,毛泽东就来过曾山家里,慰问曾山的母亲康春玉,热情赞扬这个光荣的革命家庭对中国革命所作出的重大贡献和付出的巨大牺牲。她要儿孙们切记毛泽东主席的教导:"发扬革命传统,争取更大光荣"。

2003年7月16日,邓六金因病医治无效,与世长辞。在京的许多老红军、老干部及华东保育院培育出来的孩子们,怀着沉痛的心情,自动来到八宝山,向这位德高望重的邓妈妈挥泪告别。

邓六金逝世后,曾家子女们遵照母亲的交代,将她终生艰苦奋斗节省下来的积蓄,无偿地捐献给她的家乡福建省上杭县实验小学,兴建一座现代化的图书馆。现在,图书馆已经顺利建成,高达5层,总建筑面积2050平方米,藏书十多万册,电子图书近6万册,还配有120台电脑。对于一所小学来说,设备先进齐全,在福建省堪称一流。这座图书

2003年7月23日,邓六金同志亲属向邓六金同志遗体默哀、告别。

馆定名为"鑫鑫图书馆",鑫鑫是由六个金字组成,代表"六金"。这个馆名,体现了邓妈妈对老区教育事业的关切和为孩子们"办个图书馆"的遗愿,也包含着老区人民对邓妈妈的永恒怀念。

邓六金的一生,是革命的一生,是为中国人民的解放事业和社会主义建设事业奋斗的一生,是为中国妇女解放事业和儿童教育事业作出重大贡献的一生。她坚定的共产主义理想信念,无私奉献的革命精神,艰苦奋斗的优良传统,实事求是的工作作风和高尚的道德情操,是我们学习的榜样,也是激励我们坚持走中国特色社会主义道路、实现中华民族伟大复兴的中国梦的精神力量!

曾山这一生

曾山生平大事年表

1899 年

12 月 12 日 生于江西省吉安县永和白沙锦原曾家村,乳名洛生,书名宪璞,字玉成,号如柏,假名叶德贵,在苏联化名唐古。

1915 年

在赣州市东门外裕丰栈房学做丝线手艺。当了三年学徒,两年帮工。

1920 年

回到老家务农。

1925 年

6 月 加入觉群社,走上革命道路。

1926 年

10 月　在白沙圩由曾迎祥介绍加入中国共产党。

本年　秘密组建中共儒林区(三区)委员会。

年底　吉安三区农民协会成立。领导农民开展斗争。

1927 年

1 月　吉安县农民协会成立,任执行委员。

2 月　参加吉安县农民协会召开的群众大会,公审土豪劣绅曾和苟。

秋　到广州加入叶剑英领导的教导团,任通讯下士。

1928 年

年初　任泰和边区区委书记。不久,调任官田永福区委书记。

5 月　领导官田暴动。

7 月　任中共吉水县委书记。

1929 年

5 月　参加在东固召开的中共赣西特委第一次党代表大会,当选为特委委员,改名为曾山。

10 月　赣西革命委员会成立,任主席。

11 月　任赣西临时苏维埃政府主席。

12 月　兼任中共延福区委书记。

1930 年

2 月 6 日至 9 日　出席在吉安县陂头村举行的红四军前委,赣西、赣南特委,红四、五、六军军委联席会议(即"二七"会议),与毛泽东、刘士奇三人组成主席团。会议决定将红四军前委扩大为领导赣西南、闽西、东江等根据地,指挥红四、五、六军的"总前委",任共同前委常委。

2月中旬　赣西苏维埃政府成立,任主席。

4月底5月初　随红四军进入广东南雄。

5月中旬,赴上海参加全国苏维埃区域代表会议。

6月16日　出席赣西南特委常委扩大会,受命担任攻打吉安总指挥。指挥工农第六、第七次攻打吉安。

8月5日至11日　出席中共赣西南特委第二次全体会议,传达全国苏维埃区域代表大会精神,改选特委常委,当选为常委、书记。

8月25日至9月5日　指挥第八次攻打吉安。

10月4日　率10万余赣西南地方武装和群众,配合红一方面军第九次攻打吉安,占领了吉安城。

10月6日　出席红一方面军总前委和赣西南特委扩大会议。赣西南党团特委合并为江西省行动委员会,任常委。

10月7日　出席庆祝吉安暴动胜利大会。大会宣布成立江西省苏维埃政府,任主席。

10月25日　出席由毛泽东主持召开的中共红一方面军总前委和江西省行委联席会议(罗坊会议)。

11月11日　宣布成立江西省军事委员会,统一指挥全省红军地方武装。

1931 年

1月15日　苏区中央局成立,项英代理书记、毛泽东、朱德、任弼时、曾山等为委员。

1月17日　中共赣西南特区委(相当于省委)成立,与陈毅、陈正人、朱昌偕、杨成芙等组成临时常委会。

2月27日　毛泽东致信曾山说明土地所有权,曾山即以江西省苏维埃政府主席名义发出布告,宣布"土地归农民所有"。

3月17日 下令宣布东固龙冈全区及兴国为临时戒严区。

4月17日 出席在宁都青塘召开的中共苏区中央局扩大会议,讨论第二次反"围剿"的作战方案。

8月28日 发布江西省苏维埃政府第五十五号通告,号召群众积极投入第三次反"围剿"斗争。

11月7日至20日 出席中华苏维埃第一次全国代表大会,任大会主席团常务主席,当选为中华苏维埃共和国中央执行委员。

1932 年

5月1日至15日 在兴国出席苏区江西省第一次工农兵代表大会,代表江西省苏维埃执行委员会作关于省苏工作报告,当选为苏区江西省苏维埃政府主席兼财政部长。

下半年 发布训令,动员群众踊跃购买中央政府发行的第一、第二期革命战争公债。

1933 年

3月 出席苏区江西省苏维埃政府执行委员会第二次扩大会议。

3月26日 发布《关于修改屠宰刨烟菜馆等营业税征收办法的执行问题》指示。

4月5日 与江西军区总指挥陈毅、总政委李富春发布联合通令。

12月21日至于29日 出席在宁都县七里坪召开的苏区江西省第二次工农兵苏维埃代表大会,在会上作省苏维埃政府工作报告。因拥护毛泽东正确主张,反对"左"倾错误,被降职为省苏副主席。

1934 年

1月21日至2月1日 出席在瑞金召开的中华苏维埃第二次全

国代表大会,当选为中央执行委员,被委任为内务部部长。

9月28日任代理省委书记,留守江西苏区,开展游击战争。

10月初　召集江西省党、政、军主要负责同志会议,传达中共中央分局布置的开展游击战争的任务,进行游击战争的准备。

10月26日　与江西省军区司令员李赐凡率省委、省军区、省苏维埃政府及省直机关干部和3000余武装部队,转移至宁都县安福乡。决定撤销省苏维埃政府和军区,成立军政委员会,任主席。

1935 年

1月　率独立第二团突围到达吉安东固地区,与公万兴特委和红四团会合。24日,就开展游击战争发布《训令》。

2月中旬　率部转战到兴国崇贤,与中共杨赣特委书记罗孟文会合。在齐汾召开江西省委扩大会议,研究突围路线。

3月　率部冲破封锁线,向乐安方向寻找红一团。后转移至新干竹山坑,被埋伏的国民党重兵冲散。

5月　潜至吉水,经赣江顺流而下,辗转到达上海。

9月　在上海与党组织接上关系,随陈云赴苏联学习。

1936 年

本年　在苏联学习。

1937 年

11月　从苏联回国。29日,与王明、康生、陈云等同机飞抵延安,受到毛泽东等中央领导和干部群众盛大迎接。

12月9日至14日　列席中共中央在延安召开的政治局会议。被任命为中共中央东南分局副书记,中共中央军委新四军分会委员。

12月28日　率30余名干部离开延安,经西安赴武汉。

1938 年

1 月 6 日　与东南分局书记项英等率新四军军部到达南昌。

中旬　协助项英召开中共中央东南分局和中央军委新四军分会成立会议,传达中央批示。任副书记兼组织部长。

中旬　与黄道等以新四军驻赣办事处名义在南昌宴请国民党高层人士和各党各派要员,阐述中共的政治主张和抗日立场。

1 月 16 日　与项英离南昌经吉安到湘赣边游击区传达中央指示,动员和安排游击队下山改编。在莲花县棋盘山垄上村,与项英、谭余保等研究确定,将湘赣边游击队主力编入新四军第一支队第二团;改湘赣边临时省委为特委。

下旬　与项英等到达大余县池江镇新四军赣南办事处,与坚持赣粤边三年游击战争的杨尚奎、陈丕显等重逢。研究决定将集中在这里的赣粤边游击队改编为新四军第一支队第二团第二营,湘南游击队改编为新四军第一支队第二团第三营一部。

2 月 28 日　受项英委托赴闽浙边游击区,传达中央以及东南分局和新四军军部关于闽浙边游击队改编事宜。3 月上旬,到达浙南平阳县山门街闽浙边临时省委所在地与刘英、粟裕率领的游击队会见。

2 月 成立相当于省委的中共南昌临时委员会,并兼任书记。

3 月中旬　与项英发出《中共中央东南分局给省委、各特委猛烈发展党的指示信》。

4 月 4 日　率东南分局工作人员和新四军军部留守人员,欢送新四军军部人员开赴皖南。

5 月　领导建立中共赣江河流总支委员会。7 月,组建抗日救亡团体赣江木船工人救国会。

7 月 26 日,与黄道、涂振农在南昌举行招待会,邀请各党派负责人、各界名流共商团结御侮大计,散发《我们对于保卫江西的意见》。

8月　在南昌成立中共江西省委,兼任书记。

9月23日　向中央提交书面报告《谈东南分局工作》。

9月29日至11月17日　出席在延安召开的中共扩大的六中全会。会议决定东南分局改为东南局,项英、曾山仍任正、副书记。

12月　在西安八路军办事处与邓六金结婚。

1939 年

1月　回到南昌。16日,与邓六金等抵皖南新四军军部。

2月间　回南昌召集江西省委所属各特委书记开会,传达六届六中全会精神。

2月19日在吉安与周恩来秘密会见,向周恩来汇报工作。

3月17日　日军发起进攻南昌战役。与黄道等率东南局、江西省委、新四军办事处人员分散撤围,后经上饶到达浙江。

4月初　陪同周恩来到浙江金华,参加东南局及闽浙赣三省党的领导人会议。

七八月间　出席在皖南泾县云岭召开的新四军第一次党代表大会。

9月8日　致电中组部李富春、陈云,汇报皖南的党员、青年组织情况。

9月12日　致电毛泽东、洛甫转中央,汇报对国际形势的认识。

9月18日　致电陈云、李富春,报告上海党员人数及出席七大代表事宜。

10月　致电李富春、陈云,报告对巩固党的指示的执行情况。

12月间　到江苏金坛主持中共苏皖党委成立大会。

1940 年

1月19日　致电中央,报告出席七大的古大存等广东、香港、江西等地42名代表已启程。

3月26日　致电李富春、陈云,报告福建群众群众自发的经济斗争,已渐转由我党领导。

5月25日　致电陈云、李富春并转中央,报告苏皖地区党组织的建立及扩军数字统计。

8月9日　致电中央,报告三战区顽固分子大肆反共情形及采取的对策。

10月1日　与饶漱石致电中央,报告赣北党和群众组织概况。

10月2日　与饶漱石致电中央,报告皖南党与群众组织状况。

12月13日　根据中央指示,率东南局机关部分干部离开皖南,撤往苏南。

1941 年

4月26日　抵新四军军部所在地苏北盐城。

4月27日至多月21日　出席中原局和新四军军部在盐城召开的高级干部会议。中共中央决定组成中共中央华中局,刘少奇任书记,曾山任华中局委员、组织部长。

1942 年

1月20日至3月5日　出席华中局在苏北阜宁城召开的第一次扩大会议,在会上作政权建设报告。

5月31日　与陈毅致电谭启龙,命他立即到浙江东部主持工作。

6月4日　新四军直属队整风学习检查总委员会成立,任主任。

7月28日　致电陈云,报告华中各地党组织和工作情况。

10月　就上海党拟迁根据地问题与陈毅、饶漱石给中央写报告。

1943 年

1月中旬　奉华中局之命,赴新四军第七师指导巡视工作。

2月9日，在安徽无为与七师副师长傅秋涛、政治委员曾希圣等会商成立中共皖江区委和皖江军区，整编七师部队。

4月底 返淮南黄花塘，向华中局、军部汇报七师情况。

4月 华中局决定，兼管华中局财经工作。

12月15日 与饶漱石致电中央，报告华中地方党的统计情况。

1944 年

5月21日 与饶漱石等致电中央，报告福建党三年来与国民党顽固派斗争的情形。

9月26日 与饶漱石致电中央，报告浙东地方党的组织情形。

10月17日 与饶漱石致电刘少奇，报告浙南党的情形。

1945 年

4月中旬 与饶漱石致电毛泽东、朱德、刘少奇等，报告福建党组织情况。

4月23日至6月11日 中国共产党第七次全国代表大会在延安召开。当选为中央委员（中央委员只有44人）。

6月8日 与饶漱石对浙南工作发出指示电。

6月29日 与饶漱石等致电毛泽东等，报告坚持天目山的方针。

10月6日 与新四军代军长张云逸、政委饶漱石给中央写报告，对华中分局组织与干部配备提出建议。又以个人名义致电中央，请求中央批准他到地委以下去工作。中央复电：曾山仍留华中任组织部长。

本年冬至1946年 协助华中分局书记邓子恢，领导华中解放区的减租减息和土地改革运动。

1946 年

3月19日 向毛泽东、刘少奇、任弼时等呈送《华中财政经济工作报告》。

4月1日　与邓子恢等乘飞机往北平,向叶剑英汇报国民党军队侵犯华中解放区情况。

4月7日　与邓子恢等乘机离北京飞延安,参加中央工作会议。第二天向毛泽东、刘少奇汇报工作。

4月11日　与邓子恢致电张鼎丞等,通报与毛泽东、刘少奇谈话情况。

4月25日　在延安与邓子恢致电张鼎丞等,告之与毛泽东和其他中央领导人谈话后对时局和党的方针政策的认识。

5月4日　参与讨论中共中央《关于土地问题的指示》即《五四指示》。

5月18日　就土地改革的方式问题与邓子恢致电谭震林。

5月24日　协助邓子恢召开华中局委员及各地委书记联席会议,传达贯彻中央《五四指示》精神,部署华中解放区土地改革运动。

11月28日　致电刘晓报告华中经济财粮情况。

1947 年

1月　奉命北上山东临沂,任华东局委员。

3月　兼任财经委员会副书记、财经办事处主任。

6月　任华东财经工作研究委员会召集人。

7月　任新成立的华东工作委员会委员。

1948 年

1月　华东局决定,任财经委员会书记兼财办主任。

4月　任中共潍坊特别市委书记兼军事管制委员会主任。

6月19日　就潍坊接管工作向中央呈送报告。

7月　就山东财政情况给董必武并中央呈送报告。

9月26日　任济南市军管会副主任,主持济南接管工作。

9月28日　就济南伪币处理意见致电华东局并转中财部等。

10月1日　主持召开济南商人座谈会,阐述中共保护和发展济南工商业的各项政策。

10月2日　召集会议,拟定淮海战役后勤支前工作初步意见。

同日　向华东局和中央报告济南接收工作情况。11月21日,中共中央将报告转发给各局参考。

10月19日　致电董必武、薄一波,报告济南旧存贷物外运办法。

11月16日　根据华东局决定,任华东局常委会政务委员会主任、负责财经、粮食、民政、司法等工作。

11月22日　与方毅等致电中财部,提出对调剂物价的建议。

1949 年

1月10日　淮海战役胜利结束。12日,以华东财委名义给野战军发出祝捷电。

1月17日　向董必武报告山东物价上涨情况。

1月22日　就渡江之后经济工作给董必武等发出请示电。

2月10日　与方毅等发出《华东财办关于当前物价问题的指示》。

3月5日　出席中共中央七届二中全会。

3月下旬　根据华东局决定,全权负责支前工作,领导华东财办、华支及后勤司令部。

4月20日　向中财部并中央报告淮南煤矿情形。

4月下旬　参与接管南京。

5月1日　率华东财办驻江苏镇江。

5月8日　率华东财办移驻江苏丹阳。

5月18日　任华东局财政经济委员会副书记(书记为邓小平)、华东财经办事处副主任(主任邓小平)。

5月 任上海市军管会财政经济接管委员会主任。

5月26日 率财经接管委员会部分同志离开丹阳赴上海。

5月27日 上海解放。率财经接管委员会人员进驻华懋饭店,开始接管上海财经。

5月28日 上海市人民政府成立,任副市长(市长为陈毅)。同日中国人民银行华东区行成立,兼任经理。

5月29日 与陈毅一起会见原国民党资源委员会总部及各部门负责人。

6月7日 向华东局邓小平陈毅等领导汇报上海金融投机活动的情况。华东局决定查封证券大楼,取缔银元投机。10日,查封行动一举成功。

6月17日 召集财经接管委员会会议,审议接管银行的方案。

6月29日 在华东局召开的财经会议上汇报物价、公粮征收、物资供应工作。

7月2日 出席纪念中国共产党成立28周年与上海党员会师大会并讲话。

7月20日 在华东局上海市委召开的华东局机关干部整编节约动员会上作报告。

7月 通过政府采取措施,平抑"两白一黑"的"七月涨风"。

7月27至8月15日 参加中央财经委员会在上海召开的华东、华北、华中、东北、西北地区财政经济会议。

10月19日 被中央人民政府委员会任命为政务委员。

11月 参与指挥,采取措施平抑上海商掀起的"十月涨风"。

12月 任华东军政委员会副主席兼财经委员会主任。

1951 年

7月20日 向中央报告华东税收工作情况,提出增加税收办法。

10 月 29 日　与饶漱石就华东区缺粮情况及解决办法,向中央呈送请示报告。

1952 年

5 月 21 日至 6 月 5 日　参加中财委召开的全国财政会议。

7 月下旬　调任中央财经委员会副主任。

10 月　赴北京任中财委副主任,兼商业部部长、党组书记。

12 月　兼任中华全国工商业联合会党组书记。

1953 年

1 月 7 日　在第一届全国各省市商业厅(局)长会议上,阐述财政经济大政方针。

6 月 14 日至 8 月 12 日　参加中共中央召开的全国财经工作会议。并作《中央人民政府商业部关于 1953 年上半年国营商业工作的检查及下半年的工作部署》的讲话。周恩来指定由曾山、杨立三、黄敬等负责拟定一个关于资本主义工商业改造中有关具体问题的方案。

8 月 25 日　呈报《关于各大区商业组织机构问题意见的报告》。

9 月　与许涤新等起草《关于通过统购、包销、加工、订货,引导资本主义工商业向国家资本主义发展的初步意见》,报周恩来审阅批准实施。

12 月 3 日　在全国工商联会议和在京各省商业厅长联席会议上作《关于党在过渡时期总路线中对资本主义工商业利用、限制、改造的若干意见》的报告。

1954 年

2 月 6 日至 10 日　出席中共中央在北京举行的七届四中全会。

5 月 4 日　出席全国工业原料供应会议并发表讲话。

6月16日　代表商业部给中财委报送《关于改变本部内机构与加强各级公司领导的报告》,并转报周恩来、毛泽东、党中央。

6月18日　就大区撤销后中财委所指导的各部门如何整顿编制、调整干部等问题,写报告给邓小平、中央组织部。

9月15日至28日　出席第一届全国人民代表大会第一次会议。

10月31日　任国务院第五办公室(财政、金融、贸易)副主任。

11月10日　作《关于五年计划商业任务几个问题的报告》。

12月5日至1955年1月8日　出席全国扩展公私合营会议。

1955 年

1月6日至2月8日　出席第二次全国省(市)计划会议。

1月8日,在商业部作《对各种类型商业的安排问题》报告。

3月5日　在第三届全国商业厅(局)长会议上发表讲话。

3月21日至31日　出席中国共产党全国代表会议并在会上发言。

5月12日在武汉。考察湖北省和武汉市市场情况。

5月21日　在南昌考察江西商业工作。30日给周恩来、党中央、毛泽东呈报《关于了解南昌市鸿泰百货专业代销店情况的报告》,被中央转发。31日,又汇报江西省粮食工作方面存在的主要问题。

6月2日　到上海考察粮食计划、工业原料工作、私营商业的安排问题,并向国务院、中央、毛泽东呈报《检查工作报告》。

7月5日至30日　出席第一届全国人大第二次会议,并作发言。

9月25日　出席北京王府井百货大楼开业典礼并讲话。

11月16日至24日　出席中共中央召集的各省、自治区和人口50万以上大中城市党委负责同志会议,并发言。

12月下旬　到江苏、山东考察,向中央、国务院汇报考察情况。

1956 年

1 月 12 日　向李先念汇报《河南省在商业工作中存在的几点情况》。

3 月 20 日　就第一个五年计划中商业工作的执行情况和工作中的问题及商业工作的第二个五年计划和远景规划,写成《商业部汇报提纲》。

4 月　到辽宁、吉林、黑龙江考察商业工作,并向党中央汇报辽宁省第一季度销售计划完成情况及东北三省商品煤的产销情况。

5 月 21 日　以中共中央代表团团长身份参加阿尔巴尼亚劳动党第三次代表大会,并在会上致词。

7 月 9 日　在工商座谈会上就商业方面的几个问题发言。

9 月 15 日至 27 日　出席中国共产党第八次全国代表大会,并再次当选为中央委员。

10 月中旬　到四川考察,并向中央及国务院,汇报四川地区商业工作情况和存在的问题。

11 月 10 日至 15 日　出席中共八届二中全会。

11 月底　调任中共中央交通工作部部长。

1957 年

5 月　在上海视察交通运输邮电工作。

6 月　向中央报送《关于省、市、自治区党委交通工作部部长会议情况报告》,提出贯彻执行党委领导下的企业首长负责制和党委领导下的群众监督制

12 月 28 日至 31 日　代表中共中央出席瑞典共产党第十八次代表大会并在会上发言。

1958 年

2 月　倍同周恩来接见法国共产党代表团。

3 月 5 日　在上海举行的铁道部座谈会上发表谈话。

3 月下旬　到山东考察交通工作。

4 月　出席在武汉召开的南方十三省市地方交通座谈会并讲话。

6 月　了,出席交通部召开的地方交通工作座谈会,并发表讲话。

6 月　出席北京市邮电企业全体职工大会,传达中共八届二次会议精神。

6 月 23 日至 7 月 1 日　出席交通部运输协作问题座谈会,提出要想尽一切办法,解决运力和运量不相适应的矛盾。

7 月 12 日　到福建视察。17 日,向中央交通部并党中央、毛泽东报告,提出加强福建工业和交通建设的建议。

7 月 20 日　到江西赣州、吉安、南昌视察,听取省、地、县负责同志有关交通邮电工作的报告,并向中央报告。

8 月 17 日至 30 日　出席中共中央在北戴河召开的全国各省、市委工业书记会议,并发言。

9 月中旬　出席全国铁路工作会议并讲话。

10 月 8 日　在交通部召开的全国电话会议上发表讲话。

10 月 29 日　在视察大连机车车辆厂后,向党中央书面报告。

11 月　到大连、烟台、青岛等港口视察,并向党中央报告,请求帮助大连港、青岛港解决装卸设备问题和扩建计划。

12 月 22 日　在全国邮电工作会议上讲话。

1959 年

1 月　在全国各省、市、自治区党委交通工作部部长会议上作报告。

2月21日至3月14日 到广西、湖南视察交通工作并写了考察报告。

4月10日 在全国交通运输部门扩大电话会议上讲话。

4月18日至28日 出席第二届全国人民代表大会第一次会议,担任预算委员会主任委员。

9月1日至26日 到内蒙、宁夏、甘肃视察包头钢铁厂工业、交通企业,听取三省区交通、邮电部门的情况汇报,并向党中央报告。

10月16日至29日 出席全国工业生产、交通运输会议并发言。

11月27日 在全国铁路局、工程局、厂、院、校领导干部会议上讲话。

11月 出席全国群英大会。

11月至1960年初 参加中央组织的《政治经济学》学习。

1960 年

1月 在全国公路、水运和民用航空战线广播报告会上发表讲话。

3月28日 在全国邮电技术表演比赛大会上讲话。

3月30日至4月10日 出席全国人大二届二次会议,代表预算委员会作关于1959年国家决算和1960年国家草案的审查报告。

5月下旬 视察安徽、江苏、浙江三省交通邮电系统运输通讯、技术革新、技术革命运动情况,并向党中央、毛泽东报告。

11月 出任国务院内务部部长、党组书记。

1961 年

1月14日至18日 出席在北京举行的中共八届九中全会。

3月13日 代表中共中央参加挪威共产党第十次代表大会。

3月29日 代表中共中央参加奥地利共产党第十八次代表大会。

4月 在全国优抚、社会福利事业单位工作总结会议上讲话。

5月20日　到河北省沧县风化店大队和捷地公社捷地大队了解情况,并就食堂和菜地问题向国务院、党中央报告。

6月7日　就农村敬老院问题,以内务部名义发出《关于请各地民政部门注意研究农村人民公社敬老院问题的通知》。

本年底至1962年初　回福建、江西家乡考察,并探亲。

1962 年

1月16日　在南昌市参加江西省第十二次民政工作会议,并在会上作指示。

2月　向党中央报告《五个重灾区群众生活安排情况和战胜春荒意见》。

7月　受国务院委派到西北,协同甘肃、青海两省有关方面调处两省少数民族边界纠纷。

8月5日　在兰州就商业问题致电刘少奇。

10月　到江西吉安家乡探亲、考察。

12月　向中央报告1962年的灾情和救灾工作。

本年　就近几年来的优抚工作向全国人大常务委员会汇报。

1963 年

5月9日　在内务部科以上干部会议上讲增产节约问题。

8月初　河北、河南、山东、安徽、江苏等省部分地区发生严重水灾。率慰问团深入到灾地区慰问灾民,并向中央和国务院作汇报。

9月6日至27日　出席中共中央工作会议。听取湖南汇报旱灾情况后,建议增拨救灾款2000万至3000万元给湖南省。

11月　陪同毛泽东接见阿富汗政府代表团。

1964 年

3月2日　向国务院副总理谭震林、李先念、李富春转邓小平、周恩来报告赣南分地区农业生产和人民生活情况,鉴于赣南老苏区战争年代生态严重破坏,建议从 1964 年起,每年向赣南拔经费 200 万元支援老区建设,以五年为期。立即得到国务院批准。

5 月 15 日至 6 月 17 日　出席中共中央工作会议。

5 月　陪同毛泽东接见肯尼亚政府代表团。

10 月 17 日　到达山东省曲阜县小雪公社北兴大队开展社会主义教育运动。

12 月 15 日至 28 日　出席中共中央政治局全国工作会议。

1965 年

5 月 3 日　与陆定一等组成党政代表团参加东德人民议会会议。

9 月 18 日至 10 月 12 日　出席中共中央工作会议。

1966 年

3 月 8 日　河北省邢台地区发生强烈地震,34 万人受灾。9 日,率中央慰问团深入灾区慰问。16 日,向毛泽东、党中央、国务院呈送《关于慰问团在河北省邢台地震灾区进行慰问工作的报告》。

3 月 22 日　邢台地区再次发生较强地震。23 日再率中央慰问团赶赴灾区慰问,并向毛泽东、党中央、国务院呈报《关于中央慰问团在河北地震灾区进行慰问工作的第二次报告》。

7 月 18 日　"文化大革命"开始,主持制定内务部"党组六条",强调要按政策办事。

8 月　率中国政府代表团参加刚果(布)国庆三周年纪念活动。

10 月 9 日至 28 日　出席在北京召开的中央工作会议。

1967 年

8 月　被当作内务部"头号走资本主义道路的当权派"揪出批斗。

9 月　由于"中共中央关于曾山问题的四点指示",得到保护。

1968 年

年初　受周恩来委托到内蒙呼和浩特,处理骚乱事件。

10 月 1 日　上天安门参加庆祝国庆节活动。

10 月 13 日至 31 日　出席中共八届十二中全会。

1969 年

4 月 1 日至 24 日　出席在北京召开的中国共产党第九次全国代表大会,继续当选为中央委员。

10 月 19 日　与叶剑英一起,被疏散到湖南长沙、湘潭。

1970 年

5 月　经周恩来批准回北京治病。

8 月 23 日至 9 月 6 日　出席在江西庐山举行的中共九届二中全会。

1971 年

10 月　与朱德、刘伯承、陈毅、聂荣臻、徐向前、叶剑英等一道,参加中共中央召开的揭发批判林彪罪行的老同志座谈会。

1972 年

1 月 10 日　参加陈毅追悼会。

4 月 11 日　参加陈正人追悼会,以中共中央委员身份致悼词。

4 月 16 日　因心脏病突发抢救辞世,终年 73 岁。20 日,中共中央、国务院为其举行隆重追悼会,由叶剑英致悼词。

后　记

　　自古以来,江西就是一个人杰地灵、英雄辈出的地方。近现代的革命人物尤多。据民政部门公布,江西的革命烈士有 25 万 3 千人,占全国六分之一。江西省革命烈士纪念堂陈列的有影响的知名烈士,达300 人之多。曾山一家,就有四位烈士(父亲、哥哥、嫂子、弟弟),可谓满堂英烈,颇有典型意义。曾山本人是职业革命家,曾在党、政、军担任过许多要职,是江西苏维埃运动的开拓者和主要领导人之一,是新四军和中华抗日根据地的重要领导人之一,是新中国财经、政法战线的一员主将,为中华民族的独立解放和社会主义建设事业,奋斗终身,作出了重大贡献,也为后人留下了宝贵的精神财富。

　　值此中国人民抗日战争暨世界反法西斯战争胜利七十周年之际,出版《曾山这一生》,深感欣慰。记得是 1998 年 10 月,中共江西省委决定编写《曾山传》,作为对曾山诞辰 100 周年的纪念。此书由省委党史研究室苏多寿主任和我担任主编,万建强、汤静涛、熊敏、晏蔚青、周声柱和黄德华参加编写。我们到省、地、县直至中央档案馆、中央组织部等单位查阅档案资料,对一些老同志进行访问,经过整整一年努力,写出了一部比较全面记述曾山生平业绩的学术著作,经中央文献研究室审查,于 1999 年 11 月由江西人民出版社正式出版。但毕竟是时间太紧,访问资料不多,我三赴北京抄录的档案材料未能充分利用。曾山百年诞辰之际及此后,许多老同志相继发表了回忆录,学界也有研究文章,前苏联的档案已解密,笔者又继续查阅了许多文献档案,从而获得了许多鲜活的资料(如曾山在苏联和在新四军的活动等),进一步认识到曾山的确是一位正直的共产党人,杰出的无产阶级革命家,经得起历史的检验。他崇高的理想信念,高尚的道德情操,优秀的品格风范,为民务实的精神,艰苦奋斗的传统,清正廉洁的作风,对青年进行爱国主义教育和革命传统教育很有意义,因而写了《曾山这一生》,作为对《曾山传》的增补和扩充,也可视为"姐妹篇"。在此,特向《曾山传》的作者们及给我们提供了资料的单位和朋友,向江西人民出版社和南昌大学表示诚挚的感谢!

刘勉钰　2015 年 10 月 31 日于南昌大学青山湖校区

值此中华人民共和国成立 70 周年之际,重印此书,以示对为创建新中国而英勇奋斗的革命先辈、先烈的敬意,也是对曾山诞辰 120 周年的纪念。

刘勉钰　2019 年 10 月 1 日于南昌大学青山湖校区

刘勉钰教授主要论著篇目

1.《中共党史人物传》（1—100 卷），胡华、王淇、陈志凌先后任主编。获吴玉章社会科学基金一等奖。本人任编委，获优秀组织编辑工作者奖和党史人物优秀研究成果奖。

2.《中央苏区三年游击战争史》，江西人民出版社 1993 年 6 月出版。获江西省社会科学优秀论著一等奖。

3.《曾山传》，与苏多寿共同主编，江西人民出版社 1999 年 11 月出版。获江西省社会科学优秀论著一等奖。

4.《陈奇涵传》，主编，军事科学出版社 1997 年 8 月出版。获江西省社会科学优秀论著二等奖。

5.《黄道文集》，与毛智勇共同主编，江西人民出版社 2017 年 12 月出版。

6.《方志纯传》，与胡少春合著，江西人民出版社 2005 年 7 月出版。获江西省社会科学优秀论著二等奖。

7.《江西三年游击战争史》，江西人民出版社 2009 年 9 月出版。获江西省社会科学优秀论著二等奖。

8.《中国共产党经济政策发展史》，主编，湖南人民出版社 2001 年 5 月出版。获江西省社会科学优秀论著三等奖。

9.《中国革命史》，副主编，江西教育出版社 1986 年出版。获江西省社会科学优秀论著二等奖，江西省高校优秀教材一等奖。

10.《土地革命战争史》，主编，江西教育出版社 2001 年 6 月出版。

11.《江西现代革命史辞典》，主编，华东师大出版社 1993 年 8 月出版。

12.《中共党史参考资料》,江西大学学报编辑部 1980 年出版。

13.《江西英烈》(编委),江西人民出版社 1989 年出版。

14.《迈向新世纪的中国共产党——党的基本知识读本》,与徐冬蓉吴小卫共同主编,江西高校出版社 2001 年出版。

15.《江西党史与党史人物研究》,江西人民出版社 2006 年 10 月出版。

16.《新四军从这里走来》,参编,国家行政学院出版社 2009 年出版。

17.《江西与中国统一战线》,主编,华文出版社 2012 年 1 月出版。

18.《铁军出山——江西三年游击战争与新四军》,主编,江西人民出版社 2015 年 8 月出版。2017 年获中国新四军研究会优秀编撰著作奖。

19.《铁军出山》(通俗本),江西人民出版社 2015 年 8 月出版。

20.《曾山这一生》,江西人民出版社 2015 年 8 月出版。

21.《江西新四军老战士传略》,参编,2012 年新四军研究会内部出版。

22.《江西三年游击战争与新四军研究论集》,中共党史出版社 2019 年出版。

23.《黄道传》,与陈群哲、陈荣华、李国强合著,江西人民出版社 2000 年 4 月出版。

24.《江西工人运动史》,参编,江西人民出版社 1995 年 3 月出版。获江西省社会科学优秀论著二等奖。

25.《五四运动在江西》,与温锐、周声柱合编,江西省政协文史委员会 1989 年出版。

26.《中国现代史辞典》,参编,河南人民出版社 1989 年出版。

27.《农村革命根据地史辞典》,参编,三泰出版社 1993 年 12 月出版。

28.《中国现代史》,参编,大连海运学院出版社 1988 年出版。

29.《中国新四军人物辞典》,(负责编写江西部分人物),中共党史出版社 2016 年出版。

30.《江西新四军人物传》,参编并任编审,江西教育出版社 2006 年出版。

图书在版编目(CIP)数据

曾山这一生 / 刘勉钰著. —南昌:
江西人民出版社,2015.7(2019.11 重印)
ISBN 978 - 7 - 210 - 06865 - 5

Ⅰ.①曾… Ⅱ.①刘… Ⅲ.①曾山(1899~1972) -
传记 Ⅳ.①K827 = 7

中国版本图书馆 CIP 数据核字(2015)第 171908 号

曾山这一生

刘勉钰　著

责任编辑:胡　滨
封面设计:章　雷
出版:江西人民出版社
发行:各地新华书店
地址:江西省南昌市东湖区三经路 47 号附 1 号
编辑部电话:0791 - 86898565
发行部电话:0791 - 86898815
邮编:330006
网址:www. jxpph. com
E - mail:jxpph@ tom. com　web@ jxpph. com
2015 年 8 月第 1 版　2019 年 11 月第 3 次印刷
开本:787 毫米 ×1092 毫米　1/16
印张:23. 5
字数:332 千
ISBN 978 - 7 - 210 - 06865 - 5
赣版权登字—01—2015—625
版权所有　侵权必究
定价:56. 00 元
承印厂:南昌市红星印刷有限公司

赣人版图书凡属印刷、装订错误,请随时向承印厂调换